会计学与财政税收管理研究

刘美欣　著

中国商务出版社
CHINA COMMERCE AND TRADE PRESS

图书在版编目（CIP）数据

会计学与财政税收管理研究 / 刘美欣著. — 北京：中国商务出版社, 2022.8

ISBN 978-7-5103-4403-9

Ⅰ. ①会… Ⅱ. ①刘… Ⅲ. ①会计学 – 研究②财政管理 – 研究③税收管理 – 研究 Ⅳ. ①F230②F81

中国版本图书馆CIP数据核字(2022)第156838号

会计学与财政税收管理研究
KUAIJIXUE YU CAIZHENG SHUISHOU GUANLI YANJIU

刘美欣　著

出　　版：	中国商务出版社
地　　址：	北京市东城区安外东后巷28号　邮　编：100710
责任部门：	发展事业部（010-64218072）
责任编辑：	周青
直销客服：	010-64515210
总 发 行：	中国商务出版社发行部　（010-64208388　64515150　）
网购零售：	中国商务出版社淘宝店　（010-64286917）
网　　址：	http://www.cctpress.com
网　　店：	https://shop162373850.taobao.com
邮　　箱：	295402859@qq.com
排　　版：	北京宏进时代出版策划有限公司
印　　刷：	廊坊市广阳区九洲印刷厂
开　　本：	787毫米×1092 毫米 1/16

印　　张：12.5　　　　　　　　　　　　　字　数：275千字

版　　次：2023年1月第1版　　　　　　　印　次：2023年1月第1次印刷

书　　号：ISBN 978-7-5103-4403-9

定　　价：63.00元

前　言

当前，我国经济正处于一个快速发展的阶段，大部分企业对业务的要求也发生了新的变化，为了更好地满足大多数企业的新需求，会计这个行业也对自身进行了许多调整。会计是分很多种类的，其中所蕴含的科目也随着企业需求的变化而变得更加具体，会计与税收这两个方面的关系相比之前要更加紧密，但是从我国市场当前的整体情况来看，要想真正地满足大多数企业在自身发展上的需要，就一定要做出一个较为现实的选择。基于此，本书首先简要分析了会计与税收的定位，其次叙述了会计与税收的关系，最后提出了能够更好地处理财务与税收之间关系的策略。

在经济快速发展的背景下，各个企业之间的竞争相比之前变得更加激烈，市场的发展环境也变得不稳定起来，这些因素直接导致大部分企业在经营与发展的过程中面临着更大的困难和挑战。由此，使会计这个行业的制度发生了很大的改变。会计与税收是一个企业在经营发展过程中重要的因素之一，这两者之间也存在着许多相同与不同之处，现在这两者之间的关系相比之前也变得更加紧密。要想使经济发展的速度变得更快、更稳定，就需要全面深入地对这两者之间的关系进行分析，并及时作出正确的选择，以此来最大限度地促使会计这个行业的发展。

由于笔者水平有限，时间仓促，本书难免存在不足，望各位读者不吝赐教。

目　录

第一章 会计的基本理论

第一节 经济环境与财务会计演变

资本是趋利的，在信息不对称的资本市场上，投资者之所以愿意将其拥有的财务资本让渡给管理当局管理，企业之所以能够筹集到经营发展所需的资金，财务会计以及报告的作用不可忽视。在经历了与资本市场之间的相互制约和互动发展后，从传统会计中分离出来的财务会计在确认、计量、记录、报告方面进行了一次次的革新，形成了相对独立的财务会计理论体系，这一理论体系随着经济发展与资本市场变迁还在不断地丰富和发展。

一、信息不对称与财务会计

在所有权和经营权分离的情况下，公司的管理当局与外部投资者所拥有的公司信息并不对称，信息不对称会造成逆向选择和道德风险的后果。其中前者是因为公司的内部人（诸如管理层等）比外部股东或债权人拥有更多关于公司当前状况和未来前景的信息，则内部人可能会以牺牲外部人的利益为代价来牟取私利；后者则表现为外部的股东或债权人不能观察到管理层的努力程度和工作效率，管理层因此而偷懒，或者将经营失败的原因归结为外部不可控因素。

"知情"的管理当局作为内部人，如果能够遵循"自我道德约束"来编制财务报表以提供给外部信息使用者作为决策依据，那么资本市场的信息不对称问题将由于"自愿披露"行为以及投资者的信任而得到缓解。然而问题在于，道德规范并不总是有效的，通过操纵会计数字进行造假或欺诈的案例屡屡出现。究其原因在于会计信息是一种复杂的重要"商品"，不同的人会对其有不同的反应，从而会影响个人决策，进而影响市场运作。作为会计信息的主要载体，公开披露的财务报表是由公司的管理层来编报的，因而依靠会计信息进行相关投资决策的外部投资者处于信息劣势。为了保证会计信息的真实与公允，必须有一个制度安排，即由"公认会计原则"（GAAP）或会计准则直接规范财务报表的内容及形式，再由独立审计加以验证。这一制度背后的原理是，如果 GAAP 是高质量的，又有独立审计验证由其产生的会计信息质量，财务报表提供的信息质量应该能得到合理的保证。

二、资本市场环境下财务会计理论的发展

资本市场是一国市场体系的核心，它在促进社会资源有效配置以及资产有效分布的同时，也是信息的集聚地。投资者、债权人以及上市公司等利益集团或个人都需要了解上市公司的财务状况、经营成果以及现金流量状况的信息，并根据这些信息进行投资或决策。在资本市场比较发达的情况下，决策有用观对会计职业界以及会计准则制定机构都具有深远的影响。资本市场最发达的美国提出，财务报告的首要目标就是"提供对投资和信贷决策有用的信息"。公允价值就是一个与其密切相关的重要且颇有争议的概念。

（一）公允价值

尽管适应工业经济的历史成本会计本质上仍然占据主要地位，人们发现它已经越来越不适应经济的发展，一些对企业价值产生重要影响的事项和情况，如金融衍生工具、自创商誉、生物资产、人力资源已经无法为传统会计体系所反映。投资者和信贷者在让渡以现金为主的资源使用权后，都希望在未来获得公平的现金回报，而根据过去的历史成本无法预测未来，也无法为正确决策带来直接的帮助，因此人们在竭力寻找一个能够弥补这一缺陷的新的会计模式。

从 1990 年开始，美国证券交易委员会（简称 SEC）前任主席道格拉斯（Douglas Breeden）就公开倡议所有金融机构都按市场价格报告所有的金融投资，并认为公允价值是金融工具最相关的计量属性。西方国家的准则制定机构都纷纷响应，努力扩展公允价值计量属性在财务报告中的应用，以摆脱现行历史成本会计模式正在失去相关性的批评。

公允价值是指一项资产或负债在自愿双方之间，在现行交易中，并非强迫或清算所形成的购买、销售或结算的金额。可见公允价值是对未来交易的预估，是预估未实际发生但将进行现行交易的价格，不同于历史成本是以过去的交易或事项为基础的交换价格。公允价值与历史成本的主要区别在于：首先，公允价值不是建立在已发生的交易的基础上，而是建立在意图交换的双方虚拟交易（非现时交易）的基础上；其次，公允价值不是现时交易达成的交换价格，而是在未实现交易基础上达成的市场价格。

必须强调的是，公允价值是在没有真实交易的条件下，对意图进行的现行交易价格的估价。也就是说，公允价值是双方已愿意进行现实交易，但是尚未发生实际交易的情况下，对交易中资产或负债的估计价格。

作为一种计量属性，公允价值计量的目标是在缺少实际交易的情况下为资产和负债估计现实交易价格。这种估计是参照假定的交易来确定的，通常可以采用的估价技术有市场法（market approach）、收益法（income approach）以及成本法（cost approach）。无论采用哪种估价技术都必须注意三个原则：第一，所采用的估价技术应该保持一贯性；第二，估价是为了寻求可靠的公允价值，因此，只有能产生更可靠的公允价值时，才应变更估价技术；第三，估计公允价值必须以市场信息为基础和数据源头。

与公允价值密切相关的概念之一是现值。美国财务会计准则委员会（简称 FASB）曾经在其第 5 号概念框架里将"未来现金流量的现值"作为会计的一项计量属性。随后经过 FASB 数十年的研究，在第 7 号概念框架中，上述观点被明确否定，并提出"未来现金流量的现值"技术是估计公允价值的手段。现值不一定代表公允价值，因为用一个随意设定的利率对一组现金流量进行折现都可以得到一个现值，但是这样做并不能为使用者提供有用的信息。因此，在运用现值技术估计公允价值时，关键是要符合或大致接近交易双方自愿达成的金额。

（二）业绩报告的改进——综合收益表

在历史成本计量模式下，进行初始计量后，只需要思虑摊销或分配，并不需要在后续期间考虑持有资产价格的变化，即不考虑未实现的利得和损失。但是如果采取公允价值在内的现行价值进行计量，就必然会产生未实现的利得和损失。在现行会计实务中，对资产持有期间的价值变化的处理并不统一，有的计入当期损益，有的计入所有者权益，还有的允许同一项目在上述两种方法中选择，这种处理方式直接影响了收益表的信息含量。传统收益表的不完整使得使用者无法了解报告主体在一个会计期间全部的财务业绩，进而也就无法对未来的结果和现金流动做出评估。由此以综合收益表对会计主体的业绩进行完整地报告成为今后会计的发展方向，日益受到理论与实务界的重视。

综合收益的内涵在于，确认收益要遵循"资产负债观"而不是"收入费用观"。不过目前的综合收益表包含的内容除了传统损益表的内容外，只包括限定项目所形成的其他收益，也就是说虽然是在"收入费用观"的基础上，但是逐渐在向"总括收益观"靠拢。

所谓"资产负债观"是指利润是剔除所有者与企业的经济往来后，企业在某一期间内的净资产变动额。可见"资产负债观"强调的是企业资本的保全，认为资本保全后才能计算利润。而"收入费用观"则认为利润是收入和费用配比的结果，如果收入大于费用则为盈利，反之则为亏损。对于"收入费用观"有两个基本观点，一是"当期经营观"，二是"总括收益观"。前者认为企业的经营业绩应体现经营活动的结果，而不应该包括非经常性损益；而后者则认为企业在存续期间内，各个会计年度报告的利润之和必然等于该企业的利润之和，如果非正常损益不包括在当期利润中，就可能导致后期利润被高估。因此总括收益应根据企业在某一特定期间所有交易或事项所确认的有关企业业主权益的全部变动（不包括企业和业主之间的交易）加以确认。

纵观财务业绩报告的改革趋势，在保留传统利润表的基本结构下，将综合收益表纳入业绩报告体系的思路已经为大多数国家的准则制定者所考虑或接受。FASB 提出了两种建议格式：第一种是在传统利润表的基础上，单独设计一张综合收益表，与传统利润表共同反映全面的财务业绩，综合收益表以传统利润表的最后一行作为该表的第一行，以"综合收益总额"作为最后一行。第二种是单一报表格式，即将传统利润表与综合收益表合二为一，称为利润与综合收益表。在该报表中，传统利润表的最后一行——"净收益"作为综合收益总额的小计部分。尽管这一格式将综合收益纳入同一张表内，便于使用者分析，而且无须增加新表，但是由于将净收益作为收益总额的小计部分，可能会降低利润表的重要性，因此遭到许多人的反对。

（三）会计准则制定方式的转变："规则基础"转向"原则基础"

举世瞩目的美国《2002 萨班斯—奥克斯法案》（Sarbanes-Oxley Act of 2002）在某种程度上可以说是由安然、世通等财务欺诈案件引发出台的。该法案不仅要求组建上市公司会计监察委员会（PCAOB），加强对独立审计师的监管，值得一提的还有在会计方面采取的一项重大措施，即提出了新的会计准则的制定方式，改变了原来以规则为基础的制定方式、转向了以目标为导向、以原则为基础的制定方式。

有观点认为，美国的会计准则是以规则为基础制定的，而安然事件中的一个关键词，即"特殊目的主体"，就是基于美国会计准则的规则基础背景产生的。但也并不是说对于按照原则基础制定的会计准则，"实质重于形式"的错误就可以避免，但至少能约束安然的欺诈行为。如果引入"经济人"假设和会计准则具有经济后果的假设，对此问题的回答就不是用"能"或者"不能"可以解决的，问题将会复杂化。

在"经济人"假设下，人是自利的，是期望在现有的规则范围内能够最大限度地实现自我利益的；而如果会计准则又具有经济后果，他们就会利用所有能够采取的手段，在现有的"政策"内寻找一切可能的空间，按照准则来设计其业务，进而创造性地产生"没有违反准则"的会计行为，而这并不是会计准则意图达到的目的。可以说，以规则为基础的会计准则会引导会计信息的提供者更多地去寻求对法律形式的遵守，而不是反映交易和事项的经济实质。但是仅以原则为基础，会计准则的编制者以及审计师在具体操作时将十分困难，因为即便是职业判断，也需要必要的指南。换句话说，现有的以"规则为基础"的会计准则会成为部分人规避会计准则真实意图的手段，然而单纯地强调抽象的原则，也会导致会计准则应用和操作方面的不可行。因此，以目标为导向、以原则为基础来制定会计准则成为一种理性的选择。

这一准则制定方式的特征表现为：以一贯应用并已经改进的概念为基础；以明确提出的会计目标引导会计信息提供者及审计师更为关注事项或交易的经济实质；提供充分且并不模糊的有关目标的细节以及结构；尽可能地减少准则中的"例外"；尽量避免使用"界限（线）"进行界定或测试。

三、我国财务会计的发展与改革现状

（一）我国财务会计的发展历程

从 1992 年起，我国开始实行社会主义市场经济体制，企业真正成为市场的经营主体，所有权性质呈现多元化趋势，经济活动也逐渐复杂化。同年 10 月成立的中国证券监督管理委员会标志着我国证券市场的正式建立，随之而来的便是公司上市、并购和重组、企业跨国融资等市场经济经营活动。与此同时，我国逐步建立起与市场经济体制相适应的会计模式，并且开始了以会计国际化为方向的会计改革路程。

面对日益复杂的经济业务形态，财政部和国家体改委于1992年联合颁布了《股份制试点企业会计制度》以及《企业会计准则（基本准则）》，二者都对国际会计准则体系进行了借鉴。基本会计准则颁布实施后，我国于1997年又颁布执行了第一个具体会计准则——《关联方关系及其交易的披露》。在具体准则制定与实施期间，我国于1998年开始实施《股份有限公司会计制度》，后又于2001年颁布并且实施了《企业会计制度》。

由于国际上通行的会计规范形式是会计准则，因此我国在保持会计制度的同时，又不断完善我国的会计准则体系，在2006年2月15日颁布了新的会计准则体系，包括1项基本会计准则和38项具体会计准则，随后又于2006年10月30日颁布了32项具体准则的应用指南。从整体上看，该准则体系充分实现了与国际惯例的协调，起点高、内容全面，充分体现了我国会计改革的国际化。该准则有关会计确认、计量和报告的标准也更加准确，尤其在会计计量、企业合并、金融衍生工具等方面实现了质的突破。

（二）我国现行会计准则体系的主要变革

1. 会计准则体系日趋完善

我国的会计改革国际化的突出成果是形成了日趋完善的会计准则体系，目前这一体系由1项基本会计准则、38项具体会计准则、32项应用指南以及1个附录构成，废止了应用多年的会计制度。基本会计准则属于准则的一部分，具有法律效力，其目的在于规范具体准则的制定，这一点不同于财务会计概念框架。财务会计概念框架的目的在于提供一种理论支撑，不属于准则的组成部分。

2. 明确的理念指导会计准则的建立

现行准则体系的一个重要特色是以"资产负债表观"为总的指导理念，淡化了一直在我国理论与实务界占据重要作用的"利润表观"，强调了考核企业的着眼点是其可持续发展能力，要从净资产角度来判断交易的发生、企业的增值等，而不是当期的收益。

3. 会计确认、计量和报告具有强制性

现行会计准则体系的核心是确认、计量和报告，因此具有强制性，而有关会计记录的规定没有出现在具体会计准则或基本会计准则中，仅仅以附录的形式规定了会计科目和账务的处理方式，在会计科目的设置方面也打破了原先的行业界限，体现了企业的会计记录只要以准则为导向，不违背确认、计量和报告的有关规定，就可以结合实际情况做灵活处理。

4. 突出了财务报告的地位与作用

国际会计准则改称为国际财务报告准则，从某种程度上也显示了财务报告地位的日趋重要，在我国现行的准则体系中也体现了这一点。现行的财务报告体系主要由报表和附注构成，对附注的有关规定体现了其规范化、结构化和国际化的特征。由此，投资者等信息

使用者在利用会计信息进行相关决策时，不仅要依据报表，还要借助于附注。由此可见，财务报告在我国会计准则中的地位得到了加强。

5. 广泛而谨慎地引入公允价值计量属性

尽管历史成本具有较大的可靠性，但其对于投资决策的相关性较弱，而公允价值对于经济业务（尤其是一些衍生金融工具业务）的决策则具有较大的相关性。当然由于公允价值经常依据估计与判断，存在较大的风险和不确定性，因此我国根据实际情况在现行会计准则体系中广泛而谨慎地引入了公允价值计量属性，也就是尽管历史成本是主要的计量属性，但如果存在活跃市场，且公允价值有确凿证据的情况下，就可以采用公允价值。

第二节　财务会计概念框架

财务会计概念框架是规范会计理论中最实用的部分，其研究起源于 20 世纪 30 年代的美国，早期主要包括以财务会计基本概念、原则为主要内容的理论体系，直至 1976 年，FASB 在一份题为《概念框架项目的范围和含义》的征求意见稿（ED）中正式出现了"财务会计概念框架"的说法。目前一些国家和主要国际组织，如国际会计准则理事会（简称 IASB）以及英国、加拿大、澳大利亚等国均效仿美国出台了各自的概念框架文件，取得了积极的成果，相关研究已经成为财务会计理论的核心内容。虽然各国对"财务会计概念框架"公告的名称并不一致，但其实质基本相同，都是对财务会计和会计准则制定过程中涉及的一些基本概念进行研究，以更好地指导会计准则的制定和会计实务，为其提供一个比较一致的概念基础，并作为评估既有会计准则质量的重要标准，指导发展新会计准则。

关于财务会计框架逻辑起点的研究曾经有两种选择。在 20 世纪 50 年代，美国会计界试图建立"假设—原则—准则"的准则逻辑体系，但是均以失败告终。而后在 20 世纪 60 年代，美国主流的会计理论研究提出"会计是一个信息系统"的观点，并以此为基础提出将会计目标作为财务会计概念框架的逻辑起点，以目标、信息质量、要素的确认和计量为核心，这条路一直发展至今。

一、财务会计目标

当"会计本质上是一个信息系统"的观点为人们所接受后，会计目标就成为财务会计概念框架的逻辑起点。由于在不同的社会经济环境中，信息使用者有差别，而财务会计的目标又密切依存于使用者的信息需要，因此并不存在一个完全一致的目标。综合各国的财务会计目标，主要涉及这样几个问题：谁是会计信息的使用者；会计信息使用者需要什么信息；哪些信息可以由财务会计来提供；提供这些会计信息需要什么样的框架。

（一）受托责任观和决策有用观

在回答上述问题的过程中曾经出现过两个代表性的观点：受托责任观和决策有用观，了解这两种观点从对立到相互融合的过程，可以进一步了解会计目标的发展和演变历程。

1. 受托责任观

从历史来看，受托责任观的出现早于决策有用观，其最早产生于两权分离，委托代理关系明确稳定的经济背景下。受托责任观认为在所有权与经营权分离的背景下，为企业资源提供者创造尽可能多的财富是企业管理者的受托责任，会计目标应主要定位在提供经管责任完成情况的相关信息上，对会计信息质量的首要要求是可靠性。可靠性又会对概念框架中的会计确认、计量以及会计要素的界定等方面产生相应的要求，比如对于会计确认，可靠性要求采用交易观，即只确认已经发生交易的经济业务，而对于具有一定不确定性的尚未交易的业务不予确认。至于会计计量，可靠性要求以历史成本为主，而现行价值或未来价值因具有不确定性而被限制使用。

2. 决策有用观

随着资本市场的产生和发展，所有者和经营者之间的关系变得模糊且不确定，这一情况下对会计的要求更多的是要反映企业未来的发展趋势，仅仅提供经营者经营业绩的信息以反映其受托责任已经不能满足对会计信息的要求。由此，决策有用观的会计目标登上了历史舞台。

决策是面向未来的，决策有用观认为会计目标应定位在向会计信息使用者（包括现有和潜在投资者、信贷者、企业管理者和政府）提供有关未来现金流量的金额及其分布和不确定性的信息上，以帮助他们在预测未来时能产生有差别的决策。如果会计信息能够帮助投资者评估资产未来现金流的流量和风险，那么会计信息将有助于提升资源配置的效率。目前这一观点已经成为研究财务会计目标的主流观点。决策有用观对会计信息质量的要求除了可靠性外，更强调相关性。不同于受托责任观下的会计确认和计量手段，该模式要求会计确认采用事项观，即要对包括尚未发生交易的资产价值变动在内的全部经济业务加以确认，而会计计量则强调采用相关资产的公允价值。

受托责任观和决策有用观并不是相互对立的两种观点，后者是前者的继承与发展，而且可以看出满足决策有用会计目标的信息需求也能满足受托责任会计目标，早期受托责任观对企业利润的关注已经被决策有用观对企业未来现金流量能力的关注所替代。

（二）我国会计目标的定位

决定会计目标定位的因素主要是经济环境因素，由于我国实行的是国家宏观调控的国民经济管理体制，证券市场还不发达，大众投资者比例较低，这样的环境决定了完全采用决策有用观也许尚不可行，应该兼顾受托责任观和决策有用观。

我国目前的财务会计目标是"向财务会计报告使用者提供与企业财务状况、经营成果和现金流量等有关的会计信息，反映企业管理层受托责任履行情况，有助于财务会计报告使用者（包括投资者、债权人、政府及其有关部门和社会公众等）做出经济决策"。

具体来说，可以分为以下三个方面：

1. 宏观经济调控

国家的财务信息需求。我国目前实行的是市场调节和国家宏观管理相结合的经济管理体制，由于市场经济机制尚未成熟，国家的宏观经济管理在整个国民经济管理中仍发挥着主导作用。因此不论是上市还是非上市企业都需要按照国家规定向有关政府监管部门提供其所需要的会计信息，以保证国有资产的保值增值，保证国家相关税费的稳定增长，维护社会主义市场经济秩序。

2. 完成受托责任

公司管理层的财务信息需求。在两权分离的现代经营模式下，财务会计信息成为联系委托人与受托人之间代理关系的纽带，大量有关委托代理的企业契约是依托财务会计信息签订的。比如盈利信息往往成为衡量代理人努力程度的指标，委托人据其制订和执行奖惩计划；而从代理人的角度考虑，财务信息则成为其传递受托责任履行情况的信号。

3. 促进资本市场资源配置

投资者和信贷者的财务信息需求。资源是稀缺的，如何有效地配置稀缺的资源是资本市场的一个中心问题。财务会计能够提供可信、可靠、不偏不倚、能够如实反映交易的经济影响的财务信息，有利于资本市场参与者识别对资源相对有效和无效的使用者，有利于评估不同投资机会和报酬，有助于促进资本和其他市场的有效运行。

二、财务会计基本假设

（一）会计主体假设

会计主体又称经济主体。每个企业都是与其业主或其他企业相互独立的会计主体，会计计量和报告只是特定主体经营和财务活动的结果，而不是企业业主的活动结果。会计主体假设从空间上限定了会计工作的具体范围，会计主体的概念适用范围较广，如合伙、独资、公司（包括股份与非股份公司）、小型和大型企业，甚至还适用于企业内部的各个环节（如各个部门）或不同企业（如编制合并报表的母子公司）。这里必须明确会计主体、法律主体和报告主体的区别。会计主体并不以法律主体成立与否为依据，凡是会计为之服务的特定单位都可以视为会计主体。法律主体则不同，比如有些国家只承认股份公司可以以法律主体的身份行使民事权利、承担民事责任，而否认独资、合伙企业的法律主体地位。会计主体和报告主体也有区别。原则上会计主体既指平时进行会计处理的会计主体，也指期末编制财务报告的报告主体，但是存在一些例外。如合并会计报表的报告主体是公司集团，而公司集团并不是会计主体；再如公司的若干分部（地区分部或业务分部）若需要单独核算和报告时也可以作为一个独立的报告主体甚至可以集会计主体于一身，当然所反映的内容将远小于企业的内容。

（二）持续经营假设

持续经营假设又称连续性假设，即除非管理层打算清算该企业或打算终止经营或别无选择只能这样做，会计主体的目标不会改变，并且会按照现状不断地经营下去。在此假设下，财务会计的基本流程如确认、计量、记录和报告保持了一贯性，使财务会计得以在高度不确定的环境中完成其流程循环。但是，当管理层意识到有关事项或条件的高度不确定性因素可能会导致人们对企业仍能持续经营产生重大怀疑时，应披露这些不确定性因素。此外如果有足够的相反证据证明企业无法持续经营，则破产清算假设将替代持续经营假设，这时财务会计在数据的处理、会计信息的加工以及提供财务报表的程序与模式等方面将会发生重大变化，比如以非清算为基础的折旧会计将不再适用。

（三）会计期间假设

在会计主体持续经营假设的基础上，出于提供及时的财务信息的考虑，凡是能反映企业财务状况和经营成果的财务报告，应定期予以提供。按照传统的商业习惯和所得税法的规定，所谓定期往往指一年一次。实务中企业的会计年度既有按照公历年度的，也有按照自己的"自然"经营年度的。近年来，上市公司还被要求提供中期报告，即以半年度、季度或月份作为分期基础，形成中期财务报告。

持续经营与会计分期假设是相辅相成、互相补充的。从一定意义上来讲，前者更为重要，因为有了持续的经营活动，才有必要和有可能进行会计分期。当然，在新经济时代，互联网的运用使新兴企业的财务报告采取实时传递的方式成为可能，如何使现有的财务会计的构造和作用适应这一发展态势还需进行深入的研究。

（四）货币计量假设

货币计量假设又称货币单位假设，认为会计是一个运用货币对企业活动进行计量并将计量结果加以传递的过程。会计信息以数量为主，这一假设给数量信息配备了统一的单位，从而使会计信息具有同一性和可比性。但是由于作为计量单位的货币本身也存在"量度"上的局限性，即货币的购买力存在变化的可能，因此，货币计量假设的背后还隐含着币值不变的假设，这样才能使各个会计期间的财务会计信息具有一定的可比性。

三、财务会计信息的质量特征

财务会计信息的质量特征是连接会计目标和财务报告的桥梁，在整个概念框架中居于枢纽地位，这在各国的财务会计概念框架或类似的文件中都有所提及。FASB认为，对会计信息质量特征的界定具有以下作用：为制订与财务报告目标相一致的会计准则提供指南；为会计信息提供者在选择表述经济事项的不同方法时提供指南；加强会计信息使用者对会计信息有用性和局限性的把握，方便做出更好的决策。

（一）用户需求观和投资者保护观

目前关于评价财务会计信息质量的观点有两大类，即用户需求观和投资者保护观。用户需求观认为财务报告的质量是由财务信息对使用者的有用性决定的。美国财务会计准则委员会（FASB）的概念框架就是这一观点的主要代表。FASB 以决策有用性为目标，提出了一系列以相关性和可靠性为核心的财务会计信息质量特征体系。与用户需求观不同，投资者保护规则认为财务报告质量主要取决于财务报告是否向投资者进行充分而公允的披露，因此诚信、透明、公允、可比和充分披露等特征成为该观点支持的会计信息质量特征。投资者保护观的支持者主要是美国证券交易委员会、审计准则委员会等组织和机构。

（二）会计信息质量的特征要素

从表面上看各国及国际会计准则理事会（IASB）对财务会计信息质量特征的界定似乎大同小异，但是如果仔细比较和分析，就会发现不同的信息质量特征体系在名称、基本背景、层次结构以及具体的属性定义方面都存在差异。比如，相关性在大部分国家的概念框架中是主要的信息质量特征之一，但是其内涵并不完全相同。美国、加拿大强调预测价值、反馈价值/验证价值和及时性。而英国则主要强调预测价值和验证价值，至于IASC 和澳大利亚则除了强调预测价值和验证价值，还强调对财务信息的性质及其重要性的关注。

由于美国在研究概念框架方面处于领先地位，其研究成果已成为各国（包括 IASB）在相关方面的研究背景。下面以 FASB 对会计信息质量各特征要素的界定作为参考，对几种主要的会计信息质量特征的内涵进行说明，最后介绍我国和 IASB 对财务会计信息质量特征的研究发展现状。

1. 相关性

相关性是指会计系统提供的会计信息应该与使用者的决策相关。基于"决策有用性"的会计目标，对决策有用的信息是"能够帮助信息使用者在预测未来时产生决策差别"的信息，因而相关性成为保证会计信息质量的重要特征。会计信息的相关性还必须具有预测价值、反馈价值和及时性三个基本特征。预测价值是指会计信息要能够帮助投资者预测企业以后的财务状况、经营成果和现金流动情况。反馈价值是指投资者获得会计信息后，能够据以修正以前的某些认识。会计信息的及时性是要求必须及时收集会计信息、及时对会计信息进行加工和处理，以及及时传递会计信息。

2. 可靠性

可靠性是指会计信息应如实表述所反映的对象，尤其需要做到不偏不倚地表述经济活动的过程和结果。可靠性具体可分为三个方面，即可核性、真实性和中立性。可核性是指不同的人，根据相同的信息输入、遵循相同的会计准则，从会计信息系统中输出相同或相似的结果。真实性是指会计信息应该反映实际发生的经济活动，通常所说的会计信息失真就是指会计信息不能够真实地反映企业的经济活动。中立性要求会计人员在处理会计信息时应保持一种不偏不倚的中立态度，避免倾向于某种预定的结果或者某一特定利益集团的需要。

3. 可比性

广义的可比性是指财务会计信息在同一会计主体不同时期之间和不同会计主体同一时期之间可以予以比较，从而使用户能够比较某两个时点或某两个时期的交易或事项，以及财务业绩的相似之处及其差异的质量属性。其中同一会计主体不同时期之间的会计信息的可比性又称为一致性，按照一致性的要求，会计方法的选择在前后期应保持一致。而不同会计主体之间的可比性又称为狭义上的可比性，要求不同会计主体之间的会计政策具有相同的基础，会计信息所反映的内容基本一致。

4. 可理解性

可理解性是指能够为信息使用者所理解，这是针对会计信息用户的质量特征。具体而言是要求财务信息应当为对商业活动和经济活动拥有合理理解能力，并且愿意花精力去研究这些信息的人士所理解。可理解性可划分为两类：与特定的决策者相关，与广大的各类决策者相关。

5. 透明度

20 世纪 90 年代美国上市公司存在严重的盈余管理问题，美国证券交易委员会（SEC）非常关注这一现象，希望从多个角度提高上市公司的信息质量。1996 年 4 月 11 日，SEC 在其声明中提出三项评价"核心准则"的要素，其中第二项是"高质量"，对"高质量"的具体解释是可比性、透明度和充分披露。其后在 1997 年，SEC 前主席莱维特（Levitt）在关于"高质量会计准则的重要性"的演讲中明确提出将透明度纳入准则高质量的特征体系中。

由于透明度适用的领域很广，迄今为止，对透明度的定义并没有统一。从会计的角度来看，可以将其理解为是对会计信息质量标准和一般意义上的会计信息披露要求的发展。也可以这样认为：会计透明度是一个关于会计信息质量的全面要求，包括会计准则的制订和执行、会计信息质量标准、信息披露与监管等各方面，可见会计信息质量的透明度要求仅仅是其中的一个部分。

（三）我国财务会计信息质量特征体系

在 2006 年 2 月 15 日前，我国并没有专门提出会计信息质量特征体系，在相关会计法律法规中都以一般原则的形式提及会计信息质量特征。例如 1985 年出台（又于 1993 年和 1999 年修订）的我国第一部《会计法》中提到了"保证会计资料合法、真实、准确、完整"的法律要求；1992 年颁布的《企业会计准则》里提到会计核算要遵循的有关原则，其中涉及真实性、相关性、可比性、一致性、及时性、可理解性、谨慎性、全面性、重要性九个会计信息质量特征；2001 年颁布并执行的《企业会计制度》中也涉及会计核算需要遵循的有关原则，包括真实性、实质重于形式、相关性、一致性、及时性、明晰性、可理解性、谨慎性、重要性九个会计信息质量特征。

目前世界各国都高度重视会计信息质量特征体系的建立，我国也顺应这一大趋势，在《企业会计准则——基本准则》（修订）中第一次明确出现了"会计信息质量要求"的形式，包含对会计信息质量在真实性（含可靠性）、相关性、明晰性、可比性（含一致性）、实质重于形式、重要性、谨慎性和及时性方面的要求。但是由于我国并没有财务会计概念框架，所以这些质量特征还没有一个完整的理论支持，今后还需要对质量特征体系所涉及的约束条件、总体质量特征、限制性标准、关键质量特征、次级（及次要）质量特征等内容进行深入研究。

（四）IASB财务会计概念框架中的会计信息质量特征

与美国不同，IASB关于会计信息质量特征的内容是以"财务报表的质量特征"的形式阐述。其中可理解性、相关性、可靠性和可比性为处于同一层次的主要质量特征，相关性的构成要素分别为预测价值、验证价值、财务信息的性质及重要性。可靠性由忠实反映、实质重于形式、中立性、审慎性和完整性构成。因为IASB的概念框架不同于一国研究出台的概念框架，它主要是为了解决"众口难调"的突出问题，所以可比性是IASB极为关注的一个质量特征，它不仅指交易或事项的计量及列报的方法要一致，还要求将编报财务报表所采用的会计政策的变动及变动的影响告诉使用者。此外，IASB的"财务报表的质量特征"还对相关性和可靠性的制约因素进行了分解，具体包括及时性、效益和成本之间的平衡性以及重要性。

四、财务会计要素

财务会计作为一个信息生产系统，必然存在相应的会计对象，但是由于会计对象是一个抽象的概念，因此从会计对象到具体的会计信息必须经过一个从抽象到具体的处理过程。这一具体化的过程首先要将财务会计对象进行初次分类以形成会计要素，会计要素即会计核算对象的具体化形式，通俗意义上的要素就是财务报表的基本组成部分。各国对会计要素的划分与定义不尽相同，美国的财务会计准则委员会定义了10种会计要素，分别是资产（assets）、负债（liabilities）、权益（equity）、业主投资（investments by owners）、派给业主款（distributions to owners）、收入（revenues）、费用（expenses）、利得（gains）、损失（losses）和全面收益（comprehensives incomes）。国际会计准则理事会定义了5种基本会计要素，即资产、负债、权益、收益和费用，其中收益包括收入和利得，费用包括损失。我国则借鉴了国际惯例，在财政部2006年修订后颁布的《企业会计准则——基本准则》中明确定了6种会计要素，分别是资产、负债、所有者权益、收入、费用和利润。我国较之国际惯例的规定多了一个利润要素，尽管利润是收益和费用的综合结果，并不是一个独立的要素，但由于长期以来它在我国一直作为考核的重要指标，在企业管理中具有重要作用，因此我国仍将其设计成一个单独的会计要素。

（一）资产

资产是指企业过去的交易或者事项形成的、由企业拥有或者控制的、预期会给企业带来经济利益的资源。其中，企业过去的交易或者事项包括购买、生产、建造行为及其他交易或者事项，预期在未来发生的交易或事项不形成资产。由企业拥有或者控制是指企业享有某项资源的所有权，或者虽然不享有某项资源的所有权，但是该资源能被企业所控制。至于预期会给企业带来经济利益是指其直接或间接导致现金及现金等价物流入企业的潜力。资产在符合上述定义的同时还须符合以下两个条件：一是与该资源有关的经济利益很可能流入企业；二是该资源的成本或者价值能够可靠地计量。

（二）负债

负债是指由企业过去的交易或事项形成的预期会导致经济利益流出企业的现时义务，上述定义中的现时义务是指企业在现行条件下已承担的义务，不包括未来发生的交易或事项形成的义务。符合定义的义务还必须满足以下条件才能确认为负债：与该义务有关的经济利益很可能流出企业；未来流出企业的经济利益的金额能够可靠地计量。

（三）所有者权益

所有者权益是指企业资产扣除负债后所有者享有的剩余权益，公司的所有者权益则被称为股东权益。所有者权益的来源包括所有者投入的资本、直接计入所有者权益的利得和损失、留存收益等。其中直接计入所有者权益的利得和损失是指不应计入当期损益、会导致所有者权益发生增减变动、与所有者投入资本或者向所有者分配利润无关的利得和损失。

（四）收入

收入是指企业在日常活动中形成的、会导致所有者权益增加的、与所有者投入资本无关的经济利益的总流入。必须强调的是收入也必须同时满足这样的条件，即经济利益很可能流入进而导致企业资产增加或者负债减少，同时经济利益的流入额能够可靠地计量。

（五）费用

费用是指企业在日常活动中发生的、会导致所有者权益减少的、与向所有者分配利润无关的经济利益的总流出。费用确认需满足的条件是经济利益很可能流出从而导致企业资产减少或者负债增加，同时经济利益的流出额能可靠地计量。

（六）利润

利润是指企业在一定会计期间的经营成果，包括收入减去费用后的净额、直接计入当期利润的利得和损失等。其中直接计入当期利润的利得和损失是指应当计入当期损益、会导致所有权发生增减变动的、与所有者投入资本或者向所有者分配利润无关的利得和损失。

五、会计要素的确认和计量

（一）会计要素的确认

确认是指在交易和事项（经济业务）发生时，将一个项目按照会计要素正式予以记录并按要素的项目计入财务报表中，它同时包含用文字和数字表述某一项目。在财务会计理论结构中，会计确认是一个重要的环节，它决定了具体的经济业务何时以何种要素的形式计入财务报表，从而达到为信息使用者提供合乎要求的会计信息的目标。

会计确认分为初始确认和后续确认。初始确认是指对某一项目或某项经济业务进行会计记录，如记作资产、负债、收入或费用等；后续确认是在初始确认的基础上，对各项数据进行筛选、浓缩，最终在财务报表中加以列示。在对每个项目进行确认的过程中必须同时满足以下四个标准：可定义性、可计量性、相关性、可靠性。如上所述，我国现行会计准则中也明确规定了如果要对会计要素加以确认，在满足定义的同时还应符合相应的确认条件，才能计入资产负债表或利润表。由于确认的最终目标是要进入财务报表，因此非正式列入财务报表的项目不需要进行严格的确认，通常在附注中加以披露即可。

会计确认的基础包括收付实现制和权责发生制。收付实现制的字面表述是"现金基础"（cash basis），即要求在收到现金时确认收入、支出现金时确认费用。权责发生制则是与收付实现制相对应的概念。具体来说，在权责发生制下确认收入是按照货物的销售（或交付）或者劳务的提供来确认，费用则按与其相关联的收入确认的时间予以确认，不考虑现金支付的时间。目前，权责发生制是普遍采用的会计确认的基础。

（二）会计要素的计量

财务会计通常被认为是一个对会计要素进行确认、计量和报告的过程，计量在其中是连接确认和报告的核心环节。具体地说，会计计量是指确定将在财务报表中确认和列报的财务报表要素的货币金额的过程。随着社会经济环境的快速发展以及会计技术的提高，传统的历史成本计量模式面临着前所未有的挑战，要使企业的财务报告能够真正公允地反映其财务状况、经营成果，并且充分披露与信息使用者决策相关的信息，则有必要引入其他计量基础，如公允价值等。目前无论是 FASB 还是 IASB 抑或是其他国家会计准则委员会都在致力于解决财务会计中的计量问题。

1.计量理论的主要类别

计量理论可以概括地分为两个派别：真实收益学派和决策有用学派。真实收益学派要求计量的结果能够真实地反映企业的收益，而决策有用学派则要求计量的结果应能满足决策的需要。目前来看，后者已经成为一种主流。

2.计量属性

不同的会计信息需求导致不同的计量模式，而计量模式主要由三个要素组成，即计量对象、计量属性和计量尺度。其中计量属性是目前讨论最为激烈的一个话题。计量属性是指计量客体的特征或者外在表现形式。具体到会计要素就是可以用货币进行量化表述的方面。我国结合国际惯例，在现行的基本会计准则中规定了五个计量属性，分别是历史成本、重置成本、可变现净值、现值和公允价值。

（1）历史成本。在历史成本计量下，资产按照购置时支付的现金或现金等价物的金额，或购置资产时所支付的对价的公允价值计量；负债按照因承担义务而实际收到的款项或者资产的金额，或承担现时义务的合同金额，或者日常活动中为偿还负债预期需要支付的现金或现金等价物的金额计量。

（2）重置成本。在重置成本计量下，资产按照现在购买相同或者相似资产所需支付的现金或现金等价物的金额计量。负债按照现在偿付某项负债所需支付的现金或现金等价物的金额计量。

（3）可变现净值。在该计量属性下，资产按照其正常对外销售所能收到现金或现金等价物的金额扣减该资产完工时估计将要发生的成本、销售费用以及相关税费后的金额计量。

（4）现值。运用现值计量时，资产按照预计从其持续使用和最终处置中产生的未来净现金流入量的折现额计量；负债按照预计期限内需要偿还的未来净现金流入量的折现额计量。需要提及的是，FASB 第 7 号概念公告中认为现值仅是一个分配方法，对其加以计算是为了探求公允价值，即 FASB 概念框架中表示取代未来现金流量现值的会计属性。

（5）公允价值。公允价值计量是指资产和负债按照公平交易中，熟悉情况的交易双方自愿进行资产交换或者债务清偿的金额进行计量。

3.计量属性的应用

在会计实务中，不同计量属性的应用情况并不相同。其中历史成本应用于交易或事项发生时的某一项目的"初始确认"。只要该要素在后续期间继续为一个主体所持有而不加以处置，那么，即使资产的市场价格在以后发生了变动，其后也不必"重新估价"。如果该要素已完全没有使用价值，不再含有未来的经济利益，则对其进行"终止确认"。对历史成本的采用无须后续计量，这样可以节约会计信息加工的成本。

对于其他如现行成本、公允价值等计量属性而言，也都可以应用于交易或事项发生时对某一要素的"初始计量"，在这些要素完全或部分丧失经济利益时，也同样需要进行部分或全部"终止确认"。但与历史计量属性不同的是，应用这些计量属性时，在后续年度都需要进行"后续确认与计量"，即每年都需要重新估计现行成本、公允价值等。作为对外会计，以财务报告的形式有效地向外部使用者提供合乎要求的会计信息是其最终目的。按照 FASB 概念框架的观点，"财务报告的编制不仅包括财务报表，还包括其他传输信息的手段，其内容直接或间接地与会计系统所提供的信息有关"。

无论是财务报表还是其他财务报告，都是用来向资本市场的投资者表述并传递与特定主体的财务状况、经营成果和现金流量相关，并且对决策有用的信息的手段。

财务报表分为表内和表外附注两大部分，都要遵循公认会计原则（GAAP），并经注册会计师审计。在财务报表内进行表述实质是"后续确认"的过程，要遵守相应确认的基本标准，对初始确认形成的日常会计记录进行后续确认，以文字说明与数字相结合的方式形成财务报表的主体，即表内内容。附注也是财务报表的一个组成部分，但是不同于表内内容，它可以只采用文字说明，并且可以在不更正表内确认的内容的基础上对其进行解释或补充说明。为了加以区分，在附注中的表述被称为"披露"。附注中披露的信息通常包括两部分：（1）法定要求披露的信息；（2）企业管理当局自愿披露的信息。其中法定要求披露的信息来源又有两个：一是会计准则，在会计准则中除了对确认和计量进行规范外，还会指出应当披露的事项（主要在会计报表附注中）；另一个来源于证监会颁布的披露准则，一般适用于上市公司。

至于其他财务报告进行的信息披露主要是由财务报表的局限引起的。正如 FASB 在第1号概念公告中所指出的："某些有用的信息用财务报表传递较好，而某些信息则通过其他财务报告的形式更好。"其他财务报告中披露的信息可以不受 GAAP 的限制，也可以不经过注册会计师审计，但是要请注册会计师或者相关专家审阅。

回顾财务报告的发展过程，会发现财务报告的主体变化较小，而报表外的各种补充说明和解释却越来越多，财务报告全文的厚度也日益增加。尽管如此，人们发现不断扩容的财务报告仍然不能准确可靠地反映企业的经营风险和业绩，加强信息透明度仍然是资本市场的一大呼声。

我国参照国际惯例，在 2006 年 2 月出台了第 30 号具体会计准则——《财务报表的列报》，要求财务报表至少应包括五个部分，即资产负债表、利润表、现金流量表、所有者权益（或股东权益）变动表以及附注，其中附注不能替代应有的确认和计量。

第三节　会计规范

信息是决策的依据。在证券市场日益发达的经济环境里，会计信息的提供者并非就是使用者。由于会计信息具有公共物品的属性，如果对供给缺乏必要的约束就可能导致受会计信息影响的市场失灵。在此背景下，为了保护处于劣势却不得不主要依靠管理层提供的会计信息进行投资或信贷等决策的外部使用者，就必须采取一些制度安排，其目的在于在减少信息不对称的同时尽可能地保证提供真实、公允和透明的会计信息。这就引发了政府或社会民间机构对会计信息生产和消费机制进行干预的需要。干预的主要形式之一就是会计规范——要求企业按照真实、公正、充分、可比等原则进行加工和提供会计信息。本节首先介绍我国目前会计规范体系的基本构成，然后分别介绍会计法、会计准则、会计制度的基本内容，最后探讨国际财务报告准则及其发展走向。

一、我国会计规范的基本构成

自改革开放以来，我国已经完成了从计划经济体制向市场经济体制的转变。目前已经初步建立了以《会计法》为核心、以行政法规及部门规章制度为支撑的会计规范体系。

这一体系主要由以下三个层次构成：最高层次是由全国人大常委会颁布实施的《中华人民共和国会计法》（以下简称《会计法》）；第二个层次为国务院制定的有关会计工作的行政法规，如《企业财务会计报告条例》《总会计师报告条例》等；第三个层次为财政部制定的有关会计核算和会计工作的部门规章和规范性文件等会计标准，包括《企业会计准则》《企业会计制度》《企业会计制度补充规定》《会计制度的问题解答》等。

除上述外，在其他法律法规、规章制度中也有部分内容构成了对会计法规的直接或间接支持，如《公司法》《证券法》《商业银行法》《刑法》以及证监会颁布的一系列信息披露规范。

二、会计法

《会计法》于 1985 年 1 月 21 日首次颁布施行，是新中国第一部专门针对规范会计活动的重要法律。1993 年 12 月 29 日经第八届全国人大常委会第五次会议修正，后又于 1999 年 10 月 31 日经第九届全国人大常委会第十二次会议修订后由国家主席令下令公布，于 2000 年 7 月 1 日起施行。《会计法》全文共七章，包含总则、会计核算、公司企业会计核算的特别规定、会计监督、会计机构和人员、法律责任和附则，具体又分为五十二条，用以规范会计实务。

《会计法》是一切会计工作的根本大法。国家、企事业单位、社会团体以及个体工商户和其他组织都必须遵守《会计法》，进行会计实务工作。其他会计规范如会计制度和会计准则的制定都必须以《会计法》为依据。除了规范会计实务，《会计法》的颁布与施行对提高财务会计质量也起到了积极的作用，具体表现在以下几方面：

1. 对会计信息的真实性提出强制要求。《会计法》重点强调了会计信息的真实完整性，严格禁止虚假信息。比如在第二章第九条中规定"各单位必须根据实际发生的经济业务事项进行会计核算，填制会计凭证，登记会计账簿，编制财务会计报告。任何单位不得以虚假的经济事项或者资料进行会计核算"。其余类似的规定有第八条、第十二条和第二十条。这些规定表明会计信息的真实性是财务会计实务的根本价值所在，通过法律形式来严格规定十分必要，如果会计实务反映了虚假的经济业务并产生了虚假的会计信息，相关主体就必须承担各种法律责任。

2. 强调会计监督的作用。《会计法》强调的会计监督包括内部监督和外部监督。在第二十七条中明确规定了各单位应当建立健全本单位的内部会计监督制度，并提出了内部会计监督制度的具体要求。在第三十三条中又规定了下列机构对企业实行外部的会计监督，包含财政、税务、人民银行、证券监管、保险监管等部门。通过会计监督，会计实务受到了内部和外部的双重约束，因而能够提供更加真实完整的会计信息。

3.明确规定了单位负责人对财务欺诈的经济责任。关于我国的会计信息失真问题，单位负责人难辞其咎。《会计法》第四条明确规定单位负责人对本单位的会计工作和会计资料的真实性、完整性负责。该规定实际上对授权和唆使会计人员造假的行为予以了坚决打击，改善了原先会计人员作为替罪羊对会计信息失真承担完全责任的不公现象，有利于解决会计信息失真的实际问题。

4.特别关注上市公司的会计行为。随着资本市场，尤其是证券市场的不断成熟，上市公司的规范问题越来越突出。《会计法》对上市公司的会计行为十分关注，如对公司收入、成本和利润的核算做出了不得偏离经济业务实质的规定等。该规定实际上对上市公司的利润操纵行为进行了广义上的规范，并强调了会计制度对公司制企业的约束作用。

三、会计准则体系

（一）我国会计准则的演变

各国会计准则的发展史表明，会计准则与资本市场之间存在着非常密切的关系。在中国上海和深圳两个证券交易所正式建立之前，股票通常通过柜台进行交易，卖方市场是当时的特征，利用会计信息指导决策的需求还未产生，因而对会计准则需求也不迫切。

到了20世纪90年代初，随着我国经济体制的改革，客观上要求将企业作为独立的市场经济主体，以会计信息的形式将其财务状况和经营成果等向外部使用者传达。在这种外在要求下，我国于1992年颁布了《企业会计准则——基本准则》。由于基本准则更多的是起到一种解放思想的作用，因此实际上对当时的会计实务并没有带来多大的影响，会计实务的"自主性"特性仍然很强。为了改变这种状况，财政部于1993年下半年集中力量进行了具体会计准则的制定。截至1996年1月共发布了六批29项具体准则的征求意见稿，但由于没有得到相关部门的批准，一直没有形成真正有约束力的会计准则。

基于我国制定的"以国际化为主兼顾中国特色并逐渐向国际化演进"的会计准则制定策略，我国一直在积极实施会计准则国际化。在充分考虑国际惯例及我国具体国情的基础上，财政部从2006年2月起陆续出台了新会计准则系列（包括1项基本会计准则、38项具体会计准则以及若干项应用指南）。

目前形成的企业会计准则体系是由基本准则、具体准则和应用指南三部分构成的。其中，基本会计准则是纲，在整个准则中起统驭作用；具体会计准则是目，是根据基本准则要求对有关业务或报告做出的具体规定；应用指南是补充，是具体会计准则的操作指南。该准则系列于2007年1月1日起在上市公司范围内执行，同时也鼓励其他企业参照执行。执行该企业会计准则的企业不再执行原先的会计准则、企业会计制度和金融企业会计制度。

（二）会计准则的特点

从基本面来看我国的会计准则体系，可以发现，此次形成的新会计准则体系是在充分考虑我国基本国情的情况下，同时也参照了国际财务报告准则的基础上制定的。目的之一在于使在此准则体系下编制的财务报表能够更加公允地反映企业的内在价值。该体系不但强化了为投资者和社会公众提供对决策有用的会计信息的新理念，实现了与国际惯例的趋同，还首次构建了比较完整的有机统一体系，并为改进国际财务报告准则提供了有益借鉴，实现了我国企业会计准则建设新的跨越和突破。正如 IASB 主席戴维·泰迪所说："中国企业会计准则体系的发布实施，使中国企业会计准则与国际财务报告准则之间实现了实质性趋同，是促进中国经济发展和提升中国在国际资本市场中地位的非常重要的一步。"

此外，我国会计准则体系还具备其他特点，主要表现在以下几个方面：

1. 约束力来自于强制性的行政命令。会计准则制定权力的归属方有政府和民间之分，如对于美国等会计准则由民间组织制定的国家而言，会计准则更像是一种协调经济利益机制，其制定过程中包含着相关利益集团的政治协商，因此属于制度层面的产物。我国的会计准则由财政部门统一制定，从而大大减少了政治协商的成分，其规范的约束力来自于强制性的行政命令，在执行时具有无条件的特点。

2. 强调会计核算须反映经济业务的真实情况。现代经济业务日趋复杂，当会计人员面临多变的交易和事项无所适从时，会计准则能给会计人员以技术提示和统一的标准，提供提示和标准的目的在于使会计信息能够反映经济业务的实质。强调会计核算反映经济业务的真实情况对于会计信息的质量意义重大，因为反映经济业务的真实情况涵盖了对会计信息相关性和可靠性的综合要求。

3. 执行效果有赖于独立审计和市场监管的配合。各国的会计准则制定方式有所不同，但制定准则都包含同样的目的，即将资本市场内的会计实务规范化。会计准则对于上市公司的规范作用是举足轻重的，但是会计准则执行的效果有赖于独立审计和市场监管的配合，行之有效的独立审计和市场监管可以加大公司不遵守会计准则的违约成本，从而以此约束上市公司的行为。一般来说，会计准则、独立审计和市场监管的协同作用可以有效维持市场秩序，保证市场的"游戏规则"公平而有序。

四、国际会计准则

由于经济全球化要求全球资本市场一体化，有关统一的全球会计准则的供需问题也被推到了会计理论与实务研究的前沿。我国已经加入了 WTO，面临着越来越紧迫的会计国际化问题，了解国际会计准则的演进与发展十分必要。

国际会计准则的制订者——国际会计标准委员会（IASC）建立于 1973 年，作为一个由各国会计职业团体组成的民间团体，其目标是在协调的基础上制订为各国或各地区所承认并遵守的国际会计准则，由于不具备强有力的政治经济背景，因此初期制订的国际会计准则采取汇集和借鉴各国会计准则和惯例的方式。IASC制定的准则文件包括国际会计准则（IAS）和常设解释委员会解释公告（IAS interpretations），二者的权威性是相同的。

截至1988年，IASC共制订了26项国际会计准则，但这些准则仅仅是各国会计实务的汇总，企业的选择范围很大，在此基础上编制的国际财务报表严重缺乏可比性。在资本市场全球化的浪潮中，这种严重缺乏可比性的准则不仅不适用，还给IASC带来了负面影响。为了减少会计备选方法，提高财务报表的可比性，IASC于1989年1月出台了《财务报表可比性》的征求意见稿（E32）。根据E32，在1989年至1995年间，IASC对已有的会计准则进行修订，大量减少会计备选方法，并且首次划分了基准处理法和备选处理法。

IASC在其努力改革的过程中充分尊重了证券委员会国际组织（IOSCO）的意见，与此同时也得到了IOSCO的关注与支持。从1995年起IASC致力于制定一套可以在全球资本市场上使用的"核心准则"。2000年5月，IOSCO宣布已完成对30项"核心准则"的评审工作，并推荐在各国资本市场使用。这一成功极大地鼓舞了IASC，其基本目标也由原来的"协调与改进各国会计准则"演变成"制定全球会计准则"。

2001年4月IASC改组，国际会计准则理事会（IASB）应运而生。IASB着手制定并颁布的准则被称为国际财务报告准则（IFRS），相应的解释公告也更名为国际财务报告解释公告。IASB具有可以修改反撤销IASC时期颁布的国际会计准则和解释公告的权限，而未被IASB修改或撤销的国际会计准则和解释公告仍将继续适用。

IASC到IASB的发展可以用"协调→趋同→全球会计准则"的路径来描述。由于IASB开始强调制定高质量的全球会计准则，它已经从IASC时期的"会计准则协调者"转化为"全球会计准则制定者"，目前正致力于各国会计准则与国际会计准则及国际财务报告准则的趋同。

自20世纪80年代起，与国际惯例充分协调是我国会计改革一直坚持的方向。最初首先体现在1985年颁布的中外合资企业会计制度，进而引发1992年发布的《企业会计准则》以及随后的13个行业会计制度及《股份制试点企业会计制度》（后来修订为《股份有限公司会计制度》）。自1997年起陆续颁布的16项具体会计准则和2001年颁布的《企业会计制度》也体现了逐渐与国际会计准则减少差异的改革成果。但是基于国际会计准则规范的大多是成熟市场经济国家的经济业务或事项，因而我国在借鉴与参照的过程中还必须综合考虑现实的经济和法律环境。比如从我国2006年2月颁布的新会计准则体系中可以发现，尽管原来被《企业会计制度》所限制的公允价值已经被有条件地运用于衍生金融工具、投资性房地产的会计处理中，历史成本计量模式仍然是首选的基础模式。

目前我国已经基本实现了与国际会计准则的"实质性趋同"，但这并不意味着就会产生可比性的会计信息，因为会计准则的国际化并不能保证会计实务的可比性，所以构建与完善会计准则的支撑环境（如公司治理结构、审计、经理人市场、市场结构以及法律诉讼机制）仍是实现我国会计国际化的必要条件。

第二章　会计货币资金管理分析

第一节　货币资金概述

1.货币资金的内容

货币资金是企业经营过程中以货币形态存在的资产，是企业资产的重要组成部分，也是企业资产中流动性较强的一种资产。任何企业要进行生产经营活动都必须拥有货币资金，持有货币资金是进行生产经营活动的基本条件。货币资金作为支付手段，可用于支付各项费用、清偿各种债务及购买其他资产，所以具有普遍的可接受性。根据货币资金的存放地点及其用途的不同，货币资金分为现金、银行存款、其他货币资金。就会计核算而言，货币资金的核算并不复杂，但由于货币资金具有高度的流动性，因而在会计核算过程中，加强货币资金的管理和控制是至关重要的。

2.货币资金的控制

货币资金是企业资产中流动性较强的资产，加强其管理和控制，对于保障企业资产安全完整、提高货币资金周转率和使用效益具有重要的意义。加强对货币资金的控制，应该结合企业生产的经营特点，制定相应的控制制度并监督其实施。一般来说，货币资金的管理和控制应该遵循如下原则：

（1）严格职责分工。将与货币资金不相容的职责分由不同的人员担任，形成严密的内部牵制制度，以减少和降低货币资金管理上舞弊的可能性。

（2）实行交易分开。将现金支出业务和现金收入业务分开处理，防止将现金收入直接用于现金支出的坐支行为。

（3）实行内部稽核。设置内部稽核单位和人员，建立内部稽核制度，以加强对货币资金管理的监督，及时发现货币资金管理中存在的问题，改进对货币资金的管理控制。

（4）实施定期轮岗制度。对涉及货币资金管理和控制的业务人员实行定期轮换岗位制度。通过轮换岗位，减少货币资金管理和控制中产生舞弊的可能性，并及时发现有关人员的舞弊行为。

第二节 现金

一、现金的概念及范围

现金是货币资金的重要组成部分，作为通用的支付手段，也是对其他资产进行计量的一般尺度和会计处理的基础。它具有不受任何契约的限制、可以随时使用的特点，可以随时用其购买所需的物资，支付有关的费用，偿还债务，也可以随时存入银行。由于现金是流动性最强的一种货币资金，企业必须对现金进行严格的管理和控制，使现金能在经营过程中合理通畅地流转，从而提高现金使用效益，保护现金安全。

现金有狭义的概念和广义的概念之分。狭义的现金仅指库存现金，包括人民币现金和外币现金。我国会计实务中定义的现金即为狭义的现金，而很多西方国家采用了广义的现金概念。广义的现金除库存现金外，还包括银行存款，以及其他符合现金定义，可以普遍接受的流通中的票证，如个人支票、旅行支票、银行汇票、银行本票、邮政汇票等，但下列各项不应列为现金：

1.企业为取得更高收益而持有的金融市场的各种基金、存款凭证以及其他类似的短期有价证券，这些项目应列为短期投资。

2.企业出纳手中持有的邮票、远期支票、被退回或止付的支票、职工借条等。其中，邮票应作为库存办公用品或待摊费用；欠款客户出具的远期支票应作为应收票据；因出票人存款不足而被银行退回或出票人通知银行停止付款的支票，应转为应收账款；职工借条应作为其他应收款。

3.其他不受企业控制、非日常经营使用的现金。比如，公司债券偿债基金、受托人的存款、专款专储等供特殊用途使用的现金。

二、现金的内部控制

由于现金是交换和流通手段，又可以当作财富来储蓄，其流动性又最强，所以最容易被挪用或侵占。因此，任何企业都应特别重视现金的管理。现金流动是否合理和恰当，对企业的资金周转和经营成败至关重要。为确保现金的安全与完整，企业必须建立健全现金内部控制制度。而且，由于现金是一项非生产性资产，除存款利息外不能为企业创造任何价值，因此企业的现金在保证日常开支的前提下不应持有过多，健全现金内部控制制度有助于企业保持合理的现金存量。

当然，现金内部控制的目的并不是发现差错，而是要减少发生差错、舞弊、欺诈的几率。一个有效的内部控制制度，不允许由一个人自始至终地操纵和处理一笔业务的全过程。必须在各自独立的部门之间有明确合理的分工，不允许一个人兼管现金的收入和支付，不允许经管现金的人员兼管现金的账册。内部控制制度在一定程度上起到了保护现金资产安全的作用。此外，也可以利用电子计算机监管各项记录的正确性和提高现金收付的工作效率。

健全的现金内部控制制度包含现金收入控制、现金支出控制和库存现金控制三个部分。

1. 现金收入的内部控制

现金收入主要与销售产品或提供劳务的活动有关，因而应健全销售和应收账款的内部控制制度，以此作为现金收入内部控制制度的基础。

现金收入控制的目的是要保证全部现金收入都无一遗漏地入账。其基本内容有：

（1）签发现金收款凭证（收据）与收款应由不同的经办人员负责办理。一般由销售部经办销售业务的人员填制销货发票和收款收据，会计部门出纳员据以收款，其他会计人员据以入账。处理现金收入业务的全过程由不同人员办理，可以确保销货发票金额、收据金额和入账金额完全一致，能达到防止由一个人经办可能发生弊端的目的，起到相互牵制的作用。

（2）一切现金收入必须当天入账，尽可能地在当天存入银行，不能在当天存入银行的，应该于次日上午送存银行，防止将现金收入直接用于现金支出的"坐支"行为。

（3）一切现金收入都应无一例外地开具收款收据。对收入款有付款单位开具凭证的，会计部门在收到时，仍应开收据给交款人，以分清彼此责任。

（4）建立"收据销号"制度，监督收入款项的入账。即根据开出收据的存根与已入账的收据联，按编号、金额逐张核对，核对无误后予以注销。作废的收据应全联粘贴在存根上。"收据销号"的目的是确保已开出的收据无一遗漏地收到了款项，且现金收入全部入账。

（5）控制收款收据和销货发票的数量和编号。领用收据应由领用人签收领用数量和起讫编号。收据存根由收据保管人收回，并负责保管，回收时要签收。要定期查对尚未使用的空白收据，防止短缺遗失。已使用过的收据和发票应清点、登记、封存和保管，并按规定手续审批后销毁。

（6）对于邮政汇款，在收到时应由两人会同拆封，并专门登记有关来源、金额和收据情况。

（7）企业从开户银行提取现金，应当写明用途，加盖预留银行印鉴，经开户银行审核后，予以支付现金。

2. 现金支出的内部控制

现金支出控制的目的是要保证不支付任何未经有关主管批准付款的款项。现金支出要遵守国家规定的结算制度和现金管理办法。其基本内容有：

（1）支付现金要符合国家规定的现金使用范围。根据国务院颁发的《现金管理暂行条例》的规定，下列几种情况允许企业使用现金结算：

①支付职工的工资、津贴；

②个人劳务报酬；

③支付给个人的科学技术、文化艺术、体育等各项奖金；

④向个人收购农副产品或其他物资而支付的款项；

⑤各种劳保、福利费用以及国家规定的对个人的其他支出，如支付的各种抚恤金、退休金、社会保险和社会救济支出；

⑥出差人员必须随身携带的差旅费；

⑦转账结算起点（1000元）以下的零星开支；

⑧中国人民银行规定的其他使用现金的范围。

（2）与付款相关的授权、采购、出纳、记账工作应由不同的经办人员负责，不可以职责不分，一人兼管。

（3）支票的签发至少要由两人签字或盖章，以相互牵制、互相监督。

（4）任何款项的支付都必须以原始凭证作为依据，由经办人员签字证明，由分管主管人员审批，并经有关会计人员审核后，出纳人员方能据以办理付款。

（5）付讫的凭证要盖销"银行付讫"或"现金付讫"章，并且定期装订成册，由专人保管，以防止付款凭证遭盗窃、窜改和重复报销等情况的发生。

按照上述内部控制的内容，处理现金支出业务应遵照规定的程序进行。

3.库存现金的内部控制

库存现金控制的目的是要确定合理的库存现金限额，并保证库存现金的安全、完整。其基本内容有：

（1）正确核定库存现金限额，超过限额的现金应及时送存银行。库存现金限额应由开户银行和企业根据企业的日常零星开支的数额及距离银行远近等因素共同确定。企业一般保留3~5天的零用现金，最多不得保留超过15天的零用现金。库存现金限额一经确定，超过部分必须在当天或次日上午由企业解缴银行。未经银行许可，企业不得擅自坐支现金。确实情况特殊，需坐支现金的，应由企业向银行提交坐支申请，在银行批准的坐支额度内坐支，并按期向银行报告坐支情况。库存现金低于限额时企业可向银行提取现金，补充限额。

（2）出纳人员必须及时登记现金记账，做到日清月结，不得以不符合财务制度和会计凭证手续的"白条"和单据抵充库存现金；不能谎报用途套取现金；不能用银行账户代其他单位和个人存入或支取现金；不能将单位收入的现金以个人名义存储，即"公款私存"；不能保留账外公款，不得设置小金库等。每天营业终了后要核对库存现金和现金日记账的账面余额，发现账实不符，要及时查明原因并予以处理。

（3）内部审计或稽核人员要定期对库存现金进行核查，也可根据需要进行临时抽查。在实务中，不同企业由于其业务性质、经营规模、人员数量、现金的来源渠道和支出用途等因素不同，其现金控制制度也不尽相同。然而，设立内部控制制度应遵循的基本原则是相同的。其基本原则主要体现在两个方面：第一，实施处理现金业务的合理分工，即现金收支业务包括授权、付款、收款和记录等各个环节，不同环节应该由不同的人员来完成，以便形成严密的内部牵制制度。第二，加强银行对现金收支的控制和监督，即企业应尽可能地保持最少量的库存现金，将绝大部分现金存入银行，主要的现金支出都使用支票通过银行办理。这样，不但可以减少保存大量库存现金的成本和风险，而且银行提供的对账单也为检查现金收支记录的正确性提供了依据。

三、现金业务的会计处理

为加强对现金的核算，企业应设置"现金"账户。"现金"账户借方反映由于现销、提现等而增加的现金，贷方反映由于现购、现金送存银行、发放工资、支付其他费用等而减少的现金。该账户期末借方余额反映企业实际持有的库存现金。

另外，为随时掌握现金收付的动态和库存余额，保证现金的安全，企业必须设置"现金日记账"，按照业务发生的先后顺序逐笔序时登记。每日终了，应把登记的"现金日记账"结余数与实际库存数进行核对，做到账实相符。月份终了，"现金日记账"的余额必须与"现金"总账的余额核对相符。

有外币现金收支业务的单位，应该按照人民币现金、外币现金的币种设置现金账户进行明细核算。

第三节　银行存款

银行存款是企业存放在银行或其他金融机构的货币资金。依据国家有关规定，凡是独立核算的单位都必须在当地银行开设账户。企业在银行开设账户以后，超过限额的现金必须存入银行；除按规定限额保留库存现金外，除在规定的范围内可以用现金直接支付的款项外，在经营过程中所发生的一切货币收支业务，都必须通过银行存款账户进行结算。

一、银行存款账户的管理

1. 银行存款账户的类型

正确开立和使用银行账户是做好资金结算工作的基础，企业只有在银行开立了存款账户，才能通过银行同其他单位进行结算，办理资金的收付。

《银行账户管理办法》将企事业单位的存款账户划分为四类，即基本存款账户、一般存款账户、临时存款账户和专用存款账户。

一般企事业单位只能选择一家银行的一个营业机构开立一个基本存款账户，主要用于办理日常的转账结算和现金收付，工资、奖金等现金的支取只能通过该账户办理；企事业单位可在其他银行的一个营业机构开立一个一般存款户，该账户可办理转账结算和存入现金，但不能支取现金；临时存款账户是存款人因临时经营活动需要开立的账户，如临时采购资金等；专用存款账户是企事业单位因特定用途需要开立的账户，如基本建设项目专项资金。

2. 银行存款账户的管理

为了加强对基本存款账户的管理，企事业单位开立基本存款账户实行开户许可证制度，即必须凭中国人民银行当地分支机构核发的开户许可证办理。对银行存款账户的管理规定如下：

（1）企事业单位不得因还贷、还债和套取现金而多头开立基本存款账户；

（2）不得出租、出借银行账户；

（3）不得违反规定为在异地存款和贷款而开立账户；

（4）任何单位和个人不得将单位的资金以个人名义开立账户存储。

二、银行结算方式的种类

在我国，企业与其他企业或个人的大量的日常经济业务往来，都是通过银行结算的，银行是社会经济活动中各项资金流转结算的中心。为了保证银行结算业务的正常开展，使社会经济活动中各项资金得以通畅流转，依据《中华人民共和国票据法》和《票据管理实施办法》，中国人民银行总行对银行结算办法进行了全面的修改和完善，形成了《支付结算办法》，并于1997年12月1日起正式施行。

《支付结算办法》规定，企业目前可以选择使用的票据结算工具主要包括银行汇票、商业汇票、银行本票和支票，可以选择使用的结算方式主要包括汇兑、托收承付和委托收款以及信用卡，另外还有一种国际贸易中所采用的结算方式，即信用证结算方式。

1. 银行汇票

银行汇票是由出票银行签发的，由其在见票时按照实际结算金额无条件支付给收款人或持票人的票据。银行汇票具有使用灵活、票随人到、兑现性强等特点，适用于先收款后发货或钱货两清的商品交易。单位和个人各种款项结算，均可以使用银行汇票。

银行汇票可以用于转账，填明"现金"字样的银行汇票也可以用于支取现金。银行汇票的付款期为1个月。超过付款期限提示付款不获付款的，持票人须在票据权利时效内向出票银行做出说明，并且提供本人身份证件或单位证明，持银行汇票和解讫通知向出票银行请求付款。丧失的银行汇票，失票人可凭人民法院出具的其享有票据权利的证明向出票银行请示付款或退款。

企业支付购货款等款项时，应当向出票银行填写"银行汇票申请书"，填明收款人名称、支付人、申请人、申请日期等事项并签章，签章为其预留在银行的印鉴。银行受理银行汇票申请书，收妥款项后签发银行汇票，并用压数机压印出票金额，然后将银行汇票和解讫通知一并交给汇款人。

申请人取得银行汇票后即可持银行汇票向填明的收款单位办理结算。银行汇票的收款人可以将银行汇票背书转让给他人。背书转让以不超过出票金额的实际结算金额为限，未填写实际结算金额或实际结算金额超过出票金额的银行汇票不得背书转让。

收款企业在收到付款单位送来的银行汇票时，应在出票金额以内，依据实际需要的款项办理结算，并将实际结算金额和多余金额准确清晰地填入银行汇票和解讫通知的有关栏内。银行汇票的实际结算金额低于出票金额的，其多余金额由出票银行退交申请人。收款企业还应当填写进账单并在汇票背面"持票人向银行提示付款签章"处签章，签章应与预留银行的印鉴相同，最后，将银行汇票和解讫通知、进账单一并交开户银行办理结算，银行审核无误后，办理转账。

2. 银行本票

银行本票是由银行签发的、承诺自己在见票时无条件支付确定的金额给收款人或者持票人的票据。银行本票由银行签发并保证兑付，而且见票即付，具有信誉高、支付功能强等特点。用银行本票购买材料物资，销货方可以见票付货，购货方可以凭票提货，债权债务双方可以凭票清偿。收款人将本票交存银行，银行即可为其入账。无论单位还是个人，在同一票据交换区域都可以使用银行本票支付各种款项。

银行本票分为定额本票和不定额本票：定额本票面值分别为1000元、5000元、10000元、50000元。在票面划去转账字样的为现金本票。

银行本票的付款期限为自出票日起最长不超过2个月，在付款期内银行本票为见票即付；超过提示付款期限不获付款的，在票据权利时效内向出票银行做出说明，并提供本人身份证或单位证明，即可持银行本票向银行请求付款。

企业支付购货款等款项时，应向银行提交"银行本票申请书"，填明收款人名称、申请人名称、支付金额、申请日期等事项并签章。申请人或收款人为单位的，银行不予签发现金银行本票。出票银行受理银行本票申请书后，收妥款项并签发银行本票。不定额银行本票用压数机压印出票金额，出票银行在银行本票上签章后交给申请人。

申请人取得银行本票后，即可向填明的收款单位办理结算。收款单位可以根据需要在票据交换区域内背书转让银行本票。

收款企业在收到银行本票后，应当在提示付款时在本票背面"持票人向银行提示付款签章"处加盖预留银行印鉴；同时填写进账单，最后连同银行本票一并交开户银行转账。

3. 商业汇票

商业汇票是出票人签发的、委托付款人在指定日期无条件支付确定的金额给收款人或者持票人的票据。在银行开立存款账户的法人以及其他组织之间须具有真实的交易关系或债权债务关系，才能使用商业汇票。商业汇票的付款期限由交易双方商定，但最长不得超过6个月。商业发票的提示付款期限为自汇票到期日起10日内。

存款人领购商业汇票，必须填写"票据和结算凭证领用单"并加盖预留银行印鉴；存款账户结清时，必须将全部剩余空白商业汇票交回银行注销。

商业汇票可以由付款人签发并承兑，也可以由收款人签发交由付款人承兑。对于定日付款或者出票后定期付款的商业汇票，持票人应该在汇票到期日前向付款人提示承兑；对于见票后定期付款的汇票，持票人应该自出票日起 1 个月内向付款人提示承兑。汇票未按规定期限提示承兑的，持票人即丧失对其前手的追索权。付款人应当自收到提示承兑的汇票之日起 3 日内承兑或者拒绝承兑。付款人拒绝承兑的，必须出具拒绝承兑的证明。商业汇票可以背书转让。符合条件的商业承兑汇票的持票人可持未到期的商业承兑汇票连同贴现凭证，向银行申请贴现。

商业汇票按承兑人不同分为商业承兑汇票和银行承兑汇票两种。

（1）商业承兑汇票

商业承兑汇票是由银行以外的付款人承兑。商业承兑汇票按交易双方约定，由销货企业或购货企业签发，但由购货企业承兑。承兑时，购货企业应在汇票正面记载"承兑"字样和承兑日期并签章。承兑不得附有条件，否则视为拒绝承兑。汇票到期时，购货企业的开户银行凭票将票款划给销货企业或贴现银行。销货企业应在提示付款期限内通过开户银行委托收款或直接向付款人提示付款。对异地委托收款的，销货企业可匡算邮程，提前通过开户银行委托收款。汇票到期时，如果购货企业的存款不足以支付票款，开户银行应当将汇票退还销货企业，银行不负责付款，由购销双方自行处理。

（2）银行承兑汇票

银行承兑汇票由银行承兑，由在承兑银行开立存款账户的存款人签发。承兑银行按票面金额向出票人收取万分之五的手续费。

购货企业应于汇票到期前将票款足额交存其开户银行，以备由承兑银行在汇票到期日或到期日后的见票当日支付票款。销货企业应在汇票到期前将汇票连同进账单送交开户银行以便转账收款。承兑银行凭汇票将承兑款项无条件转给销货企业，如果购货企业于汇票到期日未能足额交存票款时，承兑银行除凭票向持票人无条件付款外，还应对出票人尚未支付的汇票金额按照每天万分之五的利率计收罚息。

采用商业汇票结算方式，可以使企业之间的债权债务关系表现为外在的票据关系，使商业信用票据化，从而加强约束力，有利于维护和发展社会主义市场经济。对于购货企业来说，由于可以延期付款，因此可以在资金暂时不足的情况下及时购进材料物资，从而保证生产经营顺利进行。对于销货企业来说，可以疏通商品渠道，扩大销售，促进生产。汇票经过承兑，信用较高，可以按期收回货款，防止拖欠；在急需资金时，还可以向银行申请贴现，融通资金，比较灵活。销货企业应根据购货企业的资金和信用情况不同，选用商业承兑汇票或银行承兑汇票；购货企业应加强资金的计划管理，调度好货币资金，在汇票到期以前，将票款送存开户银行，保证按期承付。

4. 支票

支票是单位或个人签发的、委托办理支票存款业务的银行在见票时无条件支付确定的金额给收款人或者持票人的票据。

支票结算方式是同城结算中应用比较广泛的一种结算方式。单位和个人在同一票据交换区域的各种款项结算，均可以使用支票。支票由银行统一印制，支票上印有"现金"字样的为现金支票。支票上印有"转账"字样的为转账支票，转账支票只能用于转账。未印有"现金"或"转账"字样的为普通支票，普通支票可以用于支取现金，也可以用于转账。在普通支票左上角划两条平行线的，为划线支票，划线支票只能用于转账，不可支取现金。

支票的提示付款期限为自出票日起10日内，中国人民银行另有规定的除外。超过提示付款期限的，持票人开户银行不予受理，付款人不予付款。转账支票可以根据需要在票据交换区域内背书转让。

存款人领购支票，必须填写"票据和结算凭证领用单"并加盖预留银行印鉴。存款账户结清时，必须将全部剩余空白支票交回银行注销。

企业财会部门在签发支票之前，出纳人员应该认真查明银行存款的账面结余数额，防止签发超过存款余额的空头支票。签发空头支票，银行除退票外，还应按票面金额处以5%但不低于1000元的罚款。持票人有权要求出票人赔偿支票金额2%的赔偿金。签发支票时，应使用蓝黑墨水笔或碳素墨水笔，将支票上的各要素填写齐全，并在支票上加盖其预留的银行印鉴。出票人预留银行的印鉴是银行审核支票付款的依据。银行也可以与出票人约定使用支付密码，作为银行审核支付支票金额的依据。

5. 信用卡

信用卡是指商业银行向个人和单位发行的，凭以向特约单位购物、消费和向银行存取现金且具有消费信用的特制载体卡片。

信用卡按使用对象分为单位卡和个人卡，按信誉等级分为金卡和普通卡。凡在中国境内金融机构开立基本存款账户的单位均可申领单位卡。单位卡可申领若干张，持卡人资格由申领单位法定代表人或其委托的代理人书面指定和注销，持卡人不得出租或转借信用卡。单位卡账户的资金一律从其基本存款账户转账存入，在使用过程中，需要向其账户续存资金的，也一律从其基本存款账户转账存入，不可以交存现金，不可以将销货收入的款项存入其账户。单位卡一律不得用于10万元以上的商品交易、劳务供应款项的结算，也不可以支取现金。

信用卡在规定的限额和期限内允许善意透支，关于透支额，金卡最高不得超过10000元，普通卡最高不得超过5000元。透支期限最长为60天。透支利息，自签单日或银行记账日起15日内按日息万分之五计算；超过15日，则按日息万分之十计算；超过30日或透支金额超过规定限额的，按日息万分之十五计算。透支计算不分段，按最后期限或者最高透支额的最高利率档次计息。超过规定限额或规定期限，并且经发卡银行催收无效的透支行为称为恶意透支，持卡人使用信用卡时不得发生恶意透支。此外，严禁将单位的款项存入个人卡账户中。

单位或个人申领信用卡，应按规定填制申请表，连同有关资料一并送交发卡银行。符合条件并按银行要求交存一定金额的备用金后，银行为申领人开立信用卡存款账户，并发放信用卡。

6. 汇兑

汇兑是汇款人委托银行将其款项支付给收款人的结算方式。单位和个人各种款项的结算，都可使用汇兑结算方式。

汇兑分为信汇、电汇两种。信汇是指汇款人委托银行通过邮寄方式将款项划转给收款人。电汇是指汇款人委托银行通过电报将款项划给收款人。这两种汇兑方式由汇款人根据需要选择使用。汇兑结算方式适用于异地之间的各种款项结算。这种结算方式划拨款项简便、灵活。

企业如采用这一结算方式，付款单位汇出款项时，应当填写银行印发的汇款凭证，列明收款单位名称、汇款金额及汇款的用途等项目，再送达开户银行，委托银行将款项汇往收汇银行。收汇银行将汇款收进单位存款户后，向收款单位发出收款通知。

7. 委托收款

委托收款是收款人委托银行向付款人收取款项的结算方式。无论单位还是个人都可凭已承兑商业汇票、债券、存单等付款人债务证明办理同城或异地款项收取。委托收款还适用于收取电费、电话费等付款人众多且分散的公用事业费等有关款项。

委托收款结算款项划回的方式分为邮寄和电报两种。

企业委托开户银行收款时，应填写银行印制的委托收款凭证和有关的债务证明。在委托收款凭证中应写明付款单位名称、收款单位名称、账号及开户银行、委托收款金额的大小写、款项内容、委托收款凭据名称及附寄单证张数等项目。企业的开户银行受理委托收款后，将委托收款凭证寄交付款单位开户银行，由付款单位开户银行审核，并通知付款单位。

付款单位收到银行交给的委托收款凭证及债务证明，应签收并在3天之内审查债务证明是否真实、是否是本单位的债务，确认之后通知银行付款。

付款单位应在收到委托收款通知的次日起3日内，主动通知银行是否付款。倘若不通知银行，银行视同企业同意付款并在第4日，从其单位账户中付出此笔委托收款款项。

付款人在3日内审查有关债务证明后，认为债务证明或与此有关的事项符合拒绝付款的规定的，应出具拒绝付款理由书和委托收款凭证第五联及持有的债务证明，向银行提出拒绝付款。

8. 托收承付

托收承付是根据购销合同由收款人发货后委托银行向异地付款人收取款项，由付款人向银行承认付款的结算方式。使用托收承付结算方式的收款单位和付款单位，必须是国有企业、供销合作社以及经营管理状况较好，并经开户银行审查同意的城乡集体所有制工业企业。办理托收承付结算的款项，必须是商品交易，以及因商品交易而产生的劳务供应的款项。代销、寄销、赊销商品的款项，不可以办理托收承付结算。

托收承付款项划回方式分为邮寄和电报两种，由收款人根据需要选择使用；收款单位办理托收承付，必须具有商品发出的证件或其他证明。托收承付结算每笔的金额起点为

10000 元，新华书店系统每笔的金额起点为 1000 元。

采用托收承付结算方式时，购销双方务必签有符合《经济合同法》的购销合同，并在合同上订明使用托收承付结算方式。销货企业按照购销合同发货后，填写托收承付凭证，盖章后连同发运证件（包括铁路、航运、公路等运输部门签发的运单、运单副本和邮局包裹回执）和其他符合托收承付结算的有关证明和交易单证送交开户银行办理托收手续。

销货企业开户银行接受委托后，将托收结算凭证回联退给企业，作为企业进行账务处理的依据，并将其他结算凭证寄往购货单位开户银行，由购货单位开户银行通知购货单位承认付款。

购货企业收到托收承付结算凭证和所附单据后，应当立即审核是否符合订货合同的规定。按照《支付结算办法》的规定，承付货款分为验单付款与验货付款两种，具体在双方签订合同时约定。验单付款是指购货企业根据经济合同对银行转来的托收结算凭证、发票账单、托运单及代垫运杂费等单据进行审查无误后，即可承认付款。为了便于购货企业对凭证的审核和筹措资金，结算办法规定承付期为 3 天，从付款人开户银行发出承付通知的次日算起（承付期内遇法定休假日顺延）。购货企业在承付期内，未向银行表示拒绝付款，银行即视作承付，并在承付期满的次日（法定休假日顺延）上午银行开始营业时，将款项主动从付款人的账户内付出，按照销货企业指定的划款方式，划给销货企业。验货付款是指购货企业待货物运达企业，对其进行检验，与合同完全相符后才承认付款。为了满足购货企业组织验货的需要，结算办法规定承付期为 10 天，从运输部门向购货企业发出提货通知的次日算起。承付期内购货企业未表示拒绝付款的，银行视为同意承付，于 10 天期满的次日上午银行开始营业时，将款项划给收款人。为满足购货企业组织验货的需要，对收付双方在合同中明确规定，并在托收凭证上注明验货付款期限的，银行从其规定。

对于以下情况，付款人可以在承付期内向银行提出全部或部分拒绝付款：（1）没有签订购销合同或购销合同未订明托收承付结算方式的款项。（2）未经双方事先达成协议，收款人提前交货或因逾期交货付款人不再需要该项货物的款项。（3）未按合同规定的到货地址发货的款项。（4）代销、寄销、赊销商品的款项。（5）验单付款发现所列货物的品种、规格、数量、价格与合同规定不符。或货物已到，经查验货物与合同规定或发货清单不符的款项。（6）验货付款，经查验货物与合同规定或与发货清单不符的款项。（7）货款已经支付或计算错误的款项。

不属于上述情况的，购货企业不得提出拒付。

购货企业提出拒绝付款时，必须填写"拒绝付款理由书"，注明拒绝付款理由，涉及合同的应引证合同上的有关条款。属于商品质量问题的，需要开具有关质量问题的证明；属于外贸部门进口商品的，应当提出国家商品检验或运输等部门出具的证明，再向开户银行办理拒付手续。

银行同意部分或全部拒绝付款的，应当在拒绝付款理由书上签注意见，并将拒绝付款理由书、拒付证明、拒付商品清单和有关单证邮寄收款人开户银行并由其转交销货企业。

付款人开户银行对付款人逾期支付的款项，依据逾期付款金额和逾期天数，按每天万分之五计算逾期付款赔偿金。逾期付款天数从承付期满日算起。银行审查拒绝付款期间不算作付款人逾期付款，但对无理拒绝付款而增加银行审查时间的，从承付期满日起计算逾期付款赔偿金。赔偿金实行定期扣付，每月计算一次，于次月 3 日内单独划给收款人。赔偿金的扣付列为企业销货收入扣款顺序的首位。付款人账户余额不足以支付时，应当排列在工资之前，并对该账户采取"只收不付"的控制办法，直到足额扣付赔偿金后才准予办理其他款项的支付，由此产生的经济后果由付款人自负。

9. 信用证

信用证结算方式是国际结算的一种主要方式。经中国人民银行批准经营结算业务的商业银行总行以及经商业银行总行批准开办信用证结算业务的分支机构，也可以办理国内企业之间商品交易的信用证结算业务。

采用信用证结算方式的，收款单位收到信用证后，即备货装运，签发有关发票账单，连同运输单据和信用证，送交银行，根据退还的信用证等有关凭证编制收款凭证；付款单位在接到开证行的通知时，根据付款的有关单据编制付款凭证。

企业通过银行办理支付结算时应当认真遵守国家各项管理办法和结算制度。中国人民银行颁布的《支付结算办法》规定：

（1）单位和个人办理结算，不可签发没有资金保证的票据或远期支票，套取银行信用；

（2）不可签发、取得或转让没有真实交易和债权债务关系的票据，套取银行和他人的资金；

（3）不准无理拒绝付款，任意占用他人资金；

（4）不准违反规定开立和使用账户。

三、银行存款业务的会计处理

为正确核算银行存款，企业应按开户银行和其他金融机构的存款种类等，分别设置"银行存款日记账"，由出纳人员根据收付款凭证，按照业务的发生顺序逐笔登记，每日终了结出余额。该账户借方反映由于销售、收回款项、现金送存银行等而增加的银行存款，贷方反映由于购货、支付款项、提现等而减少的银行存款；期末借方余额，反映企业实际存在银行或其他金融机构的款项。月末"银行存款日记账"账面余额应与"银行存款"总账余额核对相符。

有外币存款的企业，应当分别为人民币和各种外币设置"银行存款日记账"并进行明细核算。

"银行存款日记账"应当定期与"银行对账单"核对，至少每月核对一次。月度终了，企业银行存款日记账账面余额与银行对账单余额之间如有差额，务必逐笔查明原因并进行处理，并按月编制"银行存款余额调节表"。

企业应加强对银行存款的管理，并定期对银行存款进行检查。如果有确凿证据表明存在银行或其他金融机构的款项已经部分不能收回，或者全部不能收回，如吸收存款的单位已宣告破产，其破产财产不足以清偿，或者全部不能清偿的，应当作为当期损失，记入"营业外支出"科目。

四、银行存款余额的调节

企业每月应当将银行存款日记账余额与银行对账单余额进行核对，以检查企业银行存款记录的正确性。

1. 银行存款余额差异的原因

企业银行存款日记账余额与银行对账单余额不一致，造成差异的原因往往是多方面的，主要有：

（1）银行或企业的某一方或双方漏记某一项或几项交易；

（2）银行或企业的某一方或双方记账错误；

（3）存在未达账项。

未达账项是指由于企业与银行取得凭证的时间不同，导致记账时间不一致发生的一方已取得结算凭证且登记入账，而另一方由于尚未取得结算凭证而尚未入账的款项。未达账项一般有四种情况：

（1）企业已收款入账而银行尚未入账的款项，即企业已收，银行未收。如企业销售产品收到支票，送存银行后即可根据银行盖章退回的"进账单"回单联登记银行存款的增加，但是银行由于尚未办妥兑收手续而未入账。在这种情况下，若不考虑其他因素，则企业"银行日记账"余额要大于"银行对账单"余额。

（2）企业已付款入账而银行尚未入账的款项，即企业已付，银行未付。比如企业开出支票支付购料款，企业根据支票存根、发票等凭证登记银行存款的减少，而银行由于收款人尚未持票向银行兑取而未入账。在这种情况下，若不考虑其他因素，则企业"银行存款日记账"余额要小于"银行对账单"余额。

（3）银行已收款入账而企业尚未入账的款项，即银行已收，企业未收。如银行已收妥企业托收的款项，已登记企业银行存款增加，企业由于尚未收到银行的收款通知而未入账，或已收到银行的收账通知但未及时入账。在这种情况下，若不考虑其他因素，则企业"银行存款日记账"余额要小于"银行对账单"余额。

（4）银行已付款入账而企业尚未入账的款项，即银行已付，企业未付。比如银行代企业直接支付的各种费用，银行已作为企业存款减少入账，但企业尚未接到凭证而未入账，或已收到凭证但尚未及时入账。在这种情况下，若不考虑其他因素，则企业"银行存款日记账"余额要大于"银行对账单"余额。

2. 银行存款余额调节表的编制

企业银行存款日记账余额与银行对账单余额的差异，可以通过编制银行存款余额调节表进行调节，并通过核对调节后余额是否一致，进一步检查企业银行存款记录的正确性，保证账实相符。

银行存款余额调节表有两种格式：一种格式是以企业银行存款日记账余额（或银行对账单余额）为起点，加减调整项目，调整到银行对账单余额（或企业银行存款日记账余额）；另一种格式是分别以企业银行存款日记账余额和银行对账单余额为起点。加减各自的调整项目，分别得出两个调节后的余额。在会计实务中采用较多的是后一种格式。

如果调节后的银行存款日记账余额与银行对账的单余额相符，一般表明双方记账正确（但是也不排除存在差错的可能性，如两个差错刚好互相抵消，则对余额没有影响）。如果调节后的余额还是有差异，则在已调整了全部未达账项情况下，表明记账有错误，应当进一步查找并予以更正；否则，说明依旧存在未调整的未达账项或记账错误。

3. 银行存款余额调节后的账务处理

对造成银行存款日记账与银行对账单余额差异的各项因素，应当根据具体情况进行不同的处理。

（1）记账错误的处理

企业通过编制银行存款余额调节表发现的银行记账错误，应及时通知银行，予以更正；对于发现的自身记账错误，应当根据错误类型采用画线更正法、红字更正法或补充登记法等及时编制调整分录并登记入账。

（2）未达账项的处理

按照国际惯例，对于银行已入账、企业未入账的未达账项，应当编制调整分录并登记入账。这种做法的主要理由是：企业在月末不及时记录未达账项，或许会影响资产负债表对企业财务状况的恰当表达，使资产负债表上所表述的相关项目与银行存款余额将会同时不实。因此，企业应及时记录企业未记账的未达账项，以方便公允地反映企业的财务状况。

我国现行会计实务对未达账项的处理与上述国际惯例完全不同。我国现行会计制度规定，对于未达账项不能以银行存款余额调节表作为原始凭证，据以调整银行存款账面记录。只有等到有关结算凭证到达企业时，才能据以进行相应的账务处理，且在下一月度应关注上月银行的未达账项是否及时入账。这一做法虽简化了会计核算，防止了重复记账，但不利于财务状况的公允表达。因此，参照国际惯例，我国会计实务对未达账项的处理可做如下适当调整：

①月末不做账务处理，但对其中重大未达账项应在报表附注中加以披露；

②月末先将企业未记录的未达账项登记入账，下月初再将其转回，等收到有关凭证后再做正常处理。

第四节　其他货币资金

在企业的经营资金中，有些货币资金的存放地点和用途与库存现金和银行存款不同，比如外埠存款、银行汇票存款、银行本票存款等，需要设置"其他货币资金"账户以集中反映这些资金，以示其与现金、银行存款的区别。在"其他货币资金"账户之下，可分设外埠存款、银行汇票存款、银行本票存款、信用卡存款、信用证保证金存款、存出投资款等明细账户。现分述如下：

一、外埠存款

外埠存款是指企业到外地进行临时或零星采购时，汇往采购地银行开立的采购专户的款项。企业委托当地银行将款项汇往采购地开立专户时，记入"其他货币资金"，收到采购员交来供应单位的发票账单等报销凭证时，贷记本科目。将多余的外埠存款转回当地银行时，根据银行的收账通知，借记"银行存款"，贷记"其他货币资金"。

二、银行汇票存款

银行汇票存款是指企业为取得银行汇票按规定存入银行的款项。企业在填送"银行汇票申请书"并将款项交存银行，取得银行汇票后，根据银行盖章退回的申请书存根联，借记本科目；企业使用银行汇票后，根据发票账单等有关凭证，贷记本科目。比如有多余款项或因汇票超过付款期等原因而退回款项时，根据开户银行转来的银行汇票第四联（多余款收账通知）载明的金额，贷记本科目。

三、银行本票存款

银行本票存款是指企业为取得银行本票按规定存入银行的款项。企业向银行提交"银行本票申请书"并将款项交存银行，取得银行本票后，根据银行盖章退回的申请书存根联，借记本科目；企业使用银行本票后根据发票账单等有关凭证，贷记本科目；因本票超过付款期等原因而要求退款时，应当填制一式两联的进账单，连同本票一并送交银行，依据银行盖章退回的进账单第一联，贷记本科目。

四、信用卡存款

信用卡存款是指企业为取得信用卡按照规定存入银行的款项。企业应当按照规定填制申请表，连同支票和有关资料一并送交发卡银行，依据银行盖章退回的进账单第一联，借记本科目；企业使用信用卡购物或支付有关费用时，贷记本科目；企业信用卡在使用过程中需要向其账户续存资金的，其处理同申请时的处理。

五、信用证保证金存款

信用证保证金存款是指企业为取得信用证按规定存入银行的保证金。企业向银行申请开立信用证，应当按规定向银行提交开证申请书、信用证申请人承诺书和购销合同。企业向银行交纳的保证金，依据银行盖章退回的进账单第一联，借记本科目；依据开证行交来的信用证来单通知书及有关单据列明的金额贷记本科目。

六、存出投资款

存出投资款是指企业已存入证券公司但尚未进行短期投资的现金。企业向证券公司划出资金时，按实际划出的金额借记本科目；购买股票、债券时，按实际发生的金额，贷记本科目。

第三章　会计固定资产管理分析

第一节　固定资产概述

一、固定资产的概念及特征

固定资产是指使用期限较长、单位价值较高，并且在使用过程中保持原有实物形态的资产。固定资产具有以下基本特征：（1）预计使用年限超过一年或长于一年的一个经营周期，并且在使用过程中保持原来的物质形态不变；（2）用于生产经营活动而不是为了出售；（3）价值补偿与实物更新相分离。在固定资产的使用过程中，其价值通过折旧逐渐转移出去，但其物质实体却通常并不同时减损，只有在其不能或不宜继续使用时，才对其进行更新处置。

《国际会计准则第16号——不动产、厂场和设备》对固定资产做出如下定义：固定资产指符合下列各项规定的有形资产：（1）企业所有的用于生产或供应产品和劳务的有形资产，包括为了出租给他人，或为了管理使用的，也包括为了维修这些资产而持有的其他项目；（2）为可连续使用而购置或建造的；（3）不打算在正常营业过程中出售的。对符合上述标准的资产的租用权，在某些情况下也可以作为固定资产处理。

新修订的《国际会计准则第16号》对固定资产的定义是：固定资产是指具有下列特征的有形资产：（1）预计用于生产、提供商品或劳务、出租或为了行政管理而拥有的；（2）预计使用期限超过一个会计期间。

我国的《企业会计准则——固定资产》对固定资产做出如下定义：固定资产是指同时具有以下特征的有形资产：（1）为生产商品、提供劳务、出租或经营管理而持有的；（2）使用年限超过一年；（3）单位价值较高。

企业中固定资产的判定标准通常有两项：（1）使用期限在一年以上；（2）单位价值在一定标准以上。我国企业会计制度规定："固定资产是指使用期限超过一年的房屋、建筑物、机器、机械、运输工具以及其他与生产、经营有关的设备、器具、工具等。不属于生产、经营主要设备的物品，单位价值在2000元以上，并且使用期限超过2年的，也应当作固定资产。企业应当根据企业会计制度及有关规定，结合本单位的具体情况，比如经营规模、业务范围的不同，制定适合于本企业的固定资产目录、分类方法、每类或每项固定资产的折旧年限、折旧方法，作为进行固定资产核算的依据。企业制定的固定资产目录、分类方法、每类或每项固定资产的预计使用年限、预计净残值、折旧方法等，应当编制成册，并且按照管理权限，经股东大会或董事会，或经理（厂长）会议或类似机构批准，按照法律、行政法规的规定报送有关各方备案，同期备置于企业所在地，以供投资者等有关各方查阅。

我国《企业会计准则——固定资产》规定：固定资产在同时满足以下两个条件时，才能加以确认：1. 该固定资产包含的经济利益很可能流入企业；2. 该固定资产的成本能够可靠地计量。企业在对固定资产进行确认时，应当按照固定资产的定义和确认条件，考虑企业的具体情形加以判断。企业的环保设备和安全设备等资产，虽然不能直接为企业带来经济利益，却有助于企业从相关资产中获得经济利益，因此也应当确认为固定资产，但是这类资产与相关资产的账面价值之和不能超过这两类资产可收回金额的总额。固定资产的各组成部分，如果各自具有不同的使用寿命或者以不同的方式为企业提供经济利益，从而适用不同的折旧率或折旧方法的，应当单独确认为固定资产。

二、固定资产的分类

企业的固定资产种类繁多、用途各异，在经营活动中起着不同的作用。对固定资产进行合理的分类，有利于加强对固定资产的管理，并提高其使用效率；也有利于正确核算固定资产的价值，合理计算折旧及相关费用。

1. 按经济用途分类

生产经营用固定资产，指直接参与企业生产过程或直接为生产服务的固定资产，如机器、厂房、设备、工具、器具等。

非生产经营用固定资产，指不直接在生产中使用的固定资产，比如食堂、宿舍、文教卫生等职工福利方面的建筑物、设备等。

按经济用途分类有利于反映和监督企业各类固定资产之间的组成和变化情况，便于考核固定资产的利用现状以及更合理地进行固定资产的配备，从而充分发挥其效用。

2. 按所有权分类

自有固定资产：企业对该类固定资产享有占有权、处置权，可供企业长期使用，是企业全部资产的重要构成部分。

租入固定资产：企业通过支付租金取得使用权的固定资产，其租入方式又分为经营性租入和融资性租入两类。经营性租入的固定资产一般在备查簿中登记，而融资租入的固定资产应作为资产入账，在日常使用中为与自有资产相区别，需要单独设立明细账进行核算。

3. 按使用情况分类

（1）使用中的固定资产，指处于使用过程中的经营性和非经营性固定资产，包含在使用或因季节性生产和修理等原因暂时停止使用的固定资产，以及供替换使用的机器设备等。

（2）未使用固定资产，是指尚未使用的新增固定资产，调入尚待安装的固定资产，进行改建、扩建的固定资产以及批准停止使用的固定资产。

（3）不需用固定资产，是指不适用于本企业，准备处理的固定资产。

（4）租出固定资产，是指企业以收取租金的方式租给外单位使用的固定资产。租出固定资产也属于使用中的固定资产。

4.按固定资产的经济用途和使用情况综合分类

（1）生产经营用固定资产。

（2）非生产经营用固定资产。

（3）出租固定资产是指在经营性租赁方式下租给外单位使用的固定资产。

（4）不需用固定资产。

（5）未使用固定资产。

（6）土地是指过去已经估价且单独入账的土地。其中因征地而支付的补偿费，应当计入与土地有关的房屋、建筑物的价值内，不单独作为土地价值入账。企业取得的土地使用权不能作为固定资产管理。

（7）融资租入固定资产是指企业以融资租赁方式租入的固定资产，在租赁期内，应当视同自有固定资产进行管理。

不同企业应根据实际需要选择适合本单位的分类标准，对固定资产进行分类，制定固定资产目录。

三、固定资产的计价

（一）固定资产的计价方法

固定资产的计价主要有以下三种方法：

1.按原始价值计价

按原始价值计价又称按历史成本计价，是指将购建的某项固定资产达到可使用状态前所发生的一切合理必要的支出作为入账价值。由于这种计价方法有相应的凭证为依据，具有客观性和可验证性的特点，因此成为固定资产的基本计价标准。当然，这种方法也具有不可避免的缺点，当会计环境尤其是通货膨胀率和资本成本率较大时，这种方法无法真实反映资产的价值。正因为如此，有人主张以现时重置成本来代替历史成本作为固定资产的计价依据。但是，由于现时重置成本也是经常变化的，具体操作也相当复杂，因而，我国会计制度规定仍然采用历史成本来对固定资产进行计价。

2.按重置价值计价

按重置价值计价又称按重置完全价值计价、按现时重置成本计价，即按现有的生产能力、技术标准，重新购置同样的固定资产所需要付出的代价作为资产的入账价值。

3. 按折余价值计价

按折余价值计价是指按固定资产原始价值或重置完全价值减去已计提折旧后的净额作为入账价值。它可以反映企业占用在固定资产上的资金数量和固定资产的新旧程度。

（二）固定资产价值的构成

固定资产在取得时，应当按取得时的成本入账。取得时的成本包括买价、进口关税、运输和保险等相关费用，以及为使固定资产达到预定可使用状态所必要的支出。《国际会计准则第 16 号——不动产、厂场和设备》规定：固定资产项目的成本包括其买价、进口关税和不能返还的购货税款以及为使这项资产达到预定使用状态所需要支付的直接可归属成本。计算买价时，应当扣除一切商业折扣和回扣。直接可归属成本的项目有以下各项：（1）场地整理费；（2）初始运输和装卸费；（3）安装费用；（4）专业人员（如建筑师、工程师）服务费；（5）估计资产拆卸搬移费及场地清理费，这些费用的确认应以《国际会计准则第 23 号——准备或有负债和或有资产》所确认的准备为限。

固定资产取得时的成本应当根据具体情况分别确定：

1. 购入的不需要经过建造即可使用的固定资产，按实际支付的买价、包装费、运输费、安装成本、交纳的有关税金等，作为其入账价值。从国外进口的固定资产，其原始成本还应包括按规定支付的关税等。外商投资企业因采购国产设备而收到税务机关退还的增值税款，冲减固定资产的入账价值。

2. 自行建造的固定资产，按建造该项资产达到预定可使用状态前所发生的全部支出作为入账价值，包括资本化的借款费用。

3. 投资者投入的固定资产，按投资各方确认的价值，作为入账价值。

4. 融资租入的固定资产，按租赁开始日租赁资产的原账面价值与最低租赁付款额的现值两者中较低者，作为入账价值。如果融资租赁资产占企业资产总额比例等于或小于30%的，在租赁开始日，企业也可按最低租赁付款额，作为固定资产的入账价值。最低租赁付款额是指在租赁期内，承租人应支付或可能被要求支付的各种款项（不包括或有租金和履约成本），加上由承租人或与其有关的第三方担保的资产余值；若预计承租人将会在租赁期满以某价格购买此固定资产，则还包括该买价。

5. 在原有固定资产的基础上进行改建、扩建的，按照原固定资产的账面价值，加上由于改建、扩建而使该项资产达到预定可使用状态前发生的支出，减去改建、扩建过程中发生的变价收入，作为入账价值。

6. 企业接受的债务人以非现金资产抵偿债务而取得的固定资产，或者以应收债权换入的固定资产，按应收债权的账面价值加上应支付的相关税费，作为入账价值。涉及补价的，按以下规定确定受让固定资产的入账价值：

（1）收到补价的，按应收债权的账面价值减去补价，加上应支付的相关税费，作为入账价值。

（2）支付补价的，按应收债权的账面价值加上支付的补价和应支付的相关税费，作为入账价值。

7.以非货币性交易换入的固定资产，按换出资产的账面价值加上应支付的相关税费，作为入账价值，涉及补价的，按以下规定确定换入固定资产的入账价值：

（1）收到补价的，按换出资产的账面价值加上应确认的收益和应支付的相关税费减去补价后的余额，作为入账价值；

应确认的收益＝补价×（换出资产的公允价值－换出资产的账面价值）÷换出资产的公允价值

（2）支付补价的，按换出资产的账面价值加上应支付的相关税费和补价，作为入账价值。

8.接受捐赠的固定资产，应当按下列规定确定其入账价值：

（1）捐赠方提供了有关凭据的，按照凭据上标明的金额加上应支付的相关税费，作为入账价值。

（2）捐赠方没有提供有关凭据的，按照如下方式确定其入账价值：同类或类似固定资产存在活跃市场的，按同类或类似固定资产的市场价格估计的金额，加上应支付的相关税费，作为入账价值；同类或类似固定资产不存在活跃市场的，按照接受捐赠的固定资产的预计未来现金流量现值，作为入账价值。

（3）如受赠的系旧的固定资产，按照上述方法确定的价值，减去按该项资产的新旧程度估计的价值损耗后的余额，作为入账价值。

9.盘盈的固定资产，按照同类或类似固定资产的市场价格，减去按该项资产的新旧程度估计的价值损耗后的余额，作为入账价值。

10.经批准无偿调入的固定资产，按调出单位的账面价值加上发生的运输费、安装费等相关费用，作为入账价值。

此外，还要注意以下四点：

（1）固定资产的入账价值中，应当包括企业为取得固定资产而缴纳的契税、耕地占用税、车辆购置税等相关税费；

（2）企业为购进固定资产所支付的增值税不能作为进项税额予以抵扣的，应当将所支付的增值税额计入所购进固定资产的成本之中；

（3）企业购置计算机硬件所附带的、未单独计价的软件，与所购置的计算机硬件一并作为固定资产管理；

（4）已达到预定可使用状态但尚未办理竣工决算手续的固定资产，可先按估计价值记账，待确定实际价值后，再进行调整。

（三）有关固定资产计价的两个问题

1.关于固定资产借款费用的处理

专为购建固定资产而借入的款项所发生的借款费用（包括利息、折价或溢价的摊销和辅助费用以及因外币借款而发生的汇兑差额）是否应计入固定资产成本，是固定资产计价的重要问题。对此，《企业会计准则——借款费用》做了如下规定：

（1）以下三个条件同时具备时，因为专门借款而发生的利息折价或溢价的摊销和汇兑差额应当开始资本化：①资本支出已经发生；②借款费用已经发生；③为使资产达到预定可使用状态所必要的构建活动已经开始。

资本支出只包括购建固定资产时以支付现金、转移非现金资产或者承担带息债务形式发生的支出。

（2）如果固定资产的购建活动发生了正常中断，并且中断时间连续超过3个月，应当暂停借款费用的资本化，将其确认为当期费用，直到资产的购建活动重新开始。但如果中断是使购建的固定资产达到预定可使用状态所必要的程序，则借款费用的资本化应当继续进行。

（3）当所购建固定资产达到预定可使用状态时，应当停止其借款费用的资本化，以后发生的借款费用应当于发生当期确认为费用。

2.关于固定资产价值的调整

固定资产的价值确定并入账以后，一般不得进行调整，但是在一些特殊情况下对已入账的固定资产的价值也可进行调整。这些情况包括：

（1）根据国家规定对固定资产价值重新估价；

（2）增加补充设备或改良装置；

（3）将固定资产的一部分拆除；

（4）根据实际价值调整原来的暂估价值；

（5）发现原记固定资产价值有错误。

第二节　固定资产的取得

企业拥有的固定资产规模的大小和质量的高低，直接影响其生产能力及盈利能力。当固定资产所占用的资金在企业总资金中占有的比例较大，且周转期长时，合理有效地控制固定资产占用的资金对整个企业资金的周转、使用具有重要意义。企业对固定资产的需求量，取决于现有的生产规模、生产能力、企业产品在市场上的竞争能力和现代化程度等因素，特别是直接参与生产的机器设备，更应当随生产任务、使用效率等的变化而做相应的调整。所以，企业是否要新增固定资产、采用何种方式增加，应当权衡投资效益再做选择，以确保固定资产发挥最佳的效用。企业一旦决定增加固定资产投资，就要面临选择何种投资方式的问题。

固定资产增加的方式多种多样，主要有购入、自建自制、接受投资、无偿调入、接受捐赠、融资租入、接受抵债、非货币性交易换入、盘盈、改建扩建等方式。

为核算企业的固定资产，应设置"固定资产"账户，该账户用于反映企业固定资产的原价。其借方发生额，反映企业增加的固定资产的原价；其贷方发生额，反映企业减少的固定资产的原价；期末借方余额，反映企业期末固定资产的账面原价。企业应当设置"固定资产登记簿"和"固定资产卡片"，并按照固定资产类别、使用部门对每项固定资产进行明细核算。临时租入的固定资产，应当另设备查簿进行登记，不在本科目核算。

1. 购入固定资产

购入不需要安装的固定资产，借记"固定资产"，按实际支付（含应支付，下同）的价款，贷记"银行存款"等；购入需要安装的固定资产，先记入"在建工程"，安装完毕交付使用时再转入"固定资产"科目。

2. 投资者投入固定资产

企业接受投资者作价投入的固定资产，按照投资各方确认的价值，借记"固定资产"科目；按投资方拥有被投资方的股权，贷记"实收资本"科目；按其差额，贷记"资本公积"科目。

3. 无偿调入固定资产

企业按照有关规定并经有关部门批准无偿调入的固定资产，按照调出单位的账面价值加上新的安装成本、包装费、运杂费等，作为调入固定资产的入账价值。企业调入需要安装的固定资产，按调入固定资产的原账面价值以及发生的包装费、运杂费等，借记"在建工程"等科目；按调入固定资产的原账面价值，贷记"资本公积——无偿调入固定资产"科目；按所发生的支出，贷记"银行存款"等科目；发生的安装费用，借记"在建工程"等科目，贷记"银行存款""应付工资"等科目。工程达到可使用状态时，按工程的实际成本，借记"固定资产"科目，贷记"在建工程"科目。

4. 接受捐赠固定资产

接受捐赠的固定资产，按确定的入账价值，借记"固定资产"科目；按未来应交的所得税，贷记"递延税款"科目；按确定的入账价值减去未来应交所得税后的余额，贷记"资本公积"科目；按应支付的相关税费，贷记"银行存款"等科目。

外商投资企业接受捐赠的固定资产，按确定的入账价值，借记"固定资产"科目；按应计入待转资产价值的金额，贷记"待转资产价值"科目；按应支付的相关税费，贷记"银行存款"等科目。

5. 租入固定资产

企业在生产经营过程中，由于生产经营的临时性或季节性需要，或者出于融资等方面的考虑，对于生产经营所需的固定资产可以采用租赁的方式取得。租赁按其性质和形式的不同可分为经营租赁和融资租赁两种。融资租赁，是指实质上转移了与资产所有权有关的全部风险和报酬的租赁。经营租赁，是指融资租赁以外的租赁。

（1）以经营租赁方式租入

采用经营租赁方式租入的资产，关键是为了满足生产经营的季节性、临时性需要，并不是长期拥有，租赁期限相对较短；资产的所有权与租赁资产相关的风险和报酬仍归属于出租方，企业只是在租赁期内拥有资产的使用权；租赁期满，企业将资产退还给出租方。

企业以经营租赁方式租入的固定资产，不作为本企业的资产入账，当然也无须计提折旧。

（2）融资租入

融资租入的固定资产，应当单设明细科目进行核算。企业应当在租赁开始日，按租赁开始日租赁资产的原账面价值与最低租赁付款额的现值两者中的较低者作为入账价值，借记"固定资产"科目；按照最低租赁付款额，贷记"长期应付款——应付融资租赁款"科目；按其差额，借记"未确认融资费用"科目。租赁期满，如合同规定将设备所有权转归承租企业，应进行转账，并将固定资产从"融资租入固定资产"明细科目转入有关明细科目。

6.接受抵债固定资产

企业接受的债务人以非现金资产抵偿债务而取得的固定资产，或者以应收债权换入的固定资产，按应收债权的账面余额，贷记"应收账款"等科目；按该项应收债权已计提的坏账准备，借记"坏账准备"科目；按应支付的相关税费，贷记"银行存款""应交税金"等科目；按下式计算的固定资产入账价值，借记"固定资产"科目：

收到补价的，固定资产入账价值＝应收债权的账面价值＋应支付的相关税费－补价

支付补价的，固定资产入账价值＝应收债权的账面价值＋应支付的相关税费＋补价

按收到（或支付）的补价，借记（或贷记）"银行存款"等科目。

第三节　固定资产的自建与自制

自建、自制固定资产，是指企业自己建造房屋、其他建筑物及各种机器设备等。当企业有能力建造，或者当某项资产的建造成本明显低于其外购成本时，企业往往会选择以自己施工筹建的方式取得该资产，以减少相应的费用开支，比如自行建造房屋、自制特殊需要的车床等。自行建造固定资产按是否由本企业组织施工人员施工，分为自营工程和出包工程；前者由本企业组织施工人员进行施工，后者则是将工程项目发包给建造商，由建造商组织施工。

一、自营工程

（一）自行建造固定资产入账价值的确定

企业自行建造的固定资产（亦称在建工程），应当按建造过程中所发生的全部支出确

定其价值，包括所消耗的材料、人工、其他费用和缴纳的有关税金等。对于设备安装工程，应把设备的价值包括在内。

工程达到预定可使用状态前因进行试运转所发生的净支出，计入工程成本。企业的在建工程项目在达到预定可使用状态前所取得的试运转过程中形成的能够对外销售的产品，其发生的成本，计入在建工程成本，销售或转为库存商品时，按照实际销售收入或按预计售价冲减工程成本。

对于盘盈、盘亏、报废、毁损的工程物资，减去保险公司过失人赔偿部分后的差额，工程项目尚未完工的，计入或冲减所建工程项目的成本；工程已经完工的，计入当期营业外收支。在建工程发生单项或单位工程报废或毁损的，减去残料价值和过失人或保险公司等赔款后的净损失，计入继续施工的工程成本；如为非常原因造成的报废或毁损，或在建工程项目全部报废或毁损，应将净损失直接计入当期营业外支出。

企业应当定期或者至少于每年年度终了，对在建工程进行全面检查，如果有证据表明在建工程已经发生了减值，应当计提减值准备。存在下列一项或若干项情况的，应当计提在建工程减值准备：（1）长期停建并且预计在未来3年内不会重新开工的在建工程；（2）所建项目无论在性能上，还是在技术上已经落后，并且给企业带来的经济利益具有很大的不确定性；（3）其他足以证明在建工程已经发生减值的情形。

所建造的固定资产已达到预定可使用状态，但尚未办理竣工决算的，应当自达到预定可使用状态之日起，依据工程预算造价或者工程实际成本等，按估计的价值转入固定资产，并按本制度关于计提固定资产折旧的规定，计提固定资产的折旧，待办理了竣工决算手续后再做调整。

（二）会计处理

为了对企业自行建造固定资产进行全面准确的核算，应设置"工程物资""在建工程""在建工程减值准备"账户。

1. 工程物资

企业为在建工程准备的各种物资，应当以实际支付的买价、增值税额、运输费、保险费等相关费用，作为实际成本，并按照各种专项物资的种类进行明细核算。企业的工程物资，包括为工程准备的材料、尚未交付安装的需要安装设备的实际成本，以及预付大型设备款和基本建设期间根据项目概算购入为生产准备的工具及器具等的实际成本。企业购入不需要安装的设备，应当在"固定资产"科目核算，不在本科目核算。

本科目应当设置以下明细科目：（1）专用材料；（2）专用设备；（3）预付大型设备款；（4）为生产准备的工具及器具。

企业购入为工程准备的物资，应当按实际成本和专用发票上注明的增值税额，借记本科目（专用材料、专用设备），贷记"银行存款""应付账款""应付票据"等。企业为购置大型设备而预付款时，借记本科目（预付大型设备款）），贷记"银行存款"；收到设备并补付设备价款时，按照设备的实际成本，借记本科目（专用设备），按照预付的价款，贷记本科目（预付大型设备款），按照补付的价款，贷记"银行存款"等。工程领用工程物资，借记"在建工程"，贷记本科目（专用材料等）；工程完工后对领用的剩余工程物资应当办理退库手续，并做相反的账务处理。工程完工，将为生产准备的工具及器具交付生产使用时，应按实际成本，借记"低值易耗品"，贷记本科目（为生产准备的工具及器具）。工程完工后剩余的工程物资，如转作本企业存货的，按原材料的实际成本或计划成本，借记"原材料"，按可抵扣的增值税进项税额，借记"应交税金——应交增值税（进项税额）"，按转入存货的剩余工程物资的账面余额，贷记本科目；如工程完工后剩余的工程物资用于对外出售的，应当先结转工程物资的进项税额，借记"应交税金——应交增值税（进项税额）"，贷记本科目，出售时，应确认收入并结转相应的成本。

2. 在建工程

本科目核算企业进行基建工程、安装工程、技术改造工程、大修理工程等发生的实际支出，包括需要安装设备的价值。企业根据项目概算购入不需要安装的固定资产、为生产准备的工具器具、购入的无形资产及发生的不属于工程支出的其他费用等，不在本科目核算。本科目的期末借方余额，反映企业尚未完工的基建工程发生的各项实际支出。

本科目应当设置下列明细科目：（1）建筑工程；（2）安装工程；（3）在安装设备；（4）技术改造工程；（5）大修理工程；（6）其他支出。

对于企业自营的基建工程，领用工程用材料物资时，应按实际成本，借记本科目（建筑工程、安装工程等——XX工程），贷记"工程物资"；基建工程领用本企业原材料的，应按原材料的实际成本加上不能抵扣的增值税进项税额，借记本科目（建筑工程、安装工程等——XX工程），按原材料的实际成本或计划成本，贷记"原材料"，按不能抵扣的增值税进项税额，贷记"应交税金——应交增值税（进项税额转出）"。采用计划成本进行材料日常核算的企业，还应当分摊材料成本差异。基建工程领用本企业的商品产品时，按商品产品的实际成本（或进价）或计划成本（或售价）加上应交的相关税费，借记本科目（建筑工程、安装工程——XX工程），按应交的相关税费，贷记"应交税金——应交增值税（销项税额）"等，按库存商品的实际成本（或进价）或计划成本（或售价），贷记"库存商品"。库存商品采用计划成本或售价的企业，还应当分摊成本差异或商品进销差价。对于基建工程应负担的职工工资，借记本科目（建筑工程、安装工程——XX工程），贷记"应付工资"。企业的辅助生产部门为工程提供的水、电、设备安装、修理、运输等劳务，应按月根据实际成本，借记本科目（建筑工程、安装工程等——XX工程），贷记"生产成本——辅助生产成本"等。

基建工程发生的工程管理费、征地费、可行性研究费、临时设施费、公证费、监理费等，借记本科目（其他支出），贷记"银行存款"等。基建工程应负担的税金，借记本科目（其他支出），贷记"银行存款"等。

由于自然灾害等原因造成的单项工程或单位工程报废或毁损，应将其损失减去残料价值和过失人或保险公司等赔款后的净损失，报经批准后计入继续施工的工程成本，借记本科目（其他支出）科目，贷记本科目（建筑工程、安装工程等——XX工程）；如为非正常原因造成的报废或毁损，或在建工程项目全部报废或毁损，应将其净损失直接计入当期营业外支出。工程物资在建设期间发生的盘亏、报废及毁损，其处置损失报经批准后，借记本科目，贷记"工程物资"；盘盈的工程物资或处置收益，做相反的账务处理。

基建工程达到预定可使用状态前进行负荷联合试车发生的费用，借记本科目（其他支出），贷记"银行存款""库存商品"等；获得的试车收入或按预计售价将能对外销售的产品转为库存商品的，做相反账务处理。

基建工程完工后应该进行清理，已领出的剩余材料应当办理退库手续，借记"工程物资"，贷记本科目。

基建工程完工交付使用时，企业应该计算各项交付使用固定资产的成本，编制交付使用固定资产明细表。

企业应当设置"在建工程其他支出备查簿"，专门登记基建项目中发生的构成项目概算内容但不通过"在建工程"科目核算的其他支出，包括按照建设项目概算内容购置的不需要安装的设备、现成房屋、无形资产以及发生的递延费用等。企业在发生上述支出时，应当通过"固定资产""无形资产"和"长期待摊费用"科目核算，同时应在"在建工程——其他支出备查簿"中进行登记。

3. 在建工程减值准备

为核算企业的在建工程减值准备，应设置"在建工程减值准备"科目。企业发生在建工程减值时，借记"营业外支出——计提的在建工程减值准备"，贷记本科目；如已计提减值准备的在建工程价值又得以恢复，应在原已提减值准备的范围内转回，借记本科目，贷记"营业外支出——计提的在建工程减值准备"。本科目期末贷方余额，反映企业已计提的在建工程减值准备。

二、出包工程

企业采用出包方式进行的自制、自建固定资产工程，"在建工程"账户实际上是企业与承包单位的结算账户，企业将与承包单位结算的工程价款作为工程成本，通过"在建工程"账户进行核算。

企业发包的基建工程，应于按合同规定向承包企业预付工程款、备料款时，按照实际支付的价款，借记"在建工程"科目（建筑工程、安装工程等——XX工程），贷记"银行存款"科目；以拨付给承包企业的材料抵作预付备料款的，应当按工程物资的实际成本，借记"在建工程"科目（建筑工程、安装工程等——XX工程），贷记"工程物资"科目；将需要安装设备交付承包企业进行安装时，应当按设备的成本，借记"在建工程"科目（在安装设备），贷记"工程物资"科目；与承包企业办理工程价款结算时，补付的工程款，借记"在建工程"科目（建筑工程、安装工程等——XX工程），贷记"银行存款"等科目。

第四节　固定资产的折旧

固定资产折旧，是指固定资产在使用过程中，逐渐损耗而消失的那部分价值。固定资产损耗的这部分价值，应当在固定资产的有效使用年限内进行分摊，形成折旧费用，计入各期成本。

一、折旧的性质及计提范围

1. 折旧的性质

固定资产在长期使用过程中，实物形态保持不变，但因使用、磨损及陈旧等原因会发生各种有形和无形的损耗。有形损耗对使用中的固定资产而言，产生于物质磨损；不使用的固定资产也可能发生有形损耗，比如自然气候条件的侵蚀及意外毁损造成的损耗。无形损耗是因技术进步、市场变化、企业规模改变等原因引起的。有的资产因陈旧、不适应大规模生产发展的需要，导致其在耐用年限届满前退废。

固定资产的服务能力会随着时间的推移逐步消逝，其价值也随之发生损耗，企业应采用系统合理的方法，将其损耗分摊到各经营期，记作每期的费用，并与当期营业收入相配比。固定资产的成本随着逐期分摊，转移到它所生产的产品或提供的劳务中去，这个过程即为计提折旧，每期分摊的成本称为折旧费用。

企业应当根据固定资产的性质和消耗方式，合理地确定固定资产的预计使用年限和预计净残值，并根据科技发展、环境及其他因素，选择合理的固定资产折旧方法，按照管理权限，经股东大会或董事会，或经理（厂长）会议或类似机构批准，将其作为计提折旧的依据，并按照法律、行政法规的规定报送有关各方备案，并备置于企业所在地，以供投资者等有关各方查阅。企业已经确定并报送，或备置于企业所在地的有关固定资产预计使用年限和预计净残值、折旧方法等，一经确定不得随意变更；如需变更，应当按照上述程序，经批准后报送有关各方备案，并在会计报表附注中予以说明。

《国际会计准则第16号——不动产、厂场和设备》规定：固定资产项目的应折旧金额应当在其使用寿命内系统地摊销，所使用的折旧方法应能反映企业消耗该资产所含经济利益的方式。每期的折旧额应确认为费用，除非将其计入另一项资产的账面金额。

我国《企业会计准则——固定资产》规定：折旧是指在固定资产的使用寿命内，按照确定的方法对应计折旧额进行的系统分摊。其中，应计折旧额，是指应当计提折旧的固定资产的原价扣除其预计净残值后的余额；如果已对固定资产计提减值准备，也应当扣除已计提的固定资产减值准备的累计金额。使用寿命，是指固定资产预期使用的期限。有些固定资产的使用寿命也可以用该资产所能生产的产品或提供的服务的数量来表示。

2. 折旧的范围

固定资产因使用会发生实物磨损，所以使用中的固定资产（如机器设备）均需计提折旧；考虑到无形损耗的原因，对一些未使用、不需用的固定资产，也应计提折旧，房屋和建筑物不管是否使用均应计提折旧；以融资租赁方式租入的固定资产，应当对照自有固定资产进行会计处理，故亦要计提折旧。

具体来讲，企业的以下固定资产应当计提折旧：

（1）房屋和建筑物；

（2）在用的机器设备、仪器仪表、运输工具、工具器具；

（3）季节性停用、大修理停用的固定资产；

（4）融资租入和以经营租赁方式租出的固定资产。

以下固定资产不计提折旧：

（1）房屋、建筑物以外的未使用、不需用固定资产；

（2）以经营租赁方式租入的固定资产；

（3）已提足折旧继续使用的固定资产；

（4）按规定单独估价作为固定资产入账的土地。

已达到预定可使用状态的固定资产，如果尚未办理竣工决算的，应按估计价值暂估入账，并计提折旧；待办理了竣工决算手续后，再按照实际成本调整原来的暂估价值，同时调整原已计提的折旧额。

已提足折旧的固定资产，如仍可继续使用，不再计提折旧；提前报废的固定资产，未提足的折旧不再补提折旧。所谓提足折旧，是指已经提足该项固定资产应提的折旧总额。应提的折旧总额为固定资产原价减去预计残值加上预计清理费用后的余额。

我国《企业会计准则——固定资产》规定：除下列两种情况外，企业应对所有固定资产计提折旧：（1）已提足折旧仍继续使用的固定资产；（2）按照规定单独估价作为固定资产入账的土地。

二、影响折旧的因素

固定资产折旧的计算，涉及固定资产原值、预计净残值、估计使用年限和折旧方法四个要素。

1. 固定资产原值

固定资产原值是固定资产取得时的实际成本。

2. 预计净残值

预计净残值是指固定资产在报废时，预计残料变现收入扣除清算时清算费用后的净值。

实物中常用固定资产原值的一定百分比估算，在计算折旧时，把固定资产原值减去估计残值后的余额称为折旧基数或折旧总额。

3.估计使用年限

在估算使用年限时应同时考虑有形损耗和无形损耗，即实物的使用寿命和与经济效用等有关的技术寿命。在科学技术飞速发展的今天，技术密集型企业应更多地考虑无形损耗，合理估计使用年限。

《国际会计准则第16号——不动产、厂场和设备》规定：固定资产项目的使用寿命应定期地进行复核，如果预期数与原先的估计数相差很大，则应对本期和将来各期的折旧金额进行调整。

我国《企业会计准则——固定资产》规定：企业在确定固定资产的使用寿命时，主要应当考虑以下因素：（1）该资产的预计生产能力或实物产量；（2）该资产的有形损耗，如设备使用中发生的磨损、房屋建筑物受到的自然侵蚀等；（3）该资产的无形损耗，如因新技术的出现而使现有的资产技术水平相对陈旧、市场需求变化使产品过时等；（4）有关资产使用的法律或者类似的限制。

我国《企业会计准则——固定资产》还规定：企业应当根据固定资产的性质和使用情况，合理确定固定资产的使用寿命和预计净残值。除下述定期复核引起使用寿命改变外，固定资产的使用寿命、预计净残值一经选定，不能随意调整。企业应当定期对固定资产的使用寿命进行复核。如果固定资产使用寿命的预期数与原先的估计数有重大差异，则应当调整相应固定资产的折旧年限。

4.折旧方法

不同经营规模、不同性质的企业可根据各自的特点选择相应的折旧方法，以比较合理地分摊固定资产的应计折旧总额，反映本单位固定资产的实际使用状况。企业一旦选定了某种折旧方法，应当在相当一段时间内保持不变，除非折旧方法的改变能够提供更可靠的会计信息。在特定会计期，折旧方法的变更应在报表附注中加以说明。

《国际会计准则第16号——不动产、厂场和设备》规定：应用于固定资产的折旧方法，应该定期地加以复核。如果资产经济利益的预期实现方式有重大改变，折旧方法也应相应地改变以反映这种方式的改变。如果这种折旧方法的改变是必要的，这种改变应作为会计估计变更进行会计处理，本期和未来期间的折旧金额应加以调整。

我国《企业会计准则——固定资产》规定：企业应当根据固定资产所含经济利益预期实现方式选择折旧方法，可选用的折旧方法包括年限平均法、工作量法、双倍余额递减法和年数总和法。除下述定期复核引起折旧方法改变外，折旧方法一经选定，不得随意调整。企业应当定期对固定资产的折旧方法进行复核。如果固定资产包含的经济利益的预期实现方式有重大改变，则应当相应改变固定资产折旧方法。

计算折旧的四大要素中，除原始成本比较容易确定外，由于残值和使用年限为估计数，又受折旧方法选择的影响，其计算结果难免不够精确。

三、折旧方法

固定资产的折旧方法有很多种，比如直线法、加速折旧法等，我国会计制度规定，企业可以采用直线法计提折旧，但在经有关部门批准的前提下，也可以采用加速折旧法。

（一）直线法

直线法，具体分为年限平均法和工作量法两种。

1. 年限平均法

它是各种折旧方法中最简单的一种。固定资产折旧总额在使用年限内平均分摊，每期的折旧额相等。

计算公式表示如下：

年折旧额 =（固定资产原值－预计净残值）÷ 估计使用年限

年折旧率 =（1－预计净残值率）÷ 估计使用年限

其中，预计净残值率 = 预计净残值 ÷ 固定资产原值

月折旧率 = 年折旧率 ÷12

月折旧额 = 固定资产原值 × 月折旧率

我国固定资产折旧一般采用年限平均法，这种方法最大的优点是计算简便。但是，它只考虑固定资产的估计使用时间，忽略了实际使用的现状。固定资产使用早期，工作效率相对较高，发生的维修保养费少；后期固定资产工作效率相对较低，发生的维修保养费逐步增加。在整个使用期内，各期费用总额分布均匀，呈递增趋势，而固定资产工作效率呈递减趋势。在其他因素不变的情况下，利润逐年递减。采用年限平均法，不能反映资产的实际使用情况，从而会影响决策者对财务信息的分析判断。

2. 工作量法

其是将固定资产的总折旧额按其估计工作总量（如总生产量、总工作小时等）平均分摊，以求得单位工作量应负担折旧额。

尽管采用年限平均法在实际操作中比较简单，但是由于无形损耗的存在，固定资产可能在估计使用年限届满前甚至早期即遭淘汰，导致大部分成本无法通过折旧收回，企业因而将面临一定的损失。

（二）加速折旧法

加速折旧法是在固定资产使用早期多提折旧，在使用后期少提折旧的一种方法。这种处理的理论依据是，固定资产在使用早期，提供的服务多，为企业创造的效益高；后期随着实物磨损程度加剧，提供的服务量减少，而修理费用增加。如果在资产使用过程中折旧的计提逐年递减，可使固定资产在各年承担的总费用接近，利润平稳。这也弥补了年限平均法的局限。在加速折旧法下，因为早期计提了较多的折旧，即使固定资产提前报废，其成本于前期基本已收回，也不会造成过多损失。加速折旧法主要有双倍余额递减法和年数

总和法两种。下面分述之。

1. 双倍余额递减法

在这一方法下，固定资产的折旧率为年限平均法折旧率的两倍，账面价值同样随着每期计提的折旧而减少。每期应计提的折旧计算公式为：

年折旧额 = 递减的账面价值 × 年折旧率 = 递减的账面价值 × 2 ÷ 折旧年限

其中，第一年的账面价值为固定资产的原始成本（不减估计残值）。值得注意的是，在固定资产使用的后期，假如期末账面价值扣除预计净残值后的余额，采用直线法在剩余年限内计提的折旧额，比继续使用双倍余额递减法计提的折旧额大，则从该会计期开始必须改用直线法。

2. 年限积数法

其也称年数总和法，是将固定资产应计提的折旧总额按递减的折旧率计算每期的折旧额。

用公式可表示为：

年折旧额 =（固定资产原值 - 估计残值）× 递减的折旧率

折旧率为分数，其分母是根据固定资产估计使用年限计算的积数，分子是固定资产尚可使用的年数，即从使用年限起依次递减的自然数。用公式表示为：

年折旧率 = 尚可使用年数 ÷ 预计使用年限的年数总和

=（预计使用年限 - 已使用年限）÷ [预计使用年限 ×（预计使用年限 +1）÷ 2]

企业一般是按月提取折旧。当月增加的固定资产，当月不提折旧，从下月起计提折旧；当月减少的固定资产，当月照提折旧，从下月起不提折旧。实际中常用的计算公式是：

固定资产月折旧额 = 上月计提的固定资产折旧额 + 上月增加固定资产应计提折旧额 - 上月减少固定资产应计提折旧额

为核算企业固定资产的累计折旧，应设置"累计折旧"账户。本科目期末贷方余额，反映企业提取的固定资产折旧累计数。企业按月计提的固定资产折旧，借记"制造费用""营业费用""管理费用""其他业务支出"等科目，贷记"累计折旧"科目。

借：制造费用（生产用固定资产计提的折旧）

营业费用（销售等用固定资产计提的折旧）

管理费用（管理部门用固定资产计提的折旧）

其他业务支出（出租等用固定资产计提的折旧）

应付福利费（福利部门用固定资产计提的折旧）

外商投资企业采购的国产设备退还的增值税款，对在设备达到预定可使用状态前收到的，冲减设备的成本，借记"银行存款"科目，贷记"在建工程"等科目；如果采购的国产设备已达到预定可使用状态，应当调整设备的账面原价和已提的折旧，借记"银行存款"科目，贷记"固定资产"科目；同期，冲减多提的折旧，借记"累计折旧"科目，贷记"制造费用""管理费用"等科目。假如采购的国产设备已达到预定可使用状态，但税务机关跨年度退还增值税的，则应当相应调整设备的账面原价和已提的折旧，借记"银行存款"科目，贷记"固定资产"科目;同时，冲减多提的折旧，借记"累计折旧"科目，贷记"以前年度损益调整"科目。

第五节 固定资产使用中的支出

固定资产在使用过程中会发生各种支出，比如为了恢复、改进固定资产的性能发生的维修费、保养费支出，固定资产因改建、扩建、增建等原因增加的支出，为了发挥固定资产潜力增加的支出等。这些开支发生时，关键要区分支出的性质是资本性支出还是收益性支出，进而做出不同的账务处理。

一、影响固定资产数量方面的支出

固定资产因数量增加发生的支出，主要指用于增加企业固定资产实体及在原有基础上进行的扩建，比如房屋加层、增设电子监控设备等。对新增的资产，因其受益期一般与估计使用年限相近，至少为一年，所以要把有关支出资本化。购建新固定资产时，应把全部支出列为固定资产的成本，账务处理参照第二节有关内容。扩建时，把所付出的成本全部计入原资产的成本，在扩建过程中如涉及拆除一部分旧设施，在会计处理上通常不减去拆除旧资产的成本，扩建成本先在"在建工程"账户中归集，完工后一次转入原"固定资产"账户。

二、影响固定资产质量方面的支出

1. 换新

固定资产换新指调换原资产上陈旧或受损的项目，以恢复其应有的性能和生产能力，包括整个资产项目的换新和非经常性的大部件换新。换新后的资产并没有改进质量或功能。由于换新项目大小不等，发生的费用在处理上也应有所区别。大型项目、非经常性大部件的更换，作为资本性支出处理;中、小项目的换新，可视同经常性修理，作为收益性支出处理。

2. 维修保养

为了使固定资产保持良好的使用状态，应当进行日常的维护保养，如更换螺丝、弹簧、定期添加润滑剂等，这种支出费用较低，发生比较频繁，一般视为收益性支出，记为当期费用。

随着固定资产不断使用，实物磨损加剧，往往会发生局部的损坏，影响其使用效率。为恢复原有的性能，务必对固定资产定期或不定期地加以修理，从而使之处于正常运转状态。固定资产的修理，按范围的大小和间隔时间的长短可分为大修理和中小修理两种。

大修理，是对固定资产进行局部更新，通常修理的范围大，间隔时间长，修理次数少，一次修理所花的费用较大。因为大修理费用发生不均匀，企业可采用预提或待摊的方法均衡成本。

中小修理，又称经常性修理，其是指为了维护和保持固定资产正常工作状态进行的修理工作，比如更换零部件、排除故障等。其特点是修理范围小，间隔时间短，修理次数多，每次的修理费用少。一般将经常性修理作为收益性支出处理，在支出发生时计入当期费用，即按实际发生数额借记有关成本费用账户，贷记"银行存款"等科目。为了平衡各会计期的费用，或者当中小修理费用较大时，也可采用摊销的方法。

值得注意的是，在实际操作上，中小修理、维护保养、换新等很难严格区分，企业应根据规模大小及资产的重要程度等实际情况区别对待。

3. 改良和改善

改良和改善支出主要用于改进固定资产的质量和功能。改良支出较大，能使固定资产的质量或功能有显著的提高，如安装中央空调以取代原有的取暖设施。固定资产改良工程上的所有支出均应作为资本性支出处理，记入资产的成本。在工程实施中，如有被替换的旧资产，则旧资产的成本应从原资产账户中转出。

固定资产改善支出一般较小，质量改进不显著，如一般照明设备的改进。凡属于这种支出的应视为收益性支出，记入本期损益。

我国《企业会计准则——固定资产》规定：与固定资产有关的后续支出，如果使可能流入企业的经济利益超过了原先的估计，如延长了固定资产的使用寿命，或者使产品质量实质性提高，或者使产品成本实质性降低，则应当计入固定资产账面价值，其增计金额不应超过该固定资产的可收回金额；否则，应当确认为费用。

第四章 会计负债及所有者权益管理分析

第一节 流动负债

一、流动负债的性质

负债是指过去的交易、事项形成的现实义务，履行该义务预期会导致经济利益流出企业。负债具体包含下列三层含义：

1. 负债是一项经济责任，或者说是一项义务，它需要企业进行偿还。比如，应付账款、应付票据及应付债券等，是典型意义上的负债；负债还包括销售商应履行的在出售商品时订立的保证契约的责任，服务行业根据合同预收服务费后在规定的未来期限内提供服务的责任等。

2. 清偿负债会导致企业未来经济利益的流出。负债最终都需要清偿，清偿的方式有很多种，大多数负债在将来必须以现金支付清偿。也有一些负债要求企业提供一定的商品或劳务来进行抵偿，比如预收收入、售出商品的保证债务等。另外，有些负债项目到期时，还可能用新的负债项目来替代。例如，用短期应付票据替代应付账款，用新债券赎回旧债券等。无论用何种方式清偿，都会导致企业未来经济利益的流出。

3. 负债是企业过去的交易、事项的一种后果，也就是说负债所代表的当前经济责任必须是企业过去发生的经济业务所引起的。不具有这一特征的预约协议等，都不能作为负债。例如，购货预约，它只是买卖双方就将来要进行的商品交易达成的协议，交易业务目前尚未实际发生，故并不构成当前债务责任。

二、流动负债的性质及计价

我国《企业会计准则》对流动负债的定义为"流动负债是指在 1 年（含 1 年）或超过 1 年的 1 个营业周期内偿还的债务，包括短期借款、应付票据、应付账款、预收账款、应付工资、应付福利费、应付股利、应交税金、其他暂收应付款项、预提费用和 1 年内到期的长期负债等"。

流动负债的基本特征就是偿还期较短。它是企业筹集短期资金的主要来源。将流动负债与流动资产相比较，是判断和评估公司短期偿债能力的重要方法之一。所以，凡属 1 年或超过 1 年的 1 个营业周期内必须清偿的债务，在资产负债表上都必须列为流动负债——不论它最初是流动负债还是长期负债。

流动负债代表着企业未来的现金流出，从理论上说，应当按照未来应付金额的贴现值来计价。但是，流动负债涉及的期限一般较短，其到期值与其贴现值相差无几。为了简便起见，会计实务中一般都是按实际发生额入账。短期借款、带息的应付票据、短期应付债券应当按照借款本金和债券面值，依确定的利率按期计算利息，计入当期的财务费用之中，体现为当期损益。

三、流动负债的分类

流动负债可以按照不同的分类标准进行不同的划分。为了进一步认识流动负债的性质和特征，本节对流动负债按下列三种方式进行分类。

（一）按偿付手段划分

流动负债可以分为用货币资金偿还的流动负债和用商品或劳务偿付的流动负债两类。

1. 用货币资金偿还的流动负债

此类流动负债的特点是债务到期时，企业必须动用现金、银行存款或其他货币资金来偿还，比如应付账款、应付票据、短期借款、应付工资、应交税金等。绝大部分的流动负债都属于此类。

2. 用商品或劳务偿付的流动负债

此类流动负债的特点是债务到期时，企业必须动用商品来偿还，或者用劳务来抵付。主要是指预收的一些货物或劳务款项、售出产品的质量担保债务等，如预收款项、预计负债。

（二）按应付金额可确定的程度划分

流动负债可划分为可确定性流动负债和不可确定性流动负债即或有负债。

1. 可确定的流动负债

负债是企业承担的现实义务，需要企业将来进行偿还。虽然未来的事项都带有一定的不确定性，但不确定性的程度不同。可确定性流动负债是指不确定性很小，可以较为可靠地计量的负债。其特点是债务的偿还到期日、应付金额等都是有契约或法律规定的，如应付账款、应付票据、长期债务中的流动部分、应付工资、应付福利费、存入保证金（押金）、预收收入及其他应付（暂收）款等。

2. 或有负债

或有负债即不可确定性流动负债，是指过去的交易和事项形成的潜在义务，其存在必须通过未来不确定事项的发生或不发生予以证实，或过去的交易或事项形成的现实义务，履行该义务不是很可能导致经济利益流出企业或该义务的金额不能可靠地计量。其特点是这种负债虽确已存在，但没有确切的应付金额，有时甚至也无确切的偿还日期和收款人。因此，这类负债的应付金额就必须根据一定的办法（如以往经验、调研资料等）予以估计，比如产品质量担保债务等。

（三）按流动负债产生的环节划分

流动负债按其产生的环节，可分为下列三类：

1. 产生于生产经营环节的流动负债

生产经营环节引起的流动负债，具体又包括两个方面：一是外部业务结算过程中形成的流动负债，如应付账款、应付票据、预收账款、应交税金（流转税）；二是企业内部结算过程中形成的流动负债，如应付工资、应付福利费、预提费用等。

2. 产生于收益分配环节的流动负债

这是指企业根据对实现的利润进行分配所形成的各种应付款项，比如应交税金（所得税）、应付利润（股利）等。

3. 产生于融资环节的流动负债

这是指企业从银行及非银行金融机构筹措资金所形成的流动负债，如短期借款、一年内到期的长期负债等。

第二节　流动负债核算

一、企业筹措资金过程中发生的流动负债

1. 短期借款

企业在生产经营中，经常会发生暂时性的资金短缺，为了保证生产经营的正常进行，需要向银行或其他金融机构取得一定数量的短期资金，由此形成了企业的短期借款。短期借款是指企业向银行或其他金融机构等借入的期限在一年以下（含一年）的各种借款。企业在借入短期借款时，应当按实际借入金额，借记"银行存款"，贷记"短期借款"；归还借款时，借记"短期借款"，贷记"银行存款"。

企业使用银行或其他金融机构的资金，要支付一定的利息。企业取得短期借款是一项融通资金的行为，短期借款的利息应当作为融通资金的费用计入当期损益。有关短期借款利息的会计核算，要按支付利息的方式不同而进行不同的会计处理。通常利息的支付有两种方式：一是到期连同本金一同支付，在这种情况下，根据会计的重要性原则，如果利息金额较大，需要按期计提利息，借记"财务费用"，贷记"预提费用"；如果金额不大，可以不分期预提，到期随同本金支付时，一次性计入财务费用。二是按期支付，在实际支付或收到银行的计息通知单时，直接计入当期损益，借记"财务费用"，贷记"银行存款"

或"现金"。

2. 一年内到期的长期负债

企业为了扩大生产经营规模，进行固定资产投资，要举借大量长期负债。长期负债自资产负债表日起还有一年或超过一年的一个营业周期内的到期部分，虽然仍在长期负债账上，但是应视为流动负债核算，这部分长期负债在资产负债表上应当转列为流动负债。

必须注意，在下列两种情况下，一年内到期的长期负债不应视为流动负债：

（1）它们的清偿不需动用流动资产或不会产生流动负债。其原因在于，这部分负债在未来一年内无须以流动资产来支付。因而，假如即将到期的长期负债并不需要用流动资产来偿还，而是用专门积累起来的"偿债基金"偿还，则不能作为流动负债。

（2）它们的清偿需要用新发行长期债券或新发行股票来调换，那么也无须转列为流动负债。

二、企业购销业务过程中发生的流动负债

（一）应付票据

应付票据，亦称短期应付票据，它是指债务人出具的承诺在一年或一个营业周期内的特定日期支付一定金额的款项给持票人的书面文件。在我国现行的会计制度中核算的应付票据，仅指承兑的商业汇票。

商业汇票是购货企业在正常经营活动中向销货企业出具的承诺在将来特定时日支付一定金额的期票（远期票据）。商业票据按照承兑人的不同，可以分为银行承兑汇票和商业承兑汇票。由债务人的开户银行承兑的商业票据称为银行承兑汇票，由债务人直接承兑的商业票据称为商业承兑汇票。商业汇票的期限最长不得超过 6 个月。

应付票据按票面是否注明利率可分为带息票据和不带息票据两种。带息票据载明了票面利率，到期按票面金额（本金）与票面利率计算利息，并与本金一并支付；不带息票据没有利息问题，票据到期时，债务人按票面金额支付即可。我国企业多采用不带息票据。

企业应设置"应付票据"科目，进行应付票据的核算。由于票据期限较短，应付票据不论是否带息，一般均按面值入账。企业开出商业承兑汇票或以商业承兑汇票抵付货款、应付账款时，借记"物资采购""库存商品""应付账款""应交税金——应交增值税（进项税额）"等，贷记"应付票据"。支付银行承兑汇票的手续费时，借记"财务费用"，贷记"银行存款"。收到银行支付到期票据的付款通知时，借记"应付票据"，贷记"银行存款"。企业开出的应付票据如为带息票据，应于月份终了计算本月应付利息，借记"财务费用"，贷记本科目。票据到期支付本息时，按应付票据账面余额，借记"应付票据"，按未计的利息，借记"财务费用"，贷记"银行存款"。如果票据期限不长、利息不大，也可以于票据到期时，把利息一次性计入财务费用，不逐月计提。票据到期企业无能力偿付的，转作应付账款，借记"应付票据"，贷记"应付账款"。企业往来客户众多，为了加强应付票据

管理，企业还应设置"应付票据备查簿"，详细登记每一张应付票据的种类、号数、签发日期、到期日、票面金额、合同交易号、收款人姓名或单位名称，以及付款日期和金额等详细资料。应付票据到期付清时，应当在备查簿内逐笔注销。关于应付票据备查簿的格式，各企业可根据需要自行设计。

（二）应付账款

1. 应付账款的含义及其确认

应付账款是指企业因购买材料、商品、其他资产或者接受外界提供的劳务而发生的债务，即由于交易已成立而推迟付款时间形成的负债。

从理论上说，应在购进商品的所有权转移到企业时，或企业实际使用外界提供的劳务时确认应付账款，由于应付账款的期限一般不长，而且，收到购货发票的时间同收到货物的时间往往很接近，在实际工作中，假如货物在发票之后到达，一般是等货物验收入库后才按发票价格入账，这样处理能避免在验收入库时发现货物的数量和质量与发票不符而带来的调账麻烦，从而简化核算。但是应该注意的是，如果到期末，虽收到发票但仍未收到货物，为了配比原则，应根据发票价格，借记"物资采购"，贷记"应付账款"。反过来，如果到期末，收到货物而没有收到发票时，也应对该货物进行暂估入账，借记"原材料"等，贷记"应付账款"。

2. 应付账款的计价

应付账款的入账金额按发票价格计量，但是，对于在购货时存在现金折扣的情形，目前在理论上存在两种计量方法，即总价法和净价法。

按总价法核算，应付账款是按扣除现金折扣之前的发票价格入账，如在折扣期内付款而享受的现金折扣，视为一种理财收益。按净价法核算，应付账款是按扣除现金折扣之后的发票价格入账，如在超过折扣期付款而丧失现金折扣，作为一种理财损失处理。我国目前不允许企业采用净价法处理应付账款。

3. 应付账款的会计核算

企业购入材料、商品等验收入库，但货款尚未支付时，应根据有关凭证，如发票账单、随货同行发票等，按凭证上记载的实际价款，或在未取得有关凭证时，按照暂估价登记入账。借记"物资采购""原材料""库存材料""库存商品""应交税金——应交增值税（进项税额）"等，贷记"应付账款"。

企业接受供应单位提供的劳务而发生的应付未付款项，应当根据供应单位的发票账单，借记"生产成本""管理费用"等，贷记"应付账款"。实际支付时，借记"应付账款"，贷记"银行存款"等。如果企业开出承兑商业汇票抵付应付账款，则借记"应付账款"，贷记"应付票据"。

在购销业务过程中，购货单位也可能在购货业务发生前先期预付一定货款。在这种情况下，为了集中反映购货业务所形成的结算关系，企业按规定预付供货单位货款时，借记

"应付账款"，贷记"银行存款"等。待购货业务实际发生，材料、商品验收入库时，再根据有关发票账单的应付金额，借记"原材料""库存商品""应交税金——应交增值税（进项税额）"等，贷记"应付账款"。补付货款时，再借记"应付账款"，贷记"银行存款"等。应付账款一般在较短期限内支付，但是有时由于债权单位撤销或者其他原因而无法支付的应付账款应作为企业的一项额外收入，将其列入营业外收入处理。

（三）预收账款

预收账款是指企业按照合同规定向购货单位或个人预先收取的款项。企业在销售商品或提供劳务前预先向对方收取款项，通常在预收款项后的一年或超过一年的一个营业周期内交付商品或提供劳务。在企业的生产经营中，发生预收款项是很常见的事情。比如企业按照规定向购货单位预收购货款、向建设单位预收工程款、预收委托单位的开发建设资金、向个人预收的购房定金及向发包单位预收的备料款和工程款等都属于企业的预收账款。企业为了核算预收款项的结算情况，应当设置"预收账款"账户。当企业收取预收款项时，借记"银行存款"科目，贷记"预收账款"科目。产品完工交给购货单位或与建设单位结算工程价款时，借记"预收账款"科目，贷记"主营业务收入""工程结算收入"等科目。在一般情况下，企业先预收将来实际销售商品或提供劳务的价款的一部分，等企业实际发出商品或完成劳务时，再收回另一部分销售商品款或劳务款项。在进行会计处理时，为了反映业务的完整性和方便会计记账凭证的编制，企业发出商品或完成劳务时，按商品或劳务的全部价款，借记"预收账款"科目，贷记"主营业务收入"科目；再按照全部款项与预收款项的差额，借记"银行存款"科目，贷记"预收账款"科目。

三、企业在生产过程中形成的流动负债

1.应付工资

应付工资是指企业应付给职工的工资总额，包含在工资总额内的各种工资、奖金、津贴等，是企业在一定时期内支付给全体职工的劳动报酬总额。不论是否在当月支付，都应通过本科目核算。发给职工的不包括在工资总额内的款项，如医药费、福利补助、退休费等，不在本科目核算。工资的结算是由财务部门根据人事部门、劳动工资部门转来的包含职工录用、考勤、调动、工资级别调整等情况的通知单，以及有关部门转来的代扣款项通知单编制工资单（亦称工资结算单、工资表、工资计算表等）计算各种工资。工资单的格式由企业根据实际情况自行规定。财会部门将"工资单"进行汇总，编制"工资汇总表"，按照规定手续向银行提取现金，准备支付工资。企业实际支付工资时，借记"应付工资"，贷记"现金"。从应付工资中扣还的各种款项（代垫的房租等），借记"应付工资"，贷记"其他应收款"。职工在规定期限内未领取的工资，应由发放工资的单位及时交回财会部门，借记"现金"，贷记"其他应付款"。月份终了，应将本月应发的工资进行分配：

（1）生产、施工、管理部门的人员（包括炊事人员）工资，借记"生产成本""管理费用"，

贷记"应付工资";

（2）采购、销售费用开支的人员工资，借记"营业费用"，贷记"应付工资";

（3）应由在建工程负担的人员工资，借记"在建工程"，贷记"应付工资";

（4）应由工会经费开支的工会人员的工资，借记"其他应付款"，贷记"应付工资";

（5）应由职工福利费开支的人员工资，借记"应付福利费"，贷记"应付工资"。

2. 应付福利费

为了保障职工身体健康，改善和提高职工福利待遇，我国规定企业务必为职工的福利准备资金。职工福利方面的资金来源有两个渠道：一是从费用中提取，二是从税后利润中提取。从费用中提取的福利费计入"应付福利费"进行核算，主要用于职工的个人福利（目前我国不允许外商投资企业在税前计提福利费，外商投资企业职工的个人福利支出从税后计提的职工奖励及福利基金中列支）。从税后提取的福利费计入"盈余公积——公益金"，主要用于职工的集体福利设施的建设。当前，应付福利费是按照企业应付工资总额的14%提取，其应付工资总额的构成与统计上的口径一致，不做任何扣除。应付福利费主要用于职工的医药费、医护人员的工资、医务经费、职工因工负伤赴外地就医路费、职工生活困难补助、职工浴室、理发室、幼儿园、托儿所人员等的工资，以及按国家规定开支的其他职工福利支出。提取职工福利费时，借记"有关费用成本"科目，贷记"应付福利费"科目。支付职工医药费、职工困难补助和其他福利费及应付的医务、福利人员工资等，借记"应付福利费"科目，贷记"银行存款""应付工资"等科目。期末应付福利费的结余，在"资产负债表"的流动负债项目应付福利费中单独列示。

3. 预提费用

按照权责发生制原则，企业在日常生产经营中经常要对有些费用进行预提，原因是有些费用在发生期间并不一定进行实际支付，在发生与支付的时间上可能会存在差异。比如企业固定资产大修理费，固定资产平时并不需要进行大修理，但实际进行大修理时支出往往比较大，而此大修理并不是由大修理当期一次性造成的，在大修理期以前各期虽然没有大修理支出，但也要确认固定资产大修理费。按期预提计入费用的金额，同时也形成一笔负债，在会计核算中设"预提费用"科目。将有关的预提费用预提入账时，借记"有关费用"科目，贷记"预提费用"科目；预提的费用实际支出时，借记"预提费用"科目，贷记"银行存款"或"现金"等科目。"预提费用"科目的期末余额一般在贷方，反映实际预提但尚未支出的费用数额。

4. 其他应付款

其他应付款是指与企业的经营活动直接或间接相关的应付、暂收其他单位或个人的款项。主要包括以下方面：应付经营性租入固定资产和包装物的租金、存入保证金（如收取包装物押金）、职工未按时领取的工资等。这些应付、暂收款项形成了企业的流动负债，在会计核算中设置"其他应付款"科目。企业发生的上述各种应付、暂收款项，借记"银行存款""管理费用""财务费用"等科目，贷记"其他应付款"科目；支付时，借记"其他应付款"科目，贷记"银行存款"等科目。"其他应付款"科目应按应付和暂收等款项的类别和单位或个人设置明细账，进行明细分类核算。

四、企业在分配过程中形成的流动负债

企业在生产经营的每个阶段，都要向国家交纳各种税金。企业应交的税款，在上交前暂时停留在企业，构成企业的流动负债；此外，企业在许多情况下还以代理人的身份代理国家向纳税人征收某种税款，然后再上交给国家，承担代收代交税款的义务。企业的应交税金项目很多，虽然应交所得税也在应交税金科目下核算，但是考虑到应交所得税的会计处理比较复杂，本书将其放到后面专章讲述。本节只讲述生产经营环节应交纳的税金，包括增值税、消费税、营业税、城市维护建设税、资源税、房产税、车船使用税、土地使用税、土地增值税、固定资产投资方向调节税等。另外还应交纳耕地占用税和印花税。后两种税是在税款发生时，便向税务部门交纳，不形成企业的短期负债。企业除了交纳各种税金外，还应该交纳教育费附加、车辆购置附加费等款项。企业应根据规定的计税依据、税率等有关资料计算出应纳税款，并按期向税务机关填报纳税申报表，填列纳税缴款书，由税务部门审核后，向当地代理金库的银行缴纳税款。各种税款的缴纳期限一般是根据税额的大小，由税务部门分别核定，企业逐期计算纳税，或按月预交，年终汇算清缴，多退少补。

（一）增值税

增值税就是对销售货物或提供应税劳务征税的一种税种。按照增值税暂行条例的规定，一般纳税企业购入货物或接受应税劳务支付的增值税（进项税额），可以从其销售货物或提供劳务规定收取的增值税（销项税额）中抵扣。但是，如果企业购入货物或者接受应税劳务，没有按照规定取得并保存增值税扣税凭证（如增值税专用发票），或者增值税扣税凭证上未按照规定注明增值税额及其他有关事项的，其进项税额不能从销项税额中抵扣。在会计核算中，如果企业购进货物或接受应税劳务支付的增值税额不能作为进项税额扣税，其已支付的增值税就应记入购入货物或接受劳务的成本。

企业为了对应交增值税进行会计明细核算，在"应交税金"科目下设置"应交增值税"明细科目进行核算。企业在"应交增值税"明细账内，设置"进项税额""已交税金""转出未交增值税""减免税款""销项税额""出口退税""进项税额转出""出口抵免内销产品应纳税额""转出多交增值税"9个专栏。同期在"应交税金"明细科目下设"未交增值税"明细科目，期末把应交未交或多交的增值税从"应交增值税"科目转到"未交增值税"科目并按有关规定进行核算。小规模纳税人只需设置"应交增值税"明细科目，不需要在"应交增值税"科目下设置专栏。

"进项税额"专栏——记录企业购入货物或接受应税劳务而支付的、准予从销项税额中抵扣的增值税额。企业购入货物或接受应税劳务支付的进项税额，用蓝字登记；退回所购货物应冲销的进项税额，用红字登记。

"已交税金"专栏——记录企业已交纳的增值税额。企业已交纳的增值税额用蓝字登记，退回多交的增值税额用红字登记。

"转出未交增值税"专栏——记录企业月度终了，将应交未交的增值税额，从本科目转到未交增值税明细科目。

"减免税款"专栏——记录企业按规定减免的增值税额。

"销项税额"专栏——记录企业销售货物或提供应税劳务应收取的增值税额。企业销售货物或提供应税劳务应收取的销项税额，用蓝字登记；退回销售货物应冲销的销项税额，用红字登记。

"出口退税"专栏——记录企业出口货物，向海关办理出口报关手续后，凭出口报关单等有关凭证，向税务机关申报办理出口退税收到退回的税款。出口货物退回的增值税额，用蓝字登记；出口货物办理退税后发生退货或者退关而补交已退的税款，用红字登记。

"进项税额转出"专栏——记录企业购进货物，在产品、产成品等发生非正常损失及其他原因而不应从销项税额中抵扣时，按规定转出的进项税额。

"出口抵减内销产品应纳税额"专栏——实行"免、抵、退"办法有进出口经营权的生产性企业，按规定计算的当期应予抵扣的税额计入本科目。

"转出多交的增值税"专栏——记录在月度终了，企业多交的增值税额。

"未交增值税"明细科目——月度终了，企业把本期应交未交或多交的增值税从应交增值税科目转到该明细科目，该科目的借方反映多交的增值税，贷方反映应交未交的增值税。

1. 一般纳税企业一般购销业务的账务处理

实行增值税的一般纳税企业具有以下特点：一是企业销售货物或提供劳务可以开具增值税专用发票（或完税凭证或购进免税农产品凭证或收购废旧物资凭证，下同）；二是购入货物取得的增值税专用发票上注明的增值税额可以从销项税额中抵扣；三是假如企业销售货物或者提供劳务采用销售额和销项税额合并定价方法的，按公式"销售额 = 含税销售额 ÷（1+ 税率）"还原为不含税销售额，并按不含税销售额计算销项税额。有关购销业务的具体处理详述如下：

国内采购的物资，按专用发票上注明的增值税，借记"应交税金——应交增值税（进项税额）"，按专用发票上记载的应计入采购成本的金额，借记"物资采购""生产成本""管理费用"等，按应付和实际支付的金额，贷记"应付账款""应付票据""银行存款"等。购入物资发生退货时，做相反会计处理。

接受投资转入的物资，按专用发票上注明的增值税，借记"应交税金——应交增值税（进项税额）"，按确定的价值，借记"原材料"等，按其在注册资本中占有的份额，贷记"实收资本"或"股本"，按其差额，贷记"资本公积"。

接受应税劳务，按专用发票上注明的增值税，借记"应交税金——应交增值税（进项税额）"，按专用发票上记载的应当计入加工、修理、修配等劳务成本的金额，借记"生产成本""委托加工物资""管理费用"等，按应付或实际支付的金额，贷记"应付账款""银行存款"等。

进口货物，按照海关提供的完税凭证上注明的增值税，借记"应交税金——应交增值税（进项税额）"，按照进口物资应计入采购成本的金额，借记"物资采购""库存商品"等，按应付或实付的金额，贷记"应付账款""银行存款"等。

销售物资或提供应税劳务，按照实现的营业收入和按规定收取的增值税额，借记"应收账款""应收票据""银行存款""应收股利"等，按专用发票上注明的增值税额，贷记"应交税金——应交增值税（销项税额）"，按实现的营业收入，贷记"主营业务收入"等。发生销售退回时，做相反的处理。

2. 一般纳税企业购入免税产品的账务处理

企业购入免税农产品，按照增值税暂行条例规定，对农业生产者自产的农业产品、古旧图书等部分项目的销售免征增值税。企业销售免征增值税项目的货物，不能开具增值税专用发票，只能开具普通发票。企业购进免税产品，一般情况下不能扣税，但按税法规定，对于购入的免税农业产品、收购的废旧物资等可以按买价（或收购金额）的10%计算进项税额，并准予从销项税额中抵扣。这里购入免税农业产品的买价，是指企业购进免税农业产品支付给农业生产者的价款和按规定代收代缴的农业特产税之和。在会计核算时，按购入农产品的买价和规定的税率计算的进项税额，借记"应交税金——应交增值税（进项税额）"，按照买价减去按规定计算的进项税额后的差额，借记"物资采购""库存商品"等，按应付或实际支付的价款，贷记"应付账款""银行存款"等。

3. 小规模纳税企业的账务处理

增值税暂行条例将纳税人分为一般纳税人和小规模纳税人。小规模纳税人的特点如下：一是小规模纳税人销售货物或者提供应税劳务，一般情况下只能开具普通发票，不能开具增值税专用发票；二是小规模纳税人销售货物或者提供应税劳务，实行简易办法计税，按照销售额的6%或4%计算；三是小规模纳税人的销售额不包括其应纳税额，采用销售额和应纳税额合并定价方法的，应当按照公式"销售额 = 含税销售额 ÷（1+ 征收率）"还原为不含税销售额。

小规模纳税人购入物资及接受劳务直接用于非应税项目或直接用于免税项目及直接用于集体福利和个人消费的，其专用发票上注明的增值税，计入购入物资及接受劳务的成本，不通过"应交税金——应交增值税（进项税额）"科目核算。

4. 进出口货物的账务处理

企业进口货物，按照组成计税价格和规定的增值税率计算应纳税额。在会计核算时，进口货物交纳的增值税，按海关提供的完税凭证上注明的增值税额，借记"应交税金——应交增值税（进项税额）"，按进口物资应计入采购成本的金额，借记"物资采购""库存商品"等，按应付或实际支付的金额，贷记"应付账款""银行存款"等。具体会计处理方法与国内购进货物的处理方法相同。

我国企业出口货物实行零税率政策，不仅出口货物的销项税额为零，而且企业购入货物时的进项税额也要退回。按照增值税暂行条例规定，纳税人出口货物，向海关办理出口手续后，凭出口报关单等有关凭证，可以按月向税务机关申报办理该项出口货物的退税。具体的出口退税应按以下规定处理：

第一，实行"免、抵、退"办法，有进出口经营权的生产性企业，按照规定计算的当期出口物资不予免征、抵扣的税额，计入出口物资成本，借记"主营业务成本"，贷记"应交税金——应交增值税（进项税额转出）"。按照规定计算的当期应予抵扣的税额，借记"应交税金——应交增值税（出口抵减内销产品应纳税额）"，贷记"应交税金——应交增值税（出口退税）"。因应抵扣的税额大于应纳税额而未全部抵扣的税款，借记"应收补贴款"，贷记"应交税金——应交增值税（出口退税）"；实际收到退税款时，借记"银行存款"，贷记"应收补贴款"。

第二，未实行"免、抵、退"办法的企业，物资出口销售时，按照当期出口物资应收的款项，借记"应收账款"，按规定计算的应收出口退税，借记"应收补贴款"，按规定计算的不予退回的税金，借记"主营业务成本"，按当期出口物资实现的收入，贷记"主营业务收入"，按规定计算的增值税，贷记"应交税金——应交增值税（销项税额）"。收到退回的税款时，借记"银行存款"，贷记"应收补贴款"。

5. 视同销售的账务处理

按照增值税暂行条例实施细则的规定，（1）对于企业将货物交付他人代销或销售代销货物；（2）将自产或委托加工的货物用于非应税项目；（3）将自产、委托加工或购买的货物作为投资提供给其他单位或个体经营者；（4）将自产、委托加工或购买的货物分配给股东或投资者；（5）将自产、委托加工的货物用于集体福利或个人消费等行为，应视同销售货物，需计算并交纳增值税，按成本转账，借记"在建工程""长期股权投资""应付福利费""营业外支出"等，贷记"应交税金——应交增值税（销项税额）""库存商品""委托加工物资"等。另外，对于视同销售货物的行为，虽然会计核算不作为销售处理，但需要按规定计算交纳增值税，对（1）、（3）、（4）项还需要开具增值税专用发票，计入"应交税金——应交增值税"科目中的"销项税额"专栏。

6. 不予抵扣的账务处理

按照增值税暂行条例及实施细则的规定，不予抵扣的项目包括购进的固定资产，用于非应税项目的购进货物或者应税劳务，用于免税项目的购进货物或者应税劳务，用于集体福利或者个人消费的购进货物或者应税劳务，非正常损失的购入货物，非正常损失的在产品、产成品耗用的购进货物或者应税劳务等。对按规定不予抵扣的进项税额的账务处理视具体情况采用不同的方法。属于购入货物时即能认定其进项税额不能抵扣的，如购进固定资产，以及购入的货物直接用于免税项目，或者直接用于非应税项目，或者直接用于集体福利和个人消费的，其增值税专用发票上注明的增值税额，记入购入货物及接受劳务的成本。

7. 上交增值税的处理

企业上交增值税时，按照实际上交金额，借记"应交税金——应交增值税（已交税金）"，贷记"银行存款"科目。

8. 期末应交未交或多交增值税的处理

月度终了，应将本月应交未交或多交的增值税额从"应交税金——应交增值税"账户转到"应交税金——未交增值税"账户。未交的增值税，借记"应交税金——应交增值税（转出未交增值税）"科目，贷记"应交税金——未交增值税"科目；多交的增值税，借记"应交税金——未交增值税"科目，贷记"应交税金——应交增值税（转出多交增值税）"科目。

（二）消费税

消费税是对在我国境内生产、委托加工和进口应税消费品的单位和个人征收的一种税。其目的是正确引导消费，调整消费结构。消费税实行从价定率和从量定额的办法计算应纳税额。

实行从价定率办法计算的应纳税额 = 销售额 × 税率。

实行从量定额办法计算的应纳税额 = 销售数量 × 单位税额。

纳税人销售的应税消费品，以外汇计算销售额的，应该以外汇市场价格折合成人民币计算应纳税额。

从价定率计算应纳税额的税基——销售额，是指不含增值税的销售额。如果企业应税消费品的销售额中未扣除增值税税额，或者因为不能开具增值税专用发票而发生价款和增值税款合并收取的，在计算消费税时，按公式"应税消费品的销售额 = 含增值税的销售额 ÷（1+ 增值税率或征收率）"换算为不含增值税税款的销售额。

从量定额计算的销售数量是指应税消费品的数量。属于销售应税消费品的，为应税消费品的销售数量；属于自产自用应税消费品的，为应税消费品的移送使用数量；属于委托加工应税消费品的，为纳税人收回的应税消费品数量；属于进口的应税消费品的，为海关核定的应税消费品进口征税数量。

为了进行消费税的会计核算，应在"应交税金"科目下设置"应交消费税"明细科目。下面分几种情况讲述消费税的会计核算：

1. 销售应税消费品的会计处理

消费税实行价内征收，企业交纳的消费税计入主营业务税金及附加抵减产品主营业务收入。企业在销售应税消费品时，借记"主营业务税金及附加"等，贷记"应交税金——应交消费税"。企业把应税消费品用于福利支出、在建工程、长期股权投资等视同销售的行为，企业视销售消费品的情况不同，分别借记"应付福利费""长期股权投资""固定资产""在建工程""营业外支出"等，贷记"应交税金——应交消费税"。

2. 委托加工应税消费品的会计处理

按税法规定，需要交纳消费税的委托加工物资，由受托方代收代交税款，具体的会计核算分两种情况。一是委托加工的应税消费品收回后，委托方用于连续生产应税消费品的，所纳税款准予按规定抵扣。值得注意的是，这里的委托加工应税消费品，是指由委托方提供原料和主要材料，受托方只收取加工费和代垫部分辅助加工材料的应税消费品。由受托方提供原材料生产的应税消费品，或受托方先将原材料卖给委托方，然后再接受加工的应税消费品，以及由受托方以委托方名义购进原材料生产的应税消费品，都不作为委托加工应税消费品，而应当按照销售自制应税消费品交纳消费税。二是委托加工的应税消费品收回后，委托方直接出售的，不再征收消费税。

在进行会计处理时，需要交纳消费税的委托加工应税消费品，在委托方提货时，由受托方代扣代缴税款。受托方按应扣税款金额，借记"应收账款""银行存款"等科目，贷记"应交税金——应交消费税"科目。委托加工应税消费品收回时，直接用于销售的，委托方应将代扣代缴的消费税计入委托加工的应税消费品成本，借记"委托加工物资""生产成本"等，贷记"应付账款""银行存款"等，待委托加工的应税消费品销售时，不需要再交纳消费税；委托加工的应税消费品收回后用于连续生产应税消费品，按照规定准予抵扣的，委托方应按代扣代缴的消费税款，借记"应交税金——应交消费税"，贷记"应付账款""银行存款"等。待用委托加工的应税消费品生产出应纳消费税的产品销售时，再交纳消费税。

3.进出口消费品的会计处理

需要交纳消费税的进口物资，其交纳的消费税应计入该项物资的成本，借记"固定资产""原材料""库存商品"等，贷记"银行存款"。免征消费税的出口物资应视不同情况进行会计处理；属于生产企业直接出口或通过外贸公司出口的物资，且按照规定直接予以免税的，可不计算应交消费税；属于委托外贸企业代理出口应税消费品的生产企业，在计算消费税时，按应交消费税额，借记"应收账款"，贷记"应交税金——应交消费税"。应税消费品出口收到外贸企业退回的税金，借记"银行存款"，贷记"应收账款"。发生退关、退货而补交已退的消费税的，做相反的会计分录。

（三）营业税

营业税是对提供应税劳务、转让无形资产或者销售不动产的单位和个人征收的一种流转税。营业税按营业额和规定的税率计算应纳税额，计算公式如下：

应纳税额 = 营业额 × 税率

企业应在"应交税金"科目下设置"应交营业税"明细科目进行营业税会计核算，按其营业额和规定的税率，计算应交纳的营业税，借记"主营业务税金及附加"等科目，贷记"应交税金——应交营业税"。

企业销售不动产交纳营业税时，借记"固定资产清理"科目，贷记"应交税金——应交营业税"科目核算。企业转让无形资产交纳营业税时，借记"其他业务支出"科目，贷记"应交税金——应交营业税"科目核算。

（四）房产税、土地使用税、车船使用税和印花税

房产税是国家在城市、县城、建制镇和工矿区征收的由产权所有人缴纳的税。房产税以房产原值一次减除 10%~30% 后的余额为基数，按税率 1.2% 计算交纳。没有房产原值作为依据的，由房产所在地税务机关参考同类房产核定；房产用于出租的，以房产租金收入的 12% 为房产税的计税依据。

土地使用税是国家为了合理利用城镇土地，调节土地级差收入，提高土地使用效益，加强土地管理而开征的一种税。土地使用税以纳税人实际占用的土地面积为计税依据，按照规定税额计算征收。

车船使用税由拥有且使用车船的单位和个人交纳。车船使用税依照适用税额计算交纳。

印花税是以因经济活动、财产产权转移、权利许可证照的授受等书立、领受、使用应税凭证的行为为征税对象征收的一种税。实行由纳税人根据规定自行计算应纳税额，购买并一次贴足印花税票的交纳方法。应纳税凭证包括购销、加工承揽、建设工程承包、财产租赁、货物运输、仓储保管、借款、财产保险、技术合同或者具有合同性质的凭证；产权转移书据；营业账簿；权利、许可证照等。纳税人根据应纳税凭证的性质，分别按比例税率或者按件定额计算应纳税额。

企业按照规定计算应交的房产税、土地使用税、车船使用税，借记"管理费用"，贷记"应交税金——应交房产税、土地使用税、车船使用税"；上交时，借记"应交税金——应交房产税、土地使用税、车船使用税"，贷记"银行存款"。

企业交纳印花税时，直接借记"管理费用"或"待摊费用"，贷记"银行存款"，不需要通过"应交税金"科目。

第三节　长期负债

一、长期负债的性质及分类

1. 长期负债的概念及性质

长期负债是指偿付期超过一年或一个营业周期的负债。长期负债除具有负债的一般特征外，还具有金额大、期限长、可以分期偿还的特征。企业为了满足生产经营的需要，特别是在企业扩展阶段，往往需要大量的长期资金。作为企业的一项义务，由于流出现金或其他经济资源的结算期限较长，长期负债成为企业筹措资金的一种重要方式。企业筹措长期负债资金，一般多用于添置大型机器设备、购置房地产或者改建、扩建厂房等方面。

对企业来说通过举债来筹措长期资金，比从所有者那里获取长期资金有下列优势：

第一，长期负债的债权人在企业经营中不具有管理权和表决权，不会稀释大股东对企

业的控制权。

第二，企业举债不会影响企业原有的股权结构，他们仅仅按照固定的利率获取利息，不参与利润的分配。因而，不会因举债而减少每股收益率，从而影响股票的价格。

第三，长期负债的利息支出可以作为费用从税前利润中扣除，从而减少所得税的开支，享受税收的优惠，相当于国家让出一块税金帮助企业还债，而股利只能从税后利润中支付。

但是，长期负债也有其不利的一面：一是不管企业经营得好坏，企业都将按照固定的利率向债权人支付利息，在投资报酬低于资金成本时，会减少股东股本收益率。二是长期负债到期时一次性支付的资金数额较大，在企业资金困难时，有被债权人申请破产还债的风险。三是在企业破产还债时，债权人与股东相比对破产资产有优先受偿权。

2. 长期负债的分类

根据企业举借长期负债形式不同，长期负债可以分为以下三类：

（1）长期借款是指企业从银行或其他金融机构借入的，偿还期在一年（不含一年）以上的各种借款，包含人民币长期借款和外币长期借款。

（2）应付债券，亦称长期应付债券或应付公司债券，是指企业以发行债券的方式筹措资金而形成的长期负债。债券是指发行人依照法定程序发行的、承诺在一定时期内偿还本金和按照固定利率支付利息的一种债务凭证。

（3）长期应付款，即核算企业除长期借款和应付债券以外的其他长期应付款项，主要包含采用补偿贸易方式引进国外设备应付的价款和融资租入固定资产应付给出租方的租赁费。

二、长期负债的核算

（一）长期借款

长期借款主要是指企业从银行或者其他金融机构借入的偿还期限在一年（不含一年）以上的借款。为了核算企业的长期借款，会计准则规定应设置"长期借款"科目。企业在取得长期借款时，借记"银行存款"科目，贷记"长期借款"科目。因长期借款而发生的利息支出，应按照权责发生制原则按期预提。根据《企业会计准则——借款费用》准则的规定，如专项用于固定资产投资的，在固定资产购建期间进行借款费用资本化，借记"在建工程"科目，贷记"长期借款"科目。固定资产竣工交付使用后，借款利息计入财务费用。非专项用于固定资产投资的长期借款利息，进行借款费用化，借记"财务费用"科目，贷记"长期借款"科目。归还本息时，借记"长期借款"科目，贷记"银行存款"科目。

（二）应付债券

企业债券是指企业为了筹集长期使用资金按照法定程序对外发行的、约定在一定期限内还本付息的一种书面凭证。企业债券要载明企业的名称、债券面值、票面利率、还本期限和方式、利息支付的方式、发行日期等。按债券的发行价格与面值的关系，债券有三种发行方式，即溢价发行、平价发行和折价发行。由于债券的发行价格受票面利率和市场利率的影响，因此当票面利率高于市场利率时，债券的发行价格就会超过债券面值，按照超过债券面值的价格发行称为溢价发行；当票面利率等于市场利率时，债券的发行价格就会等于债券面值，此时称为平价发行，也叫面值发行；当债券的票面利率低于市场利率时，债券的发行价格就会低于债券面值，称为折价发行。

为了核算企业的长期债券，企业设置"应付债券"科目，并在该科目下设置"债券面值""债券溢价""债券折价"和"应计利息"四个明细科目。

1.债券发行时的账务处理

债券按平价发行时，按照实际收到的价款，借记"银行存款"；按债券的面值，贷记"应付债券——债券面值"。债券按溢价发行时，按照实际收到的价款，借记"银行存款"等；按债券的面值，贷记"应付债券——债券面值"；按照超过债券面值的溢价，贷记"应付债券——债券溢价"。企业按折价发行的债券，按实际收到的金额，借记"银行存款"等；按债券券面金额与实际收到金额之间的差额，借记"应付债券——债券折价"；按券面金额，贷记"应付债券——债券面值"。企业发行债券时，假如发行费用大于发行期间冻结资金的利息收入，按发行费用减去发行期间冻结资金的利息收入的余额计入财务费用。如果所筹款项用于固定资产项目的，则要按照借款费用资本化的处理原则，进行借款费用资本化，计入固定资产成本。如果发行费用小于发行期间冻结资金的利息收入，按发行期间冻结资金所产生的利息收入减去发行费用的余额，作为发行债券的溢价收入，在债券存续期间计提利息时摊销。

2.计息与到期还本付息时的会计处理

企业债券应按期计提利息。按照面值发行债券应提的利息，借记"在建工程"或"财务费用"，贷记"应付债券——应计利息"。企业溢价或折价发行债券，其实际收到的金额与债券票面金额的差额，应在债券存续期内按实际利率法或直线法进行分期摊销。溢价、折价要在利息计提时进行摊销。在溢价发行的情况下，按照应摊销的溢价金额，借记"应付债券——债券溢价"；按照应计利息与溢价摊销额的差额，借记"在建工程"或"财务费用"；按应计利息，贷记"应付债券——应计利息"。在折价发行的情况下，按应摊销的折价金额和应计利息之和，借记"在建工程"或"财务费用"；按应摊销的折价金额，贷记"应付债券——债券折价"；按应计利息，贷记"应付债券——应计利息"。债券到期实际支付债券本息时，借记"应付债券——债券面值"和"应付债券——应计利息"，贷记"银行存款"。

3.溢价和折价的摊销

债券溢价和折价的摊销方法有两种，即直线法和实际利率法。

（1）直线法

企业采取直线法进行溢价、折价的摊销，就是把债券的溢折价按照债券的期限平均分摊，每期的摊销数额相等，这个方法的特点是计算比较简单。

（2）实际利率法

企业采取实际利率法进行溢价、折价的摊销的，每期确认的利息费用为应付债券账面价值与实际利率的乘积，每期确认的应付利息为应付债券的面值与票面利率的乘积，每期溢价、折价的摊销额为每期的利息费用与应付利息的差额。使用实际利率法计算实际利息时，要按照债券利息偿还方式的不同采用不同公式。

①分次付息，一次还本方式

债券面值 ± 债券溢折价 = 债券到期应付本金的贴现值 + 各期实付的债券利息的贴现值

②到期一次还本付息方式

债券面值 ± 债券溢折价 = 债券到期应付本息和贴现值

4.可转换公司债券的会计处理

可转换公司债券是指发行人依照法定程序发行的、在一定期限内根据约定的条件可转换成发行公司股份的债券。可转换公司债券的最大特点是，可转换公司债券的持有人在可转换期间有选择权，即当该公司的股票价格较高时，可以把手中的债券转换成股票；相反如果股价较低，就可以不行使转换权，到期收回债券的本息。因而可转换公司债券对投资人来说具有更大的吸引力，而对发行人来说，则减少了到期要一次性支付大量资金的压力，因此利用可转换公司债券筹资的方式越来越受企业的青睐。企业在进行可转换公司债券的会计核算时，应设置"可转换公司债券"科目。企业发行可转换公司债券时，按照发行一般的公司债券进行处理。对于可转换公司债券的计息和溢价、折价摊销，在可转换公司债券的持有人行使转换权利之前，应当按一般公司债券的处理方法进行会计处理，按期计息并进行溢折价的摊销。当可转换公司债券的持有人行使转换权时，应按其账面价值转换，借记"可转换公司债券"科目；按转换的股份面值，贷记"股本"科目；按转换公司债券时向债券持有人支付的现金，贷记"现金"科目；按可转换公司债券的价值与转换的股份面值的差额，减去支付现金的余额，贷记"资本公积"科目。如果可转换公司债券的持有人在可转换期间没有行使其转换权，企业应同一般债券一样到期还本付息，借记"可转换公司债券"科目，贷记"银行存款"科目。

（三）应付引进设备款

企业按照补偿贸易方式引进设备时，应当按设备的外币金额（包括设备及随同设备进口的工具、零配件等的价款及国外的运杂费）和规定的折合率折合为人民币金额，借记"在建工程"，贷记"长期应付款——应付引进设备款"。企业用人民币借款支付设备的进口关税、国内运杂费和安装费时，借记"在建工程"，贷记"银行存款""长期借款"等。以补偿贸易方式引进的国外设备交付生产使用时，应按其全部价值（包括设备价款和国内费用），借记"固定资产"，贷记"在建工程"。归还引进设备款时，借记"长期应付款——应付引进设备款"，贷记"银行存款"等。随同设备购进的专用工具和零配件等，应当在其交付使用时，借记"原材料""低值易耗品"等，贷记"在建工程"。

（四）专项应付款

专项应付款是指企业接受国家具有专门用途的拨款，比如专项用于技术改造、技术研究等，以及从其他来源取得的款项。为了核算专项应付款，企业应设置"专项应付款"科目。在实际收到专项应付款时，借记"银行存款"，贷记"专项应付款"。拨款项目完成后，按照形成各项固定资产部分的实际成本，借记"固定资产"，贷记"银行存款""现金"等，同时，借记"专项应付款"，贷记"资本公积"。未形成固定资产需核销的部分，借记"专项应付款"，贷记有关科目。拨款项目完工后，如拨款结余需上交的，借记"专项应付款"，贷记"银行存款"。

三、借款费用

（一）借款费用的概念

在一些国家制定的借款费用会计准则及国际会计准则中，均对借款费用做了定义。大多数国家和地区对借款费用的定义与《国际会计准则第 23 号——借款费用》的规定基本相同，即认为，"借款费用是指企业借入资金而发生的利息和其他费用"。

我国《企业会计准则——借款费用》规定，借款费用是指企业因借款而发生的利息、折价或溢价的摊销和辅助费用，以及因外币借款而发生的汇兑差额。借款费用包括短期借款费用和长期借款费用，本章中所讲的借款费用指的是长期借款费用，并且主要研究专门借款费用的处理。我国《企业会计准则——借款费用》准则中并没有给出专门借款费用的定义，但对专门借款进行了定义，指出"专门借款"是指为购建固定资产而专门借入的款项。

（二）借款费用的内容

根据我国《企业会计准则——借款费用》中对于借款费用的定义不难看出，借款费用包括四个方面的内容，即因借款而发生的利息、发行债券的溢折价、借款过程中发生的辅助费用，以及外币借款产生的汇兑损益。准则明确指出借款费用不包括以下两项费用：

（1）与融资租赁有关的融资费用；

（2）房地产商品开发过程中发生的费用。

国际会计准则中关于借款费用的定义与我国会计准则中借款费用的定义描述基本一致，但具体包括的内容不同，国际会计准则规定的借款费用包括以下内容：

（1）银行透支、短期借款和长期借款的利息；

（2）与借款有关的折价或溢价的摊销；

（3）安排借款所发生的附加费用的摊销；

（4）依照《国际会计准则第 17 号——租赁会计》确认的融资租赁所形成的融资费用；

（5）作为利息费用调整的外币借款产生的汇兑差额。

由以上对借款费用的列示可以看出，我国会计准则规定的借款费用的内容要比国际会计准则规定的借款费用的内容窄，主要是在于把与融资租赁有关的融资费用和房地产开发过程中发生的借款费用排除在外了。下面就我国会计准则的借款费用具体内容讲述如下：

1. 因借入资金而发生的利息

因借款而发生的利息，包含企业从银行和其他金融机构等借入资金发生的利息、发行债券发生的利息，以及承担带息债务应计的利息等。

2. 发行债券而发生的折价或溢价的摊销

因借款而发生的折价或溢价主要是发行债券发生的折价或溢价。折价或溢价的摊销实质上是指对借款利息的调整，因此构成了借款费用的组成部分。企业应在借款的存续期间对折价或溢价进行分期摊销。折价或溢价的摊销，可以采用实际利率法，也可以采用直线法。

3. 与借款或债券发行有关的辅助费用

因借款而发生的辅助费用，是指企业在借款过程中发生的诸如手续费、佣金、印刷费、承诺费等费用。由于这些费用是因安排借款而发生的，也是借入资金的一部分代价，因此这些费用构成了借款费用的组成部分。

4. 因外币借款而发生的汇兑损益

因外币借款而发生的汇兑差额，是指由于汇率变动而对外币借款本金及其利息的记账本位币金额产生的影响金额。由于这部分汇兑差额是与外币借款直接关联的，因此也构成了借款费用的组成部分。

（三）借款费用的会计处理

借款费用的会计处理包括两个方面：一是借款费用的确认，就是确定一定时期的借款费用金额及应归属何种会计要素的过程；二是借款费用的计量，就是如何通过会计的方法和手段反映借款费用及反映多少。

1. 借款费用确认的原则

关于借款费用的确认原则，当前国际上主要有两种不同的理论观点：一是借款费用应该资本化，计入相关资产的成本；二是借款费用应该费用化，直接计入当期损益。现就两种理论观点分别阐述如下：

第一种观点：借款费用资本化。持此观点者主张，长期负债往往是为了取得某项长期资产而借入的，其利息等借款费用与索取的资产有紧密的联系，它与构成资产成本的其他要素并无本质上的区别，如果使一项资产达到预定使用状态需要相当长的时间，那么在此期间因该项资产支出而发生的借款费用应属于其历史成本的一部分。另外，如果将借款费用化，会造成还款前的各会计期间，由于巨额的借款费用而导致盈利偏少甚至亏损的结果，而借款所购建的资产往往在还款之后的相当长时间内仍然发挥作用。由此可见，借款费用化不利于正确反映各期损益。而将购置此类资产有关的借款费用资本化，则会提高企业建造（或生产）资产成本与购置资产成本（其价格考虑了借款费用）之间的可比性。对赞成借款费用资本化的理由进行归纳，一是符合"收入与费用配比原则"的要求；二是适应了一项资产完全成本核算的要求。

第二种观点：借款费用化。持此观点者主张，企业债务所发生的利息等借款费用属于筹集资金过程中发生的筹资费，与借入资金的运用无关，因此应将其计入当期损益，而不应计入购置资产的成本。如果将借款费用资本化，会使同类资产的取得成本仅仅由于筹资方式不同而产生差异；用借入资金购置资产的成本要高于用自由资金购置资产的成本，而且这种差异往往较大。这样会使资本成本缺乏可比性的支持。一方面，企业的部分资产是由带息负债筹措的；另一方面，有的资产是由权益筹措的，当负债利息资本化时，其资产的入账成本就会大于由权益筹措资产的入账成本，因为作为权益报酬支付所有者的金额不作为资本化费用。而以借款费用冲减收益即费用化，能使财务报表提供各期之间更为可比的财务成果，从而更能说明一个企业日后的现金流量。借款费用化使利息费用随着形成利息费用的借款水平和利率发生变动，而不是受购置资产的影响。赞成借款费用化的理论支持是稳健性原则。

从世界各国有关借款费用的会计准则来看，各国对借款费用确认原则的规定不是完全统一的，主要有下列几种模式：

（1）国际会计准则模式（有选择性模式）

国际会计准则委员会1984年7月发布的《国际会计准则第23号——借款费用的资本化》，规定了允许在资本化和费用化之间自由选择。国际会计准则委员会于1993年12月修订的《国际会计准则第23号准则——借款费用》，明确指出"借款费用应于发生的当期确认为费用"，并将这一原则作为借款费用的基准处理方法，而将借款费用资本化作为允许在一定条件下选择的方法。从国际会计准则发展历史中可以看到，关于借款费用资本化与费用化的争议由来已久。从当前的情况看，借款费用的费用化将成为新的发展趋势。马来西亚、巴基斯坦、新加坡等国家的会计准则采用这一模式。

（2）美国—澳大利亚模式

美国、澳大利亚、法国、德国、韩国、我国香港等地所制定的会计准则对借款费用处理的原则是要求对与符合资本化条件的资产直接相关的借款费用予以资本化，其他借款费用化。这一要求实际上是与国际会计准则中"允许选用的处理方法"相一致的。当然在对符合条件的资产的界定上，各个国家和地区的国际会计准则略有不同。但借款费用的资本化仍然是许多国家和地区采用的第一种方法，同时各国和地区对借款费用的资本化对象和资本化时间等也做了不同的限制性规定。例如，美国要求企业对于需要一定时间才能达到预定用途的资产，将借款费用资本化作为这些资产历史成本的一部分。德国规定只有与长时间建造新设施有关的借款费用才予以资本化，并且要求借款与资本投资之间具有密切关系和合理保证该设施的未来经济效益能补偿资本化的费用。

（3）日本模式

日本会计准则规定，假如企业所借入的款项是专门用于不动产的开发，则企业应将相应的借款利息予以资本化，并计入该资产的成本；除此之外，其他所有的借款费用应在其发生时计入费用。因此，日本会计准则对于借款费用的处理，原则上是费用化。

（4）我国对借款费用确认的原则

我国在《企业会计准则——借款费用》准则颁布实施以前，会计实务中对于与建造固定资产有关的借款费用在固定资产交付使用前予以资本化，固定资产交付以后计入当期损益。具体的处理如下：

①为购建固定资产而发生的长期借款费用，在固定资产交付使用之前，计入固定资产的价值；

②为购建固定资产而发生的长期借款费用，在固定资产交付使用后，计入当期损益；

③流动负债性质的借款费用和非为购建固定资产发生的长期借款费用，在发生时计入当期损益；

④在企业筹建期间的长期借款费用（为购建固定资产而发生的长期借款费用除外），计入企业的开办费；

⑤在企业清算期间发生的长期借款费用，计入清算损益。

我国在2001年颁布实施了《企业会计准则——借款费用》准则。该会计准则的第4条、第5条规定了借款费用处理原则：第4条规定，因专门借款而发生的利息、折价或溢价的摊销和汇兑差额，在符合本准则规定的资本化条件的情况下，应该予以资本化，计入该项资产的成本；其他的借款利息、折价或溢价的摊销和汇兑差额，应该于发生当期确认为费用。第5条规定，因安排专门借款而发生的辅助费用，属于在所购建固定资产达到预定可使用状态之前的，应该在发生时予以资本化；以后发生的辅助费用应当在发生当期确认为费用。如果辅助费用的金额较小，也可以在发生当期确认为费用。因安排其他借款而发生的辅助费用应当在发生当期确认为费用。

2. 借款费用资本化金额的确定

借款费用资本化是指将借款费用在企业的财务报表中作为购置某些资产的一部分历史成本。在会计实务上对如何进行借款费用资本化也存在不同的观点：一种观点认为，不管用在购建固定资产上的专门借款是多少，当期因该专门借款发生的所有借款费用均应资本化，计入购建固定资产的成本。理由是，该借款是为购建该项固定资产专门借入的，该借款在当期所发生的所有借款费用均应计入该项固定资产的成本。另一种观点认为，当期计入购建固定资产成本的借款费用，应仅仅是使用在该项固定资产上的专门借款金额所产生的借款费用，未使用的专门借款所发生的借款费用应计入当期损益。理由是，该项固定资产既然没有占用全部专门借款，就不应承担全部借款费用。我国《企业会计准则——借款费用》准则采用的是后一种观点。下面我们就借款费用的不同内容分别讲述如下：

（1）借款利息的资本化

借款利息的资本化公式如下：

每一会计期间利息的资本化金额＝当期末累计购建固定资产支出加权平均数 × 资本化率

累计加权平均数 =∑（每笔资产支出金额 × 每笔资产支出实际占用的天数）÷ 会计期间涵盖的天数

为简化计算，也可以以月数作为计算累计支出加权平均数的权数。资本化率的计算按下列原则确定：

第一，为购建固定资产只借入一笔专门借款，资本化率为该项借款的利率；

第二，为购建固定资产借入一笔以上的专门借款，资本化率为这些借款的加权平均利润率。

（2）折价或溢价的资本化

借款费用中如果存在折价或溢价的情况，应该将折价或溢价的每期摊销额作为利息的调整额，同时对资本化率做相应的调整。即计算资本化率时，用"专门借款当期实际发生的利息之和"减去当期债券溢价的摊销额或加上当期债券折价的摊销额。折价或溢价的摊销，可以采用实际利率法，也可以采用直线法。

（3）外币借款汇兑差额的资本化

如果专门借款为外币借款，则在应予资本化的每一会计期间，汇兑差额的资本化为当期外币专门借款本金及利息所发生的汇兑差额，即将发生的专门借款的汇兑差额全部予以资本化，无须再用公式计算。

（4）借款费用资本化的限制

我国《企业会计准则——借款费用》规定，在应予资本化的每一会计期间，利息和折价或溢价摊销的资本化金额，不能超过当期专门借款实际发生的利息和折价或溢价的摊销金额。

（四）借款费用资本化的起止时间

1.借款费用资本化的开始

与国际会计准则和其他大多数国家或地区会计准则的规定大体相同，我国会计准则规定，当下列三个条件同时具备时，因为专门借款而发生的利息、折价或溢价的摊销和汇兑差额应当开始资本化：

（1）资产支出已经发生

资产支出只包括购建固定资产以支付现金、转移非现金资产或者承担带息债务形式发生的支出。

①支付现金是指用货币资金支付固定资产的购建或建造支出，如用现金、银行存款或其他货币资金等购买工程材料，用现金支付建造固定资产的职工工资等。

②转移非现金资产是指将非现金资产用于固定资产的建造与安装，比如将企业自己生产的产品用于固定资产的建造，或者用企业自己生产的产品向其他企业换取用于固定资产建造所需要的物资等。

③承担带息债务是指因购买工程用材料等的带息应付款项（如带息应付票据）。企业以赊购方式从供货单位购买工程物资，由此产生的债务可能带息也可能不带息。如果是不带息债务，就不计入资产支出，因为在该债务偿付前不需要承担利息，企业不会因这部分未偿付债务承担借款费用，亦即没有任何借款费用是应当归属于这部分未偿付债务的。而对于带息债务来说，情况就不同了，由于企业要为这笔债务付出代价，即承担利息，与企业用银行借款支付资产支出的性质是一样的。因此，带息债务应当作为资产支出，用以计算应予资本化的借款费用金额。

（2）借款费用已经发生

借款费用已经发生是指已经发生了为购建固定资产而专门借入款项的利息、折价或溢价的摊销、辅助费用或汇兑差额。

（3）为使资产达到预定可使用状态所必要的购建活动已经开始

为使资产达到预定可使用状态所必要的购建活动主要是指资产的实体建造活动。开始状态是指实体购建活动已经开始，如果仅仅购置了建筑用地但尚未发生有关房屋建造活动就不包括在内。

2. 借款费用资本化的暂停

如果固定资产的购建活动发生非正常中断，并且中断时间连续超过3个月，应该暂停借款费用的资本化，将其确认为当期费用，直至资产的购建活动重新开始。但如果中断是使购建的固定资产达到预定可使用状态必要的程序，则借款费用的资本化应当继续进行。

3. 借款费用资本化的停止

（1）不需要试生产或试运行的固定资产

当所购建固定资产达到预定可使用状态时，应该停止其借款费用的资本化，以后发生的借款费用应当在发生当期确认为费用。所购建固定资产达到预定可使用状态是指资产已经达到购买方或建造方的可使用状态。具体可以从下述三个方面进行判断：①固定资产的实体建造（包括安装）工作已经全部完成或者实质上已经完成。②所购建的固定资产与设计要求或合同要求相符或基本相符，即使有极个别与设计或合同要求不相符的地方，也不影响其正常使用。③继续发生在所购建固定资产上的支出金额很少或几乎不再发生。

（2）需要试生产或试运行的固定资产

如果所购建的固定资产需要试生产或试运行，则在试生产结果表明资产能够正常生产出合格产品时，或试运行结果表明能够正常运转或营业时，认为资产已经达到预定可使用状态。

（3）购建固定资产部分完工的处理

购建的固定资产不是整体一次性完工，而是分部分逐步完工，有关先完工部分的借款费用资本化的停止问题，具体又要分两种情况处理：一是如果所购建固定资产的各部分分别完工，每部分在其他部分继续建造过程中可供使用，并且为使该部分达到预定可使用状态所必要的购建活动实质上已经完成，则应该停止该部分资产的借款费用资本化；二是如果所购建固定资产的各部分分别完工，但务必等到整体完工后才可以使用，则应该在该资产整体完工时停止借款费用的资本化。

（五）借款费用的披露

因借款费用资本化是编制财务报表时应考虑的重要问题，所以会计报表附注中应对此予以披露。按照我国《企业会计准则——借款费用》准则规定，借款费用资本化披露的内容有以下方面：

1. 当期资本化的借款费用金额

当期资本化的借款费用金额是指当期已计入固定资产成本的各项借款费用之和，包括应予资本化的利息、折价或溢价的摊销、汇兑差额和辅助费用之和。如果企业当期有两项或多项固定资产同时购建，应该披露这些资产当期资本化的借款费用总额。

2. 当期用于确定资本化金额的资本化率

由于企业在某一期间内，可能存在多项专门借款和多项固定资产购建，因此在披露资本化率时，应当按以下原则处理：

（1）如果当期有两项或两项以上的固定资产，且各自使用的资本化率不同，应当按照分项披露的原则各自披露；如果资本化率相同，可以合并披露。

（2）如果对外提供财务报告的时间长于计算借款费用资本化金额的时间，且在计算借款费用资本化金额的各期，用于确定资本化金额的资本化率不同，应当分别各期披露；如果各期计算资本化金额所使用的资本化率相同，则可以合并披露。

第四节　所有者权益

一、所有者权益的性质和构成

（一）所有者权益的性质

所有者权益是企业所有者对企业净资产的所有权。它是财务会计的基本要素之一，在金额上表现为企业的全部资产扣除全部负债后的余额，即企业的净资产额。独资企业、合伙企业和公司的所有者权益分别称为业主权益、合伙人权益和股东权益。所有者权益和负债同属权益，都是对企业资产的要求权，企业的资产总额等于负债总额加上所有者权益总额。但是所有者权益和负债之间存在着明显的区别，概括为下列四个方面：

1. 性质不同

企业与债权人之间的经济关系一般事先具有明确的规定，债权人按事先规定的条件收取本息。所有者则根据公司的盈利情况和分红政策取得分红收入。负债是企业对债权人承担的经济责任，所有者权益是企业对所有者承担的经济责任。从这一意义上讲，只有所有者才真正承担着企业的经营风险。

2. 权利不同

作为企业负债对象的债权人与企业只有债权债务关系，既无权参与企业的经营管理，也不参与企业的利润分配；而作为所有者权益对象的投资人则有参与管理企业或委托他人管理企业的法定权利，与此相应，所有者也享有债权人所不能享有的权利，除了可能享有较利息更高的股利收入之外，还包含未分配的净利润，即留存利润。

从"资产－负债＝所有者权益"这一会计方程式来看，所有者权益是一种剩余权益。会计计量是以一定的会计假设为前提，以一定的会计原则为依据的。在企业的整个经营过程中，物价、币值、汇率等诸多因素的频繁变动，都可能导致会计计量结果偏离实际的状况。所以，通过会计核算所得的所有者权益，可能是一个账面意义上的所有者权益。一旦企业停业清算，实际归所有者享有的权益，只能是全部资产的清算价值扣减全部负债后的差额，亦即所有者权益的实质是净资产的现时价值。

3. 偿还责任不同

负债有规定的偿还期限，一般要求企业按规定的利率计算并支付利息，到期偿还本金。对债权人来说，利息收入和偿还时间较为固定，与企业的经营成果并无多大关系，承担的风险相对较小。在企业持续经营条件下，投资者一般不能抽回投资。对投资人来说，其投资报酬与企业的经营成果有密切的关系，投资人对企业的经营活动承担着比债权人更大的风险，同时也享受着分配企业利润的权利。

4. 偿还顺序不同

企业对债权和所有权满足的先后顺序不同，一般规定债权优先于所有权，债权是第一要求权，表现为在企业清算时，债权人对企业的剩余资产的要求权要先于所有者。

（二）所有者权益的构成

不同组织形式的企业，其所有者权益构成项目的名称及包含的具体内容有所差异。但不论何种形式的企业，其所有者权益的基本构成情况大体相同。通常来说，所有者权益都应包括投入资本、资本公积、盈余公积和未分配利润。

1. 投入资本

投入资本是指企业的投资者实际投入企业的资本，它是所有者权益的主体和基础。按照其投资者的性质不同，可分为国家投资、法人投资、个人投资和外商投资等。

与投入资本密切相关的一个概念是注册资本。所谓注册资本，是指企业在设立时向工商行政管理部门登记的资本总额。在资本分次募集的情况下，在最后一次缴入资本之前，投入资本始终小于注册资本。

2. 资本公积

投入资本有确指的投资者，但有些特殊事项引起的所有者权益可能不便归于具体的投资者，但是它们又不是由盈利形成的。这种类型的所有者权益被称为资本公积，主要包括资本（或股本）溢价、接受捐赠财产、外币资本折算差额等。资本公积是一切所有者的共同权益。

3. 盈余公积

盈余公积是指从税后利润中提取的公积金，包含法定盈余公积金、任意盈余公积金和法定公益金。

4. 未分配利润

未分配利润是指企业实现的利润中留于以后年度分配或待分配的那部分结存利润。

二、独资及合伙企业的所有者权益

在会计核算中，不同组织形式的企业，对所有者权益的核算差别很大。按国家有关法规，当前我国企业组织形式有独资企业、合伙企业和公司制企业。其中独资企业、合伙企业在所有者权益方面与公司制企业相差较大，本节就独资企业和合伙企业的所有者权益及其会计处理进行介绍。

（一）独资企业的所有者权益

1. 独资企业所有者权益的特点

独资企业是由个人独立出资形成的一种企业组织形式。它不具有独立的法律主体地位，也不是纳税主体。出资人对企业的财产和赚取的利润拥有全部支配权，对企业的债务负有无限清偿责任。

独资企业所有者权益的最大特点是不需要区分业主投资和利润积累，因为无论是业主对企业进行投资，还是业主从企业提款及进行利润分配等活动，均是业主的自主行为。

2. 独资企业所有者权益的会计处理

尽管独资企业不是独立的法律主体，但并不否认其独立会计主体地位。因此，应该区别独资企业与业主个人的经济活动，业主提款必须在企业账面上有所反映。

独资企业所有者权益在"业主资本"科目中核算。该科目贷方登记业主投入资本和作为业主资本的增加的盈利，借方登记亏损和业主提款，期末贷方余额为业主权益总额。

平时发生的业主提款应当先通过"业主提款"这一暂记性科目进行反映，年终结转业主资本，以便进行业主资本状况变动分析。

（二）合伙企业的所有者权益

1. 合伙企业及其所有者权益的特征

由于个人资本数量限制等原因，许多小企业由若干个投资人合伙组建，如律师事务所、会计师事务所、诊疗所等。这种合伙企业与独资企业十分类似，其差别主要在于：合伙企业是由两个或两个以上的合伙人共同投资设立的，因此为了明确合伙人之间的权、责、利关系，必须订立合伙契约。在合伙契约中，需明确规定下列主要内容：损益分配原则、合伙人提款的具体规定、合伙企业解散与清算的程序等。与公司制企业相比，合伙企业主要有以下特征：

（1）合伙企业不是独立法人。合伙企业的形成不需经过正式的法律程序，由合伙人自愿结合，法律没有赋予合伙企业法人资格。因此，合伙企业的对外事务，都应以合伙人个人的名义进行。合伙企业是依附于合伙人而存在的，属于人合企业，合伙人一般都亲自参与企业的经营与管理。

（2）合伙人之间互为代理。除合伙契约另有规定外，在合伙经营业务范围内，任何合伙人经办的业务，其他合伙人均应负责。每个合伙人都是其合伙组织的代理人，在正常营业范围内有权代表合伙企业签订合同，如签订购货合同、销货合同等。

（3）合伙人对企业负债承担无限连带责任。作为一般合伙人，无论其投资金额多少或占投资总额的比重多高，每个合伙人都对合伙企业的债务承担全部清偿的责任，即无限连带责任。因此，合伙应以自愿为基础。新的合伙人的加入也必须经过全体合伙人的同意。

（4）合伙企业存在时间有限。合伙企业的形成是以合伙契约的签订为基础的。合伙人的死亡或退伙，都会宣告合伙契约终止。新合伙人的加入，也同样宣告原合伙契约终止。合伙企业作为会计主体依然遵循持续经营假设，会计记录连续进行。新的合伙契约的签订，意味着该组织已成为又一新的合伙企业了。

（5）合伙企业的所有财产归全体合伙人共有。合伙企业成立过程中，由各合伙人投入的资金，无论在形态上是货币资产还是非货币资产，一旦投入企业，它就不属于任何一个特定的合伙人，而是归全体合伙人共有。依附于该资产的重估升值和变卖损益，也不属于任何特定的合伙人，而属于合伙企业的损益。

（6）合伙企业不计缴企业所得税。由于合伙企业不是独立的纳税主体，它所实现的利润不纳企业所得税，而是作为业主个人所得，申报并缴纳个人所得税。

在所有者权益的会计处理方面，合伙企业与独资企业十分相似。合伙企业的所有者权益也不需要区分业主投资和经营赚取的利润。合伙人投入的资金，应当全部作为实收资本，分记在各合伙人名下。合伙人从企业提款，将减少该合伙人在企业中的资本。另外，合伙企业的损益，应按照合伙契约中规定的方法来分配，然后分别转入各合伙人的资本账户。

2. 合伙企业所有者权益的会计处理

如前所述，合伙企业组织与独资企业组织有很多相似之处，同样，合伙企业的会计也与独资企业会计十分类似。等同于多个独资企业的综合体，合伙企业会计必须为每一个合伙人开设一个"资本"科目（总账或明细账）和"提款"科目（总账或明细账），分别用于记录每一个合伙人的投资和提款的增减变化及余额。合伙人"提款"科目的功能类似股份公司的"股利分配"账户，记录年度内合伙人从企业提走的款项。会计年度终了，应将"提款"科目余额转到相应合伙人的"资本"科目。合伙企业的损益，在按照合伙契约规定的分配方案分配之后，将每一合伙人应享有的份额由"损益"科目结转到相应合伙人的"资本"科目。与股份公司会计不同，合伙企业会计不单独设置"留存利润"科目，而是将原始投入资本和各种原因引起的积累均合并记入"资本"科目。

合伙人除了向企业投资和从企业提款外，还可能与企业发生借贷往来。因此，应当另设合伙企业与合伙人之间的往来账户。这些往来应与企业同外界的往来分开记录。在资产负债表上，它们分别列作负债类的应付款和资产类的应收款，但需与企业同外界应付、应收款项分别列示。

合伙企业成立时，合伙人即按合伙契约规定的条款将资产投入企业。就投入资产的形式而言，可以是现金，也可以是非现金资产。另外，如果合伙人（一个或多个）原本是独资企业的业主，那么，他也可以以原独资企业的资产和负债作为入伙的投资，即以全部投入资产的原账面价值（或重估价值）与全部负债之差额作为其投入资本。因此，应将合伙人投入的资产借记有关资产账户，将转由合伙企业承担的负债贷记有关的负债账户；同时，将资产扣除负债后的差额作为其投入的净资产而贷记该合伙人的资本账户。合伙人投入的非现金资产，应按公允市价计价，并必须经全体合伙人同意。

合伙企业的损益分配不同于股份公司的按出资额比例分配损益。合伙企业没有固定的规定，而是取决于合伙人的契约规定。通常来说，合伙损益可以按各合伙人投入资本的比例分配，也可以按一个固定的约定比例分配。如果合伙契约对损益分配未做规定，通常就认为合伙损益按合伙人数平均分配。另外，合伙契约也可对盈利和亏损规定不同的分配比例。但是，如果契约只规定盈利分配比例，一般就认为亏损也按照同样的比例进行分配。

合伙企业因契约期满停止经营，或由于全部转让给别人经营，或由于其他原因而经全体合伙人同意停止经营时，就需要进行清算。合伙企业清算的具体方法取决于合伙契约的规定。一般而言，合伙企业清算的基本程序如下：（1）出售合伙企业的全部非现金资产，使之变现；（2）将资产处置损益按规定的损益分配率在各合伙人之间进行分配，并转入各合伙人资本账户；（3）清偿所有债务；（4）将清偿债务后所余现金按各合伙人资本账户余额比例进行分配。

三、公司制企业实收资本的核算

公司是现代西方社会典型的企业组织形态，尤其是经营规模较大的企业，多采取公司的形式。公司企业按照出资人即股东所负责任的不同，分为有限责任公司和股份有限公司等多种形式。其中，股份有限公司又是被广泛推崇的公司形式。

根据我国《公司法》的规定，我国的公司组织形式是指在中国境内设立的有限责任公司和股份有限公司。同时规定，国家授权投资的机构或者国家授权的部门可以单独投资设立国有独资的有限责任公司。这也是适合我国国情而产生的一种特殊的企业组织形式。因此，我国的公司组织可以分为国有独资公司、有限责任公司和股份有限公司三种形式。

1. 实收资本的形式及计价

实收资本是指投资人作为资本投入到企业中的各种资产的价值。拥有一定量的资本是任何一个企业法人设立并开展其经营活动的前提。这些资本主要是由企业的投资者投入资本所形成的，在一般情况下无须偿还，可供企业长期周转使用。我国当前实行的是注册资本制度，要求企业的实收资本与其注册资本一致。企业法人登记管理条例明确规定，除国家另有规定外，企业的注册资本应当与实有资金一致。企业实有资金比注册资金数额增减超过 20% 时，应持资金使用证明或者验资证明，向原登记机关申请变更登记。企业不得擅自改变注册资金数额，也不得抽逃资金等。

投资者可以采用国家法律许可的各种形式向企业投资。在我国，投资者投入资本可以采取下列各种形式：

（1）以货币资金出资；

（2）以实物资产和有价证券投资；

（3）以无形资产投资。

根据《企业会计准则》，投资者投入的资本应当按实际投资数额计价入账。不同的投资形式，其实际投资数额的确定并不完全相同。具体而言，投资者以货币资金投入，则可以以实际收到或者存入企业开户银行的金额作为实收资本入账。若投资者以固定资产和流动资产等实物资产或无形资产投入，应当先对投资的实物或无形资产等按照法律、法规的规定进行评估，再按资产评估确认后的价值入账。

2. 国有独资公司的投入资本

国有独资公司是指国家授权投资的机构或者国家授权的部门单独投资设立的有限责任公司。在我国，国务院确定的生产特殊产品的公司或者属于特定行业的公司，应该采用国有独资形式。这类公司的所有者是单一的，即国家所有。当前我国多数国有独资公司是由原来国有企业改制而成。在会计核算时，单独把国有独资公司作为一种类型，是因为这类企业组建时，所有者投入的资金全部作为实收资本入账，投资者为单一投资者，不会在追加投资时，为维持一定的投资比例而产生资本公积，也不会像股份有限公司那样发行股票产生股票溢价。

为了总括反映国家授权投资的机构或部门单位向国有独资公司投入资本的增减情况，应设置"实收资本"科目，该科目的贷方反映公司实际收到国家有关机构或部门单位投入公司的各种资产的价值；借方反映按规定程序减少注册资本的数额；期末贷方余额反映代表国家投资的机构或部门单位实际投入的资金。

3. 有限责任公司的投入资本

有限责任公司（简称有限公司），是指由两个以上股东共同出资，每个股东以其认缴的出资额对公司承担有限责任，公司以其全部资产对其债务承担责任的企业法人。有限责任公司股东的出资额，由股东协商确定。公司开办验资时，股东一次缴足全部资本，不允许分期缴款或向外招募。股东向公司出资股金，必须是现金或其他财产，一般不能以信用、劳务等出资。按章程规定的办法，公司盈利通常实行按出资额在股东间分配。主要特征如下：（1）公司不发行股票，资本由股东协商确定。除股东死亡或股东为经济法人企业破产的情况下，经股东一致同意才能转让外，一般不允许在证券市场上出售。（2）设立程序比较简便，由两人或两人以上发起，股东缴足股金，依法便可成立，而且也不必公开它的营业报告，公司账目对外不公开。（3）股东可作为雇员参加管理，不一定设立股东会，内部组织机构设置灵活简便。（4）股东对公司的责任，以各自认缴的出资额为限，公司以其全部资产对其债务承担责任。股东只以其所认购的股份额对公司的债务承担责任，一旦公司破产或解散进行清算时，公司的债权人只能对公司的资产提出要求，而无权直接向股东起诉。（5）账目公开。（6）股东按其持股比例享受权利，承担义务，每股有一票表决权，同股同权，同股同利。（7）公司章程规范不仅有强制性，而且带有比较严格的制裁措施。

有限公司与有限责任公司的主要区别如下：有限公司的全部资本不分为等额股份；公司向股东签发出资证明而不发行股票；公司股东转让出资，需经股东会讨论通过；股东人数限制在 2 人以上 50 人以下；股份公司的全部资本划分为等额股份；以发行股票方式筹集资本；股票可以交易或转让；股东数有下限，没有上限。

在会计核算上，股份公司应设置"股本"科目，用以核算股东投入公司的股本，并将核定的股本总额、股份总数、每股面值，在股本账户中做备查登记。为了反映公司股份的构成情况，应在"股本"科目下，按股票种类及股东单位或姓名设置明细科目。公司在核定的股本总额范围内，发行股票取得的相当于股票面值的部分，应当记入"股本"科目；发行股票取得的超过股票面值的部分（溢价），在扣除发行手续费、佣金等发行费用后，记入"资本公积"科目。若无溢价，或溢价不足以支付发行费用的部分，计入长期待摊费用，分期摊入成本费用。

境外上市公司以及在境内发行外资股的公司，按确定的人民币股票面值和核定的股份总额的乘积计算的金额，作为股本入账，按收到股款当日的汇率折合的人民币金额与按人民币计算的股票面值总额的差额，作为资本公积处理。

4. 实收资本的增减变动的核算

一般情况下，企业的实收资本应相对固定，但在某些特定情况下，实收资本也可能发生增减变化。企业法人登记管理条例中规定，除国家另有规定外，企业的注册资本应当与实有资本相一致。该条例还规定，企业法人实有资本比原注册资本数额增加或减少超过 20% 时，应当持资金证明或者验资证明，向原登记机关申请变更登记。这表明，企业的实收资本，一般情况下不得随意增减，如有必要增减，首先应具备一定的条件。

（1）实收资本增加的核算

公司增加注册资本需要经过股东会议代表有三分之二以上表决权的股东通过，并修改公司章程。一般企业增加资本的途径主要有三条：第一，资本公积转增为实收资本，会计核算应借记"资本公积"，贷记"实收资本"。第二，盈余公积转增为实收资本，会计核算借记"盈余公积"，贷记"实收资本"。将资本公积、盈余公积转增为实收资本时应按股东持有的股份比例增加各股东的股权，国有独资企业可直接结转。第三，投资者追加投资。这里的投资者包括原投资者和新投资者，企业应在收到投资者投入的资金时，借记"银行存款""固定资产""原材料"等，贷记"实收资本"等。

股份公司可以以发放股票股利的方法实现增资。股票上市公司多采用这种方式。

（2）实收资本减少的核算

减少注册资本需要满足以下条件：①企业减资，应当事先征得债权人同意；②经股东会决议同意，并修改公司章程；③减资后的注册资本不得低于法定注册资本的最低限额。

实收资本减少有两种情况：一是资本过剩；二是企业发生重大亏损。企业因资本过剩而减资，按发还股东的数额，借记"实收资本"，贷记"银行存款"；企业因严重亏损而减资，借记"实收资本"，贷记"利润分配——未分配利润"。从理论上说，实收资本与未分配利润都是所有者权益，这样调整并不影响所有者权益总额，但是按照无利不分的规定，企业若有未弥补亏损，不得分发股利。企业发生的亏损，短期内如果不能以利润、盈余公积金弥补，那么即使以后有了利润也不得分发股利。企业长期不发股利，会动摇投资者的信心，因此用实收资本弥补亏损后，企业可以轻装上阵，全力以赴进行经营以求发展。

股份有限公司为了减少其资本，经有关机构批准可以回购本公司的股票，但购回的股票应在10日内注销。由于使用的是发行股票的方式筹集股本，发还股款时，对于要回购发行的股票，发行股票的价格与股票面值可能不同，回购股票的价格也可能与发行价格不同，对此会计核算方法有两种：成本法和面值法。在会计实务中，成本法的应用较为普遍。我国规定用成本法对购回股票进行处理。收购本企业股票时，应当按面值注销股本。超出面值付出的价格，可区别情况处理：收购的股票凡属溢价发行的，则首先冲销溢价收入；不足部分，凡提有盈余公积的，冲销盈余公积；如盈余公积仍不足以支付收购款的，冲销未分配利润；凡属面值发行的，直接冲销盈余公积、未分配利润；已购回股本金额低于面值的部分，应增加超面值缴入股本，即资本公积金。

库存（藏）股票：股份公司已发行的股票，其中有一部分以后可能由于公司的重新购回或其他原因，如股东捐赠而由公司自己持有，这种不是为了注销目的而由公司重新取得并持有的股票，称为库存股票。从已发行股份中扣除库存股份，才是当时仍由股东持有的股份。库存股票不是资产，因为公司自己不能投资自己，公司不能通过购买自己的股票确认利得或损失。因此，库存股票视为公司股东权益的减少。库存股票没有投票权，没有优先认股权，也没有利润分配权和财产清算权，但参与股票的分析。股份公司拥有库存股票，主要是为了：（1）满足雇员报酬合同的需要；（2）为应付潜在的被收购兼并之需；（3）减少外发股以提高每股盈余；（4）影响公司股票交易活动及股价；（5）满足日后可能的吸收合并所需；（6）合同规定。

在我国，《公司法》规定，公司除因减少资本而注销股份或者与持有本公司股票的其他公司合并外，不得收购本公司的股票。因而在我国，对股东权益的会计处理中不会出现库存股票的问题。

四、资本公积

资本公积是指所有者共有的、非收益转化而形成的资本，是公司所有者权益的组成部分。资本公积由全体股东享有，在转增资本时，按照各个股东在实收资本中所占的投资比例计算的金额，分别转增各个股东的股本金额。资本公积与盈余公积不同，盈余公积是从净利润中取得的，而资本公积的形成有其特定的来源，与企业的净利润无关。

在我国，资本公积的内容主要包含：资本溢价和股本溢价、接受捐赠资产、外币资本折算差额等。资本公积有其不同的来源，企业应当根据资本公积形成的来源，分别进行账务处理。会计核算上应设置"资本公积"科目，用以反映资本公积的增减变动情况。增加资本公积贷记本账户，减少资本公积借记本科目。余额在贷方，表示企业拥有的资本公积。该科目一般应设置下列明细科目：

①"资本公积——股本溢价"，核算和反映企业实际收到的股本大于注册资本的金额。

②"资本公积——接受现金捐赠"，核算和反映企业接受的现金捐赠。

③"资本公积——接受捐赠非现金资产准备"，核算和反映企业接受非现金资产捐赠的价值，扣除未来应交所得税后的余额，在转入"资本公积——其他资本公积"明细科目前计入资本公积的准备金额。

④"资本公积——股权投资准备"，核算和反映企业对被投资单位的长期股权投资采用权益法核算时，因为被投资单位接受资产捐赠等原因增加的资本公积，企业按其持股比例计算而增加的、转入"资本公积——其他资本公积"前所形成的股权投资准备。采用权益法核算时，被投资单位资本公积中形成的股权投资准备，企业按其持股比例计算的部分，也在本明细科目核算。

⑤"资本公积——拨款转入"，核算和反映企业收到国家拨入的专门用于技术改造、技术研究等的拨款项目完成后，按照规定转入资本公积的部分。

⑥"资本公积——外币资本折算差额"，核算和反映企业接受外币投资因所采用的汇率不同而产生的资本折算差额。

⑦"资本公积——其他资本公积"，核算和反映企业除上述各项资本公积以外所形成的资本公积以及从资本公积准备项目转入的金额。债务重组时，由债权人豁免的债务以及确实无法支付的应付款项，也在本明细科目核算。

上述资本公积明细科目中的各种明细科目，如股权投资准备、接受捐赠资产准备等，是所有者权益的一种准备，在实现前，即在转入"资本公积——其他资本公积"明细科目前，不可用于转增资本（或股本）。

（一）资本溢价或股本溢价

资本溢价是指股东缴付的出资额大于注册资本而产生的差额。股东的出资额决定了该出资者在企业中应当享有的权利和承担的义务。为了明确记录股东认缴的出资额，真实反映各股东对企业享有的权利和义务，公司设置了"实收资本"科目，核算投资者按照合同、协议或公司章程所规定的出资比例实际缴付的出资额。若股东实际缴付的出资额大于这一规定的出资比例，为了维护各股东的权益，这一差额作为资本公积处理。

资本溢价通常发生在企业追加新的投资（包括新的投资者加入和原有投资者按与以往不同比例增资）而使原有资本比例发生变化的情况下。这是因为，企业创立之初，要经过筹建、试生产经营、为产品寻找市场、开辟市场等过程，从而投入的资金需要承担较大的风险和费用，其利润率通常也较低。企业正常经营后，通常经营风险降低，利润率提高。此外，企业经过一段时期的经营之后，利润积累增加了所有者权益，但并未转增资本。鉴于以上原因，新加入的资本欲与原有资本获得同样的权利，必须对原有资本提供补偿，新加入的投资者要付出大于原有投资者的出资额，才能取得与原投资者相同的投资比例，这就是资本溢价。

上市公司配股或增发新股：上市公司的股东以其所拥有的其他企业的全部或部分股权作为配股资金，或作为认购新股的股款，上市公司所接受的股权，应当按照配股或增发新股所确定的价格，确认为初始股权投资成本，按照该股东配股或增发新股所享有的股份面值总额作为股本，其差额作为资本公积（股本溢价）；上市公司的股东以实物资产和可辨认的无形资产作为配股资金，或作为认购新股股款的，上市公司所接受的实物资产和可辨认的无形资产，应该按照配股或增发新股所确定的价格作为其接受资产的成本，按照该股东配股或增发新股所享有的股份面值总额作为股本，其差额作为资本公积（股本溢价）。

（二）接受捐赠资产

接受捐赠是指企业接受捐赠人捐赠的资产。捐赠是捐赠人对企业的援助行为，但由于捐赠人援助后并不一定谋求对企业的资产请求权，也不会由于其捐赠资产行为对企业承担责任，所以捐赠人不是企业的股东，这种援助也不形成企业的实收资本。但这种援助会使企业的经济资源增加。我国《企业会计准则》规定，企业接受捐赠的资产价值作为资本公积，为所有者所共有，属于所有者权益，会计上记入"资本公积"账户。

接受捐赠的资产可以分为现金资产和非现金资产两部分。接受非现金资产捐赠在待处置时要交纳所得税，因此，在所接受的非现金资产处置前所形成的资本公积作为资本公积的准备项目。此外，从会计核算角度考虑，在企业持续经营的情况下，在接受捐赠非现金资产时，比如接受固定资产、原材料等捐赠时，没有实际的货币流入，这时可将捐赠视为一种投资行为，将接受捐赠的实物资产价值扣除未来应交所得税后的差额暂记在"资本公积——接受捐赠非现金资产准备"科目中；在处置该项捐赠的实物资产或使用时，由于该项资产上的所有收益已经实现，应当将原记在"资本公积——接受捐赠非现金资产准备"

科目的金额转入"资本公积——其他资本公积"科目。

如果企业接受货币性捐赠，应将接受捐赠的货币性捐赠资产扣除应交所得税后的余额直接计入"资本公积——接受现金捐赠"科目。

（三）股权投资准备

股权投资准备，是企业对被投资单位的长期股权投资采用权益法核算时，因为被投资单位接受资产捐赠等原因增加的资本公积，企业按其持股比例计算而增加的，转入"资本公积——其他资本公积"前所形成的股权投资准备。采用权益法核算时，被投资单位资本公积中形成的股权投资准备，企业按其持股比例计算的部分，也在本明细科目中核算。

企业采用权益法核算长期股权投资时，长期投资的账面价值财务会计将随着被投资单位所有者权益的增减而增加或减少，以使长期股权投资的账面价值与应享有被投资单位所有者权益的份额基本保持一致。因此，被投资单位接受资产捐赠等形成的属于准备性质的资本公积，企业应按其持股比例计算应享有的份额，增加长期股权投资和资本公积的准备项目，待处置长期股权投资时，再将其余额转入"资本公积——其他资本公积"明细科目。

（四）拨款转入

拨款转入，是国家对某些国有企业拨入的专项用于技术改造、技术研究等项目的拨款。在该拨款项目完成后，形成资产的拨款部分，转作资本公积。在我国，国家对某些行业或企业拨出专款，专门用于企业的技术改造、技术研究等项目，在收到拨款时，暂作长期负债处理。待该项目完成后，属于费用而按规定应予以核销的部分，直接冲减长期负债；属于形成资产价值的部分，从理论上讲应视为国家的投资，增加国家资本，但因增加资本需要经过一定的程序，因而，暂计资本公积，待转增资本时再减少资本公积，在未转增资本公积前，形成资本公积的一项来源。

（五）外币资本折算差额

外币资本折算差额是指企业接受外币投资时，外币资产采用不同折合汇率产生的差额。在我国，企业通常以人民币为记账本位币，在收到外币资产时需要将外币资产价值折合为人民币记账。在将外币资产折合为人民币记账时，其折合汇率按下列原则确定：

1. 对于各项外币资产账户，一律按收到出资额当日的汇率折合。

2. 对于实收资本账户，合同约定汇率的，按合同约定的汇率折合；合同没有约定汇率的，按照收到出资额当日的汇率折合。由于有关资产账户与实收资本账户所采用的折合汇率不同而产生的人民币差额，做资本公积处理。企业收到投资者投入的外币资产，按照收到出资额当日的汇率折合的人民币金额，借记有关资产科目；按合同约定汇率或按收到出资额当日的汇率折合的人民币金额，贷记"实收资本"；按收到出资额当日的汇率折合的人民币金额与按合同约定汇率折合的人民币金额之间的差额，借记或贷记"资本公积——外币资本折算差额"。

第五章 财政税收的常用指标

第一节 宏观税收分析的常用指标

一、经济指标

经济指标是指宏观描述国民经济情况的各项数据指标，反映涉税经济活动的资源状况、运行状况和资金流量状况。这些指标往往是从众多国民经济统计指标中抽取的，可以作为计税依据的经济量化指标，也可以是反映经济活动总量的指标（经济指标及口径解释来自中华人民共和国国家统计局官方网站中的"国家统计主要指标解释"和《山东统计年鉴2012》）。

经济指标主要包括：

1.国内（地区）生产总值（GDP）指一个国家（或地区）所有常住单位在一定时期内生产活动的最终成果。国内生产总值有三种表现形态，即价值形态、收入形态和产品形态。在实际核算中，国内生产总值有三种计算方法，即生产法、收入法和支出法，三种方法分别从不同的方面反映国内生产总值及其构成。

（1）生产法：生产法是从生产过程中生产的货物和服务总产品价值入手，剔除生产过程中投入的中间产品的价值，得到增加价值的一种方法。计算公式为：

增加值 = 总产出 − 中间投入

（2）收入法，也称分配法，按收入法计算国内生产总值是从生产过程创造收入的角度，对常住单位的生产活动成果进行核算。依照这种计算方法，增加值由劳动者报酬、生产税净额、固定资产折旧和营业盈余四个部分组成。计算公式为：

增加值 = 劳动者报酬 + 生产税净额 + 固定资产折旧 + 营业盈余，国民经济各部门的增加值之和等于国内生产总值。

（3）支出法：支出法是从最终使用角度来反映国内生产总值最终去向的一种方法。计算公式为：

增加值 = 最终消费支出 + 资本形成总额 + 货物和服务净出口支出

2.产业增加值指第一、第二或者第三产业常住单位生产过程中创造的新增价值和固定资产的转移价值。它可以按生产法计算，也可以按收入法计算。各产业部门增加值求和即为国内（地区）生产总值。按照国民经济行业分类（GB/T 4754-2011）标准，我国三次产业的划分是：第一产业为农业（包括农、林、牧、渔业）；第二产业为工业（包括采矿业，制造业，电力、热力、燃气及水生产和供应业）和建筑业；第三产业为除第一、第二产业以外的其他各行业。

3. 工业增加值指工业企业在报告期内以货币表现的工业生产活动的最终成果。工业增加值有两种计算方法：一是生产法，二是收入法。生产法是工业总产出减去工业中间投入加上应交增值税，当前统计年鉴中的工业增加值一般用生产法计算。收入法是从收入的角度出发，依据生产要素在生产过程中应得到的收入份额计算，这种方法也称要素分配法，计算公式为：工业增加值＝固定资产折旧＋劳动者报酬＋生产税净额＋营业盈余。

规模以上工业企业的工业增加值可按行业大类、登记注册类型、企业规模等细分，由此可得到各行业（工业）增加值、各登记注册类型（工业）增加值等经济指标。自 2011 年起，山东省规模以上工业企业划分标准由年主营业务收入 500 万元及以上，提高到 2000 万元及以上。

4. 工业总产值是指以货币表现的工业企业在一定时期内生产的已出售或可供出售的工业产品总量，它反映一定时间内工业生产的总规模和总水平。工业产值包括：在本企业内不再进行加工，经检验、包装入库（规定不需包装的产品除外）的成品价值；对外加工费收入；自制半成品在产品期末期初的差额价值。工业总产值采用"工厂法"计算，即把工业企业作为一个整体，按照企业工业生产活动的最终成果来计算，企业内部不允许重复计算，不可把企业内部各个车间（分厂）生产的成果相加，但在企业之间、行业之间、地区之间存在着重复计算。

5. 总产出指一定时期一个国家（或地区）常住单位生产的所有货物和服务的价值，既包括新增价值，又包含被消耗的货物和服务价值以及固定资产货物和服务的价值。总产出按生产者价格计算，它反映常住单位生产活动的总规模。

6. 中间投入指常住单位在生产或提供货物与服务过程中，消耗和使用的所有非固定资产和服务的价值。中间投入也称为中间消耗，一般按购买者价格计算。

7. 最终消费指常住单位在一定时期内对货物和服务的全部最终消费支出，也就是常住单位为满足物质、文化和精神生活的需要，从本国经济领土和国外购买的货物和服务的支出，不包含非常住单位在本国经济领土内的消费。最终消费分为居民消费和政府消费。

8. 资本形成总额指常住单位在一定时期内获得的减去处置的固定资产和存货后的净额，包括固定资本形成总额和存货增加两部分。

9. 固定资产形成总额指常住单位购置、转入和自产自用的固定资产价值、扣除销售和转出的价值，包含有形固定资产形成总额和无形固定资产形成总额。有形固定资产形成总额包括一定时期内完成的建筑工程、安装工程和设备工器具购置（减处置）价值，商品房销售增值，土地改良形成的固定资产，新增役、种、奶、毛、娱乐用牲畜和新增经济林木价值。无形固定资产形成总额包括矿藏勘探、计算机软件、娱乐和文学艺术品原件等获得（减处置）的价值。

10. 存货增加指常住单位存货实物量变动的市场价值，即期末价值与期初价值的差额。存货增加可以是正值，也可以是负值；正值表示存货上升，负值表示存货下降。它包含生产单位购进的原材料、燃料和储备物资等存货以及生产单位生产的产成品、在制品等存货。

11. 货物和服务净出口指货物和服务出口与货物和服务进口的差额。出口包括常住单位向非常住单位出售或无偿转让的各种货物和服务的价值。进口包括常住单位从非常住单位购买或无偿得到的各种货物和服务的价值。因为服务活动的提供与使用同时发生，所以服务的进出口业务并不发生出入境现象，一般把常住单位从国外得到的服务作为进口，非常住单位从本国得到的服务作为出口。货物的出口和进口都按离岸价格计算。

12. 劳动者报酬指劳动者因从事生产活动所获得的全部报酬。它包括劳动者获得的各种形式的工资、奖金和津贴，既包括货币形式的，也包括实物形式的，还包括劳动者所享受的公费医疗和医疗卫生费、上下班交通补贴和单位直接支付的社会保险费等。对个体经济来说，其所有者获得的劳动报酬和经营利润不易区分，这两部分统一作为劳动者报酬处理。

13. 生产税净额指生产税减生产补贴后的余额。生产税指政府对生产单位生产、销售和从事经营活动以及因从事生产活动使用某些生产要素，如固定资产、土地、劳动力所征收的各种税、附加费和规费，具体包括销售税金及附加、增值税、管理费中开支的各种税、应交纳的养路费、排污费和水电费附加、烟酒专卖上缴政府的专项收入等。生产补贴与生产税相反，是政府对生产单位的单方面收入转移，因而视为负生产税处理，包括政策亏损补贴、粮食系统价格补贴、外贸企业出口退税收入等。

14. 固定资产折旧指一定时期内为弥补固定资产损耗，依照核定的固定资产折旧率提取的固定资产折旧，或按国民经济核算统一规定的折旧率虚拟计算的固定资产折旧。它反映了固定资产在当期生产中的转移价值。各种类型的企业和企业化管理的事业单位的固定资产折旧指实际计提并计入成本费用中的折旧费；不计提折旧的单位，如政府机关、非企业化管理的事业单位和居民住房的固定资产折旧，则是依照统一规定的折旧率和固定资产原值计算的虚拟折旧。原则上，固定资产折旧应按固定资产的重置价值计算，但是当前我国尚不具备对全社会固定资产进行重新估价的基础，所以暂时只能采用上述办法。

15. 营业盈余是指常住单位创造的增加值扣除劳动者报酬、生产税净额和固定资产折旧后的余额。它相当于企业的营业利润加上生产补贴，但要扣除从利润中开支的工资和福利等。

16. 资产指企业拥有或控制的能以货币计量的经济资源，包括各种财产、债权和其他权利。资产按流动性分为流动资产、长期投资、固定资产、无形资产、递延资产和其他资产。数据来源于企业会计报表——《资产负债表》中"资产总计"项目的期末数。

17. 负债指企业承担的能以货币计量的，将以资产或劳务偿付的债务，偿还形式包括货币、资产或提供劳务。负债一般按偿还期长短分为流动负债和长期负债。数据来源于企业会计报表——《资产负债表》中"负债合计"项目的期末数。

18. 主营业务收入指企业生产经营产品和提供劳务等主要经营业务取得的业务收入总和。数据来源于企业会计报表——《利润表》中对应指标的本年累计数。未执行 2001 年《企业会计制度》的企业，用"产品销售收入"的本期累计数代替。

19. 主营业务成本指企业生产经营产品和提供劳务等主要经营业务发生的实际成本。数据来源于企业会计报表——《利润表》中对应指标的本年累计数。未执行 2001 年《企业会计制度》的企业，用"产品销售成本"的本期累计数代替。

20. 主营业务税金及附加指企业生产经营产品和提供劳务等主要经营业务应负担的生产性税金及附加。数据来源于企业会计报表——《利润表》中对应指标的本年累计数。未执行 2001 年《企业会计制度》的企业，用"产品销售税金及附加"的本期累计数代替。

21. 主营业务利润指企业生产经营产品和提供劳务等首要经营业务收入扣除其成本、费用、税金后的利润。

22. 利润总额指企业生产经营活动的最终成果，是企业在一定时期内实现的盈亏相抵后的利润总额（亏损以"-"号表示）。计算公式为：

利润总额 = 营业利润 + 补贴收入 + 投资收益 + 营业外净收入

23. 社会消费品零售总额指国民经济各行业直接售给城乡居民和社会集团的消费品总额。它响应各行业通过多种商品流通渠道向居民和社会集团供应的生活消费品总量，是研究国内零售市场变动情况、反映经济景气程度的重要指标。该指标按行业划分可得到批发和零售业、住宿和餐饮业等行业指标。

24. 商品销售总额指对本企业（单位）以外的单位和个人出售（包括对境外直接出口）的商品总额。它反映批发和零售业在国内市场上销售商品以及出口商品的总量，主要包含：（1）售给城乡居民和社会集团消费用的商品；（2）售给工业、农业、建筑业、运输邮电业、批发和零售业、餐饮业、服务业等作为生产、经营使用的商品；（3）售给批发和零售业作为转卖或加工后转卖的商品；（4）对国（境）外直接出口的商品。不包括出售本企业（单位）自用的废旧包装用品，未通过买卖行为付出的商品，经本单位介绍、由买卖双方直接结算、本单位只收取手续费的业务，购货退出的商品以及商品损耗和损失等。

25. 商品购进总额指从本企业（单位）以外的单位和个人购进（包括从境外直接进口）的作为转卖或加工后的商品总额。它反映批发和零售业从国内、国外市场上购进商品的总量，主要包含：（1）从工农业生产者购进的商品；（2）从出版社、报社的出版发行部门购进的图书、杂志和报纸；（3）从各种登记注册类型的批发和零售企业（单位）购进的商品；（4）从其他单位购进的商品，如从机关、团体、企业等单位购进的剩余物资，从餐饮业、服务业购进的商品，从海关、市场管理部门购进的缉私和没收的商品，从居民手中收购的废旧商品等；（5）从国（境）外直接进口的商品。它不包含企业（单位）为自身经营使用和未通过买卖行为而收入的商品以及销售退回、商品升溢等。

26. 进出口总额指实际进出我国国境的货物总金额。它包含对外贸易实际进出口货物，来料加工装配进出口货物，国家间、联合国及国际组织无偿援助物资和赠送品，华侨、港澳台同胞和外籍华人捐赠品，租赁期满归承租人所有的租赁货物，进料加工进出口货物，边境地方贸易及边境地区小额贸易进出口货物（边民互市贸易除外），中外合资企业、中外合作经营企业、外商独资经营企业进出口货物和公用物品，到、离岸价格在规定限额以上的进出口货样和广告品（无商业价值、无使用价值和免费提供出口的除外），从保税仓库提取在中国境内销售的进口货物以及其他进出口货物。该指标可以观察一个国家在对外贸易方面的总规模。我国规定出口货物按离岸价格统计，进口货物按到岸价格统计。

27. 国内（地区）生产总值指数指一个国家（或地区）的国内（地区）生产总值的增长速度，具体计算可用上一年或指定一年数据为基数。同理可计算各地区工业总产值指数。统计年鉴指数一般按可比价格计算。

28. 价格指数＝生产价格指数＋消费价格指数。生产价格指数主要是从生产者的角度进行的统计，比如工业品出厂价格指数，原材料、燃料、动力购进价格指数等；消费价格指数主要是从消费者角度进行的统计，比如居民消费价格指数、商品零售价格指数等。一般来说，生产者价格的变化要先于消费价格的变动，换句话说，生产者价格变动往往会引起消费价格的变动。

29. 居民消费价格指数是反映一定时期内城乡居民所购买的生活消费品和服务项目价格变动趋势和程度的相对数，是对城市居民消费价格指数和农村居民消费价格指数进行综合汇总计算的结果。该指数可以观察和分析消费品的零售价格和服务项目价格变动对城乡居民实际生活费支出的影响程度。

30. 工业品出厂价格指数是从生产角度反映当月国内市场的工业品价格与上年同月的价格相比的价格变动。当前，我国以工业品出厂价格替代生产者价格。与居民消费价格指数相比，工业品出厂价格指数只反映了工业品出厂价格的变动情况，没有包括服务价格的变动，因此它的变动要比居民消费价格剧烈一些。

31. 商品零售价格指数是反映一定时期内城乡商品零售价格变动趋势和程度的相对数。商品零售价格的变动直接影响城乡居民的生活支出和国家的财政收入，影响居民购买力和市场供需的平衡，影响消费与积累的比例关系。因而，该指数可以从侧面对上述经济活动进行观察和分析。

32. 基尼系数是反映收入分配平等程度的指标。基尼系数为 0 表示收入分配绝对平等，为 1 表示收入分配绝对不平等。基尼系数介于 0~1 之间变动，越大就表明不均等程度越大，越小就表明收入分配越平均。基尼系数在 0.2 以下表示高度平均；0.2~0.3 之间表示相对平均；0.3~0.4 之间表示分配相对合理；0.4~0.5 之间表示差距偏大；0.5 以上表示差距悬殊。0.4 被作为一般的警戒线。

33. 景气指标（预测宏观经济走势的重要指标）主要分为两类：

第一类指标是通过对现有宏观经济指标的分析，挑选出最能反映宏观经济运行特点的指标，依照各自的权重，统一加总为一个总指数，判断并预测经济形势，如国家统计局的"国经指数"、国家信息中心的"中经指数"、卡斯特经济评价中心的"卡斯特指数"等。（1）国经指数，由国家统计局负责编制。选择先行指标4个，包含全国钢产量、基本建设新开工项目数、广义货币M2、10种有色金属产量；同步指标4个，包括狭义货币M1、消费品零售额、工业生产增长率、海关出口总额等。在此基础上用合成指数分别计算先行指数和同步指数，两个指数合起来称为"国经指数"。（2）中经指数，由国家信息中心负责编制。选择同步指标12个，包含现价工业增加值、工业产品销售率、基础农资产品指数（各种化肥产量、农药产量、合成氨产量、农膜产量的复合指数）、社会消费品零售总额、固定资产投资完成额、商品房销售额、货运量、财政支出、海关进出口总额、狭义货币M1、金融机构各项贷款、社会需求指数（复合指数），编制不同合成指数，称为中经指数。（3）卡斯特指数，由卡斯特评价中心负责编制。选择先行指标7个，包括钢产量、银行各项贷款总额、出口总额等；同步指标6个，包括工业生产总值、社会消费品零售额、狭义货币M1、银行工资和其他个人支出、汽车产量、基建投资总额；滞后指标5个，包含零售价格指数、国家财政支出、预算内工业企业的销售收入、铁路货运量和城镇居民储蓄存款余额。在此基础上，计算先行和同步指数，统称为卡斯特指数。

第二类指标是通过调查问卷设置问题对特定的调查对象如企业家、消费者等进行的景气或信心调查，通过对统计汇总的结果进行相应的处理，得出相应的指数，如国家统计局企业调查总队的企业景气指数、企业家信心指数，国家统计局中国经济景气监测中心的消费者信心指数等。（1）企业景气指数和企业家信心指数通过对部分企业家定期进行问卷调查，并依据企业家对宏观经济状况及企业生产经营状况的判断和预期来编制景气指数，从而准确、及时地反映宏观经济运行和企业生产经营状况，预测经济发展的变动趋势。以企业景气指数为例，景气指数的数值介于0和200之间，100为景气指数的临界值，当景气指数大于100时，表明经济状况趋于上升或改善，处于景气状态；当景气指数小于100时，表明经济状况趋于下降或恶化，处于不景气状态。（2）消费者信心指数通过对消费者定期进行问卷调查，依据消费者对未来消费的判读和预期来编制。消费者信心指数由消费者预期指数和满意指数组成。其中，预期指数反映消费者对家庭经济状况和总体经济走向的预期，满意指数反映消费者对目前经济状况和耐用消费品购买时机的评价，而信心指数则综合描述消费者对当前经济状况的满意程度和未来经济走向的信心。当前编制的消费者信心指数以1997年为基期，动态反映消费者信心指数的变化，数值越高，表明消费者的信心越强，数值越低，表明消费者的信心越弱。

34. 可比价格指计算各种总量指标所采用的扣除了价格变动因素的价格，可进行不同时期总量指标的对比。按可比价格计算总量指标有两种方法：（1）直接用产品产量乘某一年的不变价格进行计算。（2）用价格指数进行缩减。

35. 不变价格指以同类产品某年的平均价格作为固定价格，用于计算各年的产品价值。按不变价格计算的产品价值消除了价格变动因素，不同时期对比情况可以反映生产的发展速度。统计年鉴中的增长速度一般采用不变价格计算。

36. 平均增长速度。我国计算平均增长速度有两种方法：一是习惯上经常使用的"水平法"，也称几何平均法，是用间隔期最后一年的水平同基期水平对比来计算平均每年增长（或下降）速度。二是"累计法"，也称代数平均法或方程法，是以间隔期内各年水平的总和同基期水平对比来计算平均每年增长（或下降）速度。在一般正常情况下，两种方法计算的平均每年增长速度比较接近；但在经济发展不平衡、出现大起大落时，两种方法计算的结果差别较大。除固定资产投资用"累计法"计算外，其余均用"水平法"计算。从某年到某年平均增长速度的年份，均不包括基期年。比如新中国成立43年的平均增长速度是以1949年为基期计算的，则写为1950—1992年平均增长速度，其余类推。

平均增长速度也叫平均递增速度，它和平均发展速度统称为平均速度。平均速度是各个时期环比速度（即报告期水平与前一期水平对比计算的速度）的平均数，说明社会经济现象在较长时期内速度变化的平均程度。平均发展速度表示现象逐期发展的平均速度，平均增长速度则是反映现象逐年递增的平均速度。

二、税收指标

税收指标是指描述税收收入组织和入库情况的相关指标，可以反映税收估算、预算和实际征收入库情况。这些指标主要源于各级税务局的收入规划核算部门的税收月快报、会计统计报表、综合征管软件系统、出口退税管理系统、重点税源企业监控、金税工程系统等。税收指标体系往往分为税收会计指标、税收统计指标和其他类别三大类。

（一）税收会计指标

税收会计指标主要包括待征类指标、应征类指标、减免类指标、入库类指标、查补类指标、代征代扣类指标等。

1. 待征类指标

待征类指标反映2001年5月1日以后发生的应征而未征的税收和其他收入，主要有"代征税收"和"代征其他收入"。待征类指标一般按照税种分来源进行设置。

2. 应征类指标

应征类指标反映纳税人向税务机关申报或由税务机关直接核定的，由海关代征的以及通过税务稽查、日常检查或财政、审计、司法等其他部门查处的，影响国家缴纳的各项税收和其他收入，主要包括"应征税收"和"应征其他收入"。应征类指标按税种和企业注册类型详细反映当年应征税收发生的情况。数据来源于各类纳税人填报的各税种纳税申报表、代扣代缴税款报告、预缴税款通知书、企业纳税定额申请核定表或应纳税款核定书、年（季度）纳税营业额申报核定表或定税清册、纳税定额税款通知书、核准停业通知书、申报（缴款）错误更正通知书、税务处理决定书或税务行政处罚决定书、税收行政复议决定书、审计决定书或财政监督检查处理决定书、法院判决书以及各种临时征收凭证等。

3. 减免类指标

减免类指标反映纳税义务发生后对纳税人减征、免征的税收及其他收入。一般按照税种和减免性质详细反映减免税收发生的情况。减免包含两部分内容：一是随申报和欠税抵顶减免而形成的征前减免；二是通过办理国库退税而形成的退库减免。数据来源于记载有减免税额的纳税申报表、抵顶欠税的减免税批准文件、办理减免退库的税收收入退还书或载有减免税退税的提退清单等。

4. 入库类指标

入库类指标反映国库已经收纳入库的税收和其他收入，一般依照政府预算收入科目有关款项和预算级次进行列示。数据来源于各种税收缴款书回执联（目前为电子信息）、预算收入日报表、更正通知书、免抵调库通知书以及收入退还书付账通知联等。该类指标中主要包含如下指标口径：

（1）税收收入反映税务部门征收入库的各项税收之和，不包含契税和耕地占用税，包含海关代征的增值税和消费税、未扣除产品出口退增值税和消费税。我们往往将税收收入中扣除"海关代征增值税和消费税"的税收口径，称为国内税收收入。国内税收收入再扣除"免、抵调增增值税"的税收口径，称为直接税收收入。通俗地讲，由税务局征收的税收，我们称为国内税收，由海关部门征收的税收，我们称为海关代征税收。如：国内增值税反映国家税务总局征收的一般增值税和按"先征后退"政策审批退库的国内增值税以及按照"免、抵、退"有关政策规定办理的"免、抵调增增值税"。进口货物增值税，反映由海关部门代征的一般进口货物增值税、特定区域进口自用物资增值税和进口货物增值税税款滞纳金、罚款收入。我们将国内增值税和进口货物增值税之和，称为增值税收入；将国内增值税剔除"免、抵调增增值税"后的增值税，称为增值税直接收入。

消费税收入包括国内消费税和进口消费品消费税。国内消费税是由国家税务总局征收的国内消费税。进口消费品消费税是由海关部门代征的进口消费品消费税以及进口消费品消费税税款滞纳金、罚款收入。我们将国内消费税和进口消费品消费税之和，称为消费税收入。

（2）出口退税反映由税务部门审批退库的出口退增值税和消费税以及免抵调减增值税之和。

（3）其他收入反映由税务部门征收入库的，除上述税收收入以外的其他各项财政收入之和。

5. 查补类指标

查补类指标按税种反映查补税金应征和入库及税款滞纳金、罚款收入入库的情况。数据来源于税务处理决定书或税务行政处罚决定书。

6.代征代扣类指标

代征代扣类指标按税种和项目反映扣缴义务人根据税收法律法规代扣、代收代缴入库的税款以及代征单位根据委托代征协议结报入库的代征税款。数据来源于"代征代扣税款登记簿"。

（二）税收统计指标

税收统计指标集中反映报告期末入库税款在各种经济类型、各种行业、各税目中的分布情况。主要按照税种、税目、项目、经济类型、行业指标等分类标准设置，包含税收总体指标、涉外税收指标、欠税呆账指标、增值税税源指标、减免税分项目指标等。

1.税收总体指标

税收总体指标从总体上反映全部已入库税收资金在各经济类型、各行业、各项目中的分布情况，主要按税种、税目、项目、经济类型、行业等分类标准设置，比如：税收收入分行业分税种统计、税收收入分企业类型统计、各主要税种税收收入分行业分税种统计等。

2.涉外税收指标

涉外税收指标综合反映港澳台投资企业、外商投资企业和外国企业以及外籍人员（包括华侨、港澳台同胞）缴纳各项税收入库的情况。涉外税收主要按税种，分行业、分企业性质设置。

3.欠税呆账指标

欠税呆账指标按税种、行业、企业类型反映报告期内实际欠税余额的情况。

4.增值税税源指标

增值税税源指标按主要品目反映全部增值税纳税人的增值税税源的情况，主要指标包括销售额和应纳税额。销售额中又分为按适用税率征税货物及劳务销售额、按简易征收办法征税货物销售额、免抵退办法出口货物销售额、免税货物及劳务销售额。应纳税额指标主要包括销项税额、进项税额（上期留抵税额、进项税额转出、免抵退货物应退税额、按适用税率计算的纳税检查应补缴税额）、应抵扣税额、实际抵扣税额、期末留抵税额、按简易征收办法计算的应纳税额、应纳税额减征额。

5.减免税分项目指标

减免税分项目指标按照税种、注册类型、减免类型及项目，反映报告期末减免税的情况，如减免税分税种分项目统计。

（三）其他类指标

其他类指标包含纳税户数统计和由税务部门负责征收的非税财政收入。纳税户数统计指标分行业、分经济类型设置，反映纳税人在国民经济各行业、各经济类型之间的分布情况。数据来源于税务登记证及其他征管资料等。非税财政收入统计反映教育费附加等财政资金的入库情况，这类指标分企业类型、分项目、按隶属关系分级次核算，数据来源于各种非税财政收入的征税凭证。

第二节　微观税收分析的常用指标

微观税收指标体系是指一组互相联系，用以系统概括纳税人税收经济关系、税收缴纳情况和税收征收管理工作状况的数据指标的集合。应用微观税收分析指标，微观上可以表明纳税人的税收缴纳情况，宏观上可以反映整体税收形势，考核评价税收征管工作。

1. 税源类指标

税源类指标是指描述税收源泉的经济指标，这些指标反映涉税经济活动的收入状况和所得状况，通常由作为计税依据的经济量化指标组成，也可以是反映经济活动总量的指标。

（1）产品产量指企业在会计核算期间主要生产产品的生产量，数据来源于企业的《产品生产统计表》。在采集时一般选择能代表企业基本情况的主要或重要产品，对产品种类比较复杂的企业应选择其最主要的几种产品。

（2）产品销量指企业在会计核算期间主要生产产品的销售量，数据来源于企业的《产品销售统计表》。在采集时注意应同产品产量指标保持对应关系。

（3）出口产品销量指企业在会计核算期间主要生产产品的出口销售量，数据来源于企业的《出口货物报关单》。

（4）营业收入指企业在从事销售商品、提供劳务和让渡资产使用权等日常经营业务过程中形成的经济利益的总流入，分为主营业务收入和其他业务收入。数据来源于《企业所得税年度纳税申报表》中的"营业收入"栏。

（5）主营业务收入是指企业经营按照营业执照上规定的主营业务内容发生的营业收入，如制造业的销售产品、非成品和提供工业性劳务作业的收入；商品流通企业的销售商品收入；旅游服务业的门票收入、客户收入、餐饮收入等。数据来源于《利润表》中的"主营业务收入"栏。

（6）其他业务收入是指除企业主营业务收入以外的所有通过销售商品、提供劳务及让渡资产使用权等日常活动所形成的经济利益的流入，如材料物资及包装物销售、无形资产转让、固定资产出租、包装物出租、运输、废旧物资出售收入等。

（7）营业成本指企业所销售商品或者提供劳务的成本。营业成本应该与所销售商品或者所提供劳务而取得的收入进行配比。营业成本又分为主营业务成本和其他业务成本。数据来源于《企业所得税年度纳税申报表》中的"营业成本"栏。

（8）营业税金及附加反映企业经营主要业务应负担的营业税、消费税、城市维护建设税、资源税、土地增值税和教育费附加等。数据来源于《企业所得税年度纳税申报表》中的"营业税金及附加"栏。

（9）销售费用指企业在销售产品、自制半成品和提供劳务等过程中发生的费用，包括由企业负担的包装费、运输费、广告费、装卸费、保险费、委托代销手续费、展览费、租赁费（不含融资租赁费）和销售服务费、销售部门人员的工资、职工福利费、差旅费、办公费、折旧费、修理费、物料消耗、低值易耗品摊销以及其他经费等。数据来源于《企业所得税年度纳税申报表》中的"销售费用"栏。

（10）管理费用指企业为组织和管理企业生产经营所发生的各种费用。管理费用属于期间费用，应在发生的当期就计入当期的损益。数据来源于《企业所得税年度纳税申报表》中的"管理费用"栏。

（11）财务费用是指企业在生产经营过程中为筹集资金而发生的各项费用，包含企业生产经营期间发生的利息支出（减利息收入）、汇兑净损失（有的企业如商品流通企业、保险企业进行单独核算，不包括在财务费用内）、金融机构手续费以及筹资发生的其他财务费用，如债券印刷费、国外借款担保费等。数据来源于《企业所得税年度纳税申报表》中的"财务费用"栏。

（12）利润总额是指企业在生产经营过程中各种收入扣除各种耗费后的盈余，反映企业在报告期内实现的盈亏总额。利润总额是一项十分重要的衡量企业经营业绩的经济指标。利润总额＝营业利润＋营业外收入－营业外支出。数据来源于《利润表》中的"利润总额"栏。

（13）工业总产值是指以货币形式表现的工业企业在报告期内生产的工业最终产品或提供的工业性劳务活动的总价值量，它反映一定时间内工业生产的总规模和总水平。工业总产值＝成品价值＋对外加工费收入＋自制半成品在产品期末期初的价值差额。

（14）期初存货是指企业本期期初持有的以备出售，或仍然处在生产过程中，或者在生产或提供劳务过程中将消耗的各类材料或物品的总称，包含各类材料、商品、在产品、半成品、产成品等。数据来源于《资产负债表》中的"存货"栏。

（15）期末存货是指企业本期期末持有的以备出售，或者仍然处在生产过程中，或者在生产或提供劳务过程中将消耗的各类材料或物品的总称，包含各类材料、商品、在产品、半成品、产成品等。数据来源于《资产负债表》中的"存货"栏。

（16）劳动者报酬指劳动者因从事生产活动所获得的全部报酬。它包含劳动者获得的各种形式的工资、奖金和津贴，既包括货币形式的，又包括实物形式的，还包含劳动者所享受的公费医疗和医药卫生费、上下班交通补贴和单位支付的社会保险费等。

（17）全部从业人员平均人数指报告期内在企业内从事一定社会劳动并取得劳动报酬或经营收入的全部劳动力。数据来源于企业上报统计局的《工业企业主要经济指标表》的相应口径或企业用工花名册。

（18）职工工资总额是指各企业在一定时期内直接支付给本单位全部职工的劳动报酬总额。它包括计时工资、计件工资、奖金、津贴和补贴、加班加点工资、特殊情况下支付的工资，不包括劳工保险和职工福利方面的各项费用、离退休人员的各项支出、午餐补助、计划生育、独生子女补贴等。数据来源于企业明细账。

（19）主要能源消费量是指各企业在生产过程中对能源类物资的消费数量或者金额，

包括电力、煤炭、焦炭、天然气、原油等。数据来源于能源供应部门出具的消费单据或企业内部的物耗明细账。

（20）资产指由过去的交易、事项形成并由企业拥有或者控制的资源，该资源预期会给企业带来经济利益，是企业、自然人、国家拥有或者控制的能以货币来计量的经济资源，包括各种收入、债权和其他资产。数据来源于企业《资产负债表》中的"资产总计"栏。

（21）所有者权益指所有者在企业资产中享有的经济利益，其金额为资产减去负债后的余额。所有者权益包括实收资本（或股本）、资本公积、盈余公积和未分配利润等。数据来源于企业《资产负债表》中的"所有者权益合计"栏。

（22）主营业务利润指主营业务收入减去主营业务成本和营业税金及附加后的余额。通常情况下，企业的主营业务利润应是其利润总额最主要的组成部分。数据来源于企业《损益表》中的"主营业务利润"栏。

（23）负债指过去的交易、事项形成的现时义务，履行该义务预期会导致经济利益流出企业，是企业所承担的能以货币计量、需以资产或劳务偿还的债务。数据来源于企业《资产负债表》中的"负债合计"栏。

（24）应收及预付款项指企业在日常生产经营过程中发生的各项债权，包括应收款项和预付账款等。数据来源于企业《资产负债表》中的"应收票据""应收账款""其他应收款""预付账款"栏。该指标主要用于衡量企业偿债能力等方面。

（25）期末企业资产总额指通过过去的交易、事项形成并被企业拥有或者控制的资源，该资源预期会给企业带来经济利益。数据来源于《资产负债表》中的"期末企业资产总额"栏。

（26）应收账款指除应收票据、预付账款以外的应收或者预付给其他单位和个人的款项，包括各种赔款、罚款、存款保证金、备用金、应向职工收取的各种垫付款项等。数据来源于《资产负债表》中的"应收账款"栏。

（27）流动资产指可以在1年或者超过1年的一个营业周期内变现或者耗用的资产，包括现金、各种存款、应收及预付款项、存货等。流动资产大于流动负债，一般表明短期偿债能力强，且流动比率越高，企业资产的流动性越大，表示企业有足够变现的资产用于偿债。数据来源于《资产负债表》中的"流动资产"栏。

（28）流动负债指可以在1年或者超过1年的一个营业周期内偿还的债务，包括短期借款、应付票据、应付账款、应付工资、预收账款、应交税金、应付利润、其他应付款、预提费用等。数据来源于《资产负债表》中的"流动负债"栏。

（29）期末企业负债总额指通过过去的交易、事项形成的能以货币计量，需以资产或劳务偿付的义务。数据来源于《资产负债表》中的"期末企业负债总额"栏。

（30）营业利润是企业最基本的经营活动成果，也是企业一定时期获得利润中最主要、最稳定的来源。营业利润=营业收入-营业成本-营业税金及附加-销售费用-管理费用-财务费用-资产减值损失+公允价值变动净收益+投资净收益。数据来源于《利润表》中的"营业利润"栏。

（31）营业利润率表明企业通过生产经营获得利润的能力，该比率越高表明企业的盈利能力越强。计算公式为：

营业利润率 = 营业利润 / 营业收入 ×100%

（32）待摊费用指企业已经支出但应由本期和以后各期分别负担的在1年以内分摊的各项费用，如低值易耗品摊销、出租出借包装物摊销、预付保险费、应由销售产品分摊的中间产品税金、固定资产修理费用以及一次购买印花票据和一次缴纳印花税税额需要分摊的数额等。

（33）原材料费用、燃料费用、电力费用、劳务支出费用指企业在生产过程中对能源、原材料、动力、劳务等的消费数额。数据来源于各部门出具的消费清单或企业内部的明细账。

（34）按适用税率征税货物及劳务销售额指纳税人本期按适用税率缴纳增值税的应税货物和应税劳务的销售额（销货退回的销售额用负数表示），包括在财务上不作销售但按税法规定应缴纳增值税的视同销售货物和价外费用销售额，外贸企业作价销售进料加工复出口的货物以及税务、财政、审计部门检查按适用税率计算调整的销售额。数据来源于增值税一般纳税人《增值税纳税申报表》中的"适用税率征税货物及劳务销售额"栏。

（35）应税货物销售额指纳税人本期按适用税率缴纳增值税的应税货物的销售额（销货退回的销售额用负数表示），包括在财务上不作销售但按税法规定应缴纳增值税的视同销售货物和价外费用销售额以及外贸企业作价销售进料加工和出口的货物。数据来源于增值税一般纳税人《增值税纳税申报表》中的"应税货物销售额"栏。

（36）应税劳务销售额指纳税人本期按适用税率缴纳增值税的应税劳务的销售额。数据来源于增值税一般纳税人《增值税纳税申报表》中的"应税劳务销售额"栏。

（37）纳税检查调整的销售额指纳税人本期因税务、财政、审计部门检查，并按适用税率计算调整的应税货物和应税劳务的销售额。数据来源于增值税一般纳税人《增值税纳税申报表》中的"纳税检查调整的销售额"栏。

（38）按简易办法征收增值税货物的销售额（销货退回的销售额用负数表示）包括税务、财政、审计部门检查，并按简易征收办法计算调整的销售额。数据来源于增值税一般纳税人《增值税纳税申报表》中的"按简易征收办法征税货物销售额"栏。

（39）免、抵、退办法出口货物销售额指纳税人本期执行免、抵、退办法出口货物的销售额。实行"免、抵、退"税管理办法的"免"税，是指生产企业出口的自产货物，免征本企业生产销售环节的增值税；"抵"税，是指生产企业出口的自产货物所耗用的原材料、零部件等应予退还的进项税额及抵扣内销货物的应纳税款；"退"税，是指生产企业出口的自产货物在当期因应抵扣的进项税额大于应纳税额而未抵扣完的税额，经主管退税机关批准后，予以退税。数据来源于增值税一般纳税人《增值税纳税申报表》中的"免、抵、退办法出口货物销售额"栏。

（40）流动资产余额指可以在1年以内或者超过1年的一个营业周期内变现或被耗用

的资产，主要包括各种现金、银行存款、短期投资、应收及预付款项、待摊费用、存货等。数据来源于《资产负债表》中的"流动资产"总计栏。

（41）长期投资指除短期投资以外的投资，包括持有时间超过1年（不含1年）的各种股权性质的投资、不能变现或不准备随时变现的债券、其他债权投资和其他长期投资等。数据来源于《资产负债表》中的"长期投资"栏。

（42）短期投资指能够随时变现并且持有时间不会超过1年（含1年）的投资，包括股票、债券、基金等。短期投资所包含的条件：一是能够在公开市场交易并且有明确的市价；二是剩余资金的存放形式，且保持其流动性和获利性。数据来源于《资产负债表》中的"短期投资"栏。

（43）固定资产原值指企业为生产商品、提供劳务、出租或经营管理而持有，使用期限超过1年，单位价值在2000元以上的有形资产。数据来源于《资产负债表》中的"固定资产原值"栏。

（44）预收账款指买卖双方根据协议商定，由购货方预先支付一部分货款给供应方而发生的一项负债。数据来源于《资产负债表》中的"预收账款"栏。

（45）流动负债余额指将在1年（含1年）或者超过1年的一个营业周期内偿还的债务，包括短期借款、应付票据、应付账款、预收账款、代销商品款、应付职工薪酬、应付福利费、应付股利、应交税金、其他应交款、其他应付款、预提费用、一年内到期的长期借款、代转资产价值等。数据来源于《资产负债表》中的"流动负债"总计栏。

（46）手续费收入、手续费支出指适用于执行《金融企业会计制度》的证券公司，用以核算证券公司向客户提供服务收取的手续费以及向证券交易所等机构支付的手续费。数据来源于金融企业会计制度的《利润表》中的"手续费收入""手续费支出"栏。

（47）利息收入指纳税人购买各种债券等有价证券的利息、外单位欠款付给的利息以及其他利息收入。利息收入包括：购买各种债券等有价证券的利息（如购买国库券、重点企业建设债券、国家保值公债以及政府部门和企业发放的各类有价证券）、企业各项存款所取得的利息、外单位欠本企业款而取得的利息及其他利息收入等。

（48）贷款余额适用于执行《金融企业会计制度》的银行，用以核算银行贷款规模。数据来源于金融企业会计制度的《资产负债表》中的"短期贷款"和"中长期贷款余额"合计数。

（49）应收利息是指企业因债权投资而应收取的一年内到期收回的利息。数据来源于《资产负债表》中的"应收利息"栏。

（50）支付给职工以及为职工支付的现金反映企业实际支付给职工的现金以及为职工支付的现金，包括本期实际支付给职工的工资、奖金、各种津贴和补贴等。数据来源于《现金流量表》中的"支付给职工以及为职工支付的现金"栏。

（51）预计负债的含义包括该义务是承担的现实义务、该义务的履行很可能导致经济利益流出企业、该义务的金额能够可靠地计量三部分。在税法中，预计负债一般不予确认，即不能抵扣应纳所得税。数据来源于《资产负债表》中的"预计负债"栏。

（52）未分配利润是企业未作分配的利润，分为年初未分配利润和年末未分配利润。它在以后年度可继续进行分配，在进行分配之前，属于所有者权益的组成部分。从数量上来看，未分配利润是期初未分配利润加上本期实现的净利润，减去提取的各种盈余公积和分出的利润后的余额。数据来源于《利润及利润分配表》中的"年初未分配利润""年末未分配利润"栏。

（53）长期借款指企业向银行或其他金融机构借入的期限在1年以上（不含1年）或超过1年的一个营业周期的各项借款。数据来源于《资产负债表》中的"长期借款"栏。

（54）短期借款指企业为维持正常的生产经营所需的资金或为偿还某项债务而向银行或其他金融机构等外单位借入的、还款期限在1年以下（含1年）的各种借款。短期借款主要有经营周转借款、临时借款、结算借款、票据贴现借款、卖方信贷、预购定金借款和专项储备借款等。数据来源于《资产负债表》中的"短期借款"栏。

（55）预提费用核算企业在日常经营活动中发生的某些不需要当时支付的、但按照权责发生制原则属当期的费用。数据来源于《资产负债表》中的"预提费用"栏。

（56）营业费用指企业在销售商品过程中发生的费用，包括在企业销售商品过程中发生的运输费、装卸费、包装费、保险费、展览费和广告费以及为销售本企业商品而专设的销售机构（含销售网点，售后服务网点等）的职工工资及福利费、类似工资性质的费用、业务费等经营费用。商品流通企业在购买商品过程中发生的进货费用也包括在内。数据来源于《利润表》中的"营业费用"栏。

（57）本年投资所支付的现金指企业本年对外短期投资和长期投资所支付的货币资金之和。数据来源于《现金流量表》中的"投资所支付的现金"栏。

2. 税收类指标

税收类指标是指描述纳税人税收特征的相关指标，可以反映纳税人的税金缴纳状况。这些指标通常来源于纳税人的纳税申报表。

（1）销项税额指增值税纳税人销售货物和应税劳务，按照销售额和适用税率计算并向购买方收取的增值税税额。当期销项税额＝当期销售额×适用税率。数据来源于增值税一般纳税人《增值税纳税申报表》中的"销项税额"栏。

（2）适用17%税率的销项税额指纳税人本期按17%的税率计征的销项税额。数据来源于增值税一般纳税人《增值税纳税申报表附列资料（表一）》中的"合计17%税率销项税额"栏。

（3）适用13%税率的销项税额指纳税人本期按13%的税率计征的销项税额。数据来源于增值税一般纳税人《增值税纳税申报表附列资料（表一）》中的"合计13%税率销项税额"栏。

（4）进项税额指纳税人购进货物或应税劳务所支付或者承担的增值税税额。购进货物或应税劳务包括外购（含进口）货物或应税劳务、以物易物换入货物、抵偿债务收入货物、接受投资转入货物、接受捐赠转入货物以及在购销货物过程中支付的费用。数据来源于增值税一般纳税人《增值税纳税申报表》中的"进项税额"栏。

（5）上期留抵税额指纳税人前期尚未抵扣完，留待后期继续抵扣的进项税额。数据来源于增值税一般纳税人《增值税纳税申报表》中的"上期留抵税额"栏。

（6）进项税额转出指企业购进的货物发生非常损失（非经营性损失）以及将购进货物改变用途（如用于非应税项目、集体福利或个人消费等），其抵扣的进项税额应通过"应交税费——应交增值税（进项税额转出）"科目转入有关科目，不予抵扣。数据来源于增值税一般纳税人《增值税纳税申报表》中的"进项税额转出"栏。

（7）免抵退货物应退税额指纳税人按照出口货物免、抵、退办法审批的应退税额。数据来源于增值税一般纳税人《增值税纳税申报表》中的"免抵退货物应退税额"栏。

（8）按适用税率计算的纳税检查应补缴税额指纳税人本期因税务、财政、审计部门检查按适用税率和征收率计算的纳税检查应补缴税额。数据来源于增值税一般纳税人《增值税纳税申报表》中的"按适用税率计算的纳税检查应补缴税额"栏。

（9）应抵扣税额指纳税人本期应抵扣进项税额的合计数。应抵扣税额＝进项税额＋上期留抵税额－进项税额转出－免抵退货物应退税额＋按适用税率计算的纳税检查应补缴税额。数据来源于增值税一般纳税人《增值税纳税申报表》中的"应抵扣税额合计"栏。

（10）实际抵扣税额指纳税人本期实际抵扣的进项税额。如本期应抵扣税额小于销项税额，则实际抵扣税额等于本期应抵扣税额；如本期应抵扣税额大于销项税额，则实际抵扣税额等于销项税额。数据来源于增值税一般纳税人《增值税纳税申报表》中的"实际抵扣税额"栏。

（11）应纳税额指企业的应税收入乘以适用税率，减去依照税法关于税收优惠的规定减免和抵免税额后的余额，即应纳税额＝销项税额－实际抵扣税额。数据来源于增值税一般纳税人《增值税纳税申报表》中的"应纳税额"栏。

（12）适用4%、6%征收率的应纳税额指纳税人本期按简易征收办法计算并应缴纳的增值税税额，但不包括按简易征收办法计算的纳税检查应补缴税额。数据来源于增值税一般纳税人《增值税纳税申报表附列资料（表一）》中的"小计简易征收办法应纳税额"栏。

（13）期末留抵税额指纳税人在本期进项税额中尚未抵扣完，留待下期继续抵扣的进项税额。期末留抵税额＝应抵扣税额－实际抵扣税额。数据来源于增值税一般纳税人《增值税纳税申报表》中的"期末留抵税额"栏。

（14）简易征收办法计算的应纳税额指增值税一般纳税人，因行业的特殊性，无法取得原材料或货物的增值税进项发票，按照进销项的方法核算增值税应纳税额后税负过高，因此对特殊的行业应按照简易征收率征收增值税计算的应纳税额。数据来源于增值税一般纳税人《增值税纳税申报表》中的"简易征收办法计算的应纳税额"栏。

（15）按简易征收办法计算的纳税检查应补缴税额指由纳税人本期因税务、财政、审计部门检查而按简易征收办法计算得出。数据来源于增值税一般纳税人《增值税纳税申报表》中的"按简易征收办法计算的纳税检查应补缴税额"栏。

（16）应纳税额减征额指纳税人本期按照税法规定减征的应纳税额。数据来源于增值税一般纳税人《增值税纳税申报表》中的"应纳税额减征额"栏。

（17）期初未缴税额指纳税人上期期末应缴未缴的税额，为纳税人前一申报期的"期末未缴税额（多缴为负数）"减去本期发生的留抵税额抵减欠税后的余额。数据来源于增值税一般纳税人《增值税纳税申报表》中的"期初未缴税额"栏。

（18）本期已缴税额指纳税人本期实际缴纳的税额，但不包括本期入库的查补税款。数据来源于增值税一般纳税人《增值税纳税申报表》中的"本期已缴税额"。

（19）欠缴税额指纳税人、扣缴义务人超过征收法律、法规规定或税务机关依照税收法律、法规规定的纳税期限，未缴或少缴税款形成欠税的税额。数据来源于增值税一般纳税人《增值税纳税申报表》中的"欠缴税额"栏。

（20）期末未缴税额指纳税人本期期末应缴未缴的税额，但不包括纳税检查应缴未缴的税额。数据来源于增值税一般纳税人《增值税纳税申报表》中的"期末未缴税额"栏。

（21）纳税检查本期应补缴税额指纳税人本期因税务、财政、审计部门检查按适用税率和征收率计算的税额。

（22）即征即退实际退税额指纳税人本期因符合增值税即征即退优惠政策规定，而实际收到的税务机关返还的税额。即征即退是指按税法规定缴纳的税款，由税务机关在征税时部分或全部退还纳税人的一种税收优惠，与出口退税先征后退、投资退税一并属于退税的范畴，其实质是一种特殊形式的免税和减税。

（23）本期入库查补税额指纳税人本期因税务、财政、审计部门检查而实际入库的税额，包括"按适用税率计算的纳税检查应补缴税额"和"按简易征收办法计算的纳税检查应补缴税额"两部分。

（24）内销货物计征消费税产品销售额指内销货物纳税人本期销售应税消费品取得的销售额及价外费用（不含增值税）。数据来源于《消费税纳税申报表》中的"应税销售额"栏。

（25）内销货物免征消费税产品销售额指内销货物纳税人按照《中华人民共和国消费税暂行条例》及相关法律、法规规定应免征消费税的应税消费品销售额。数据来源于《消费税纳税申报表附列资料（三）》。

（26）出口货物免征消费税产品销售额指出口货物纳税人按照《中华人民共和国消费税暂行条例》及相关法律、法规规定应免征消费税的应税消费品销售额。数据来源于《消费税纳税申报附列资料（四）》。

（27）期初未缴消费税指纳税人上期期末应缴未缴的消费税额。数据来源于《消费税纳税申报表》中的"期初未缴税额"栏。

（28）消费税从价计征适用税率指《消费税税目税率（税额）表》及相关法规规定的比例税率或定额税率。数据来源于《消费税纳税申报表》中的"适用税率（单位税额）"栏。

（29）消费税从量计征适用单位税额指《消费税税目税率（税额）表》及相关法规规

定的单位税额。数据来源于《消费税纳税申报表》中的"适用税率（单位税额）"栏。

（30）按政策规定减征的消费税税额指按照《中华人民共和国消费税暂行条例》及相关法规规定应减征消费税的应税消费品按规定税率与减征率计算的减征税额。数据来源于《消费税纳税申报表》中的"本期减征税额"栏。

（31）本期应纳消费税税额指纳税人本期应缴纳的消费税税额。数据来源于《消费税纳税申报表》中的"本期应纳税额"栏。

（32）本期已缴消费税税额指纳税人本期已缴纳的消费税税额。数据来源于《消费税纳税申报表》中的"本期已预缴税额"与"本期应补（退）税额"的差额。

（33）期末未缴消费税指纳税人按照税法规定已欠缴的消费税税额。数据来源于《消费税纳税申报表》中的"期末未缴税额"栏。

（34）应纳税所得额指企业每一纳税年度的收入总额，减去不征税收入、免税收入、各项扣除以及允许弥补的以前年度亏损后的余额。公式为：应纳税所得额＝纳税调整后所得－弥补以前年度亏损金额－免税所得额＋应补税投资收益已缴所得税额－允许扣除的公益救济性捐赠额－加计扣除额。数据来源于《企业所得税年度纳税申报表》中的"应纳税所得额"栏。

（35）纳税调整减少额指纳税人已计入利润总额，但按税法规定可以暂不确认为应税收入的项目金额以及在以前年度进行了纳税调增，根据税收规定从以前年度结转过来在本期扣除的项目金额，包括不征税收入、免税收入、减征收入以及房地产开发企业已转销售收入的预售收入按规定计算的预计利润等。数据来源于《企业所得税年度纳税申报表》（附表三）。

（36）免税所得指纳税人已并入利润总额中进行核算的符合税收规定免税条件的收入或收益，包括国债利息收入，符合条件的居民企业之间的股息、红利等权益性投资收益，在中国境内设立机构、场所的非居民企业从居民企业取得与该机构、场所有实际联系的股息、红利等权益性的投资收益，符合条件的非营利组织的收入。数据来源于《企业所得税年度纳税申报表》中的"免税所得"栏。

（37）营业税应税收入指纳税人本期因提供营业税应税劳务、转让无形资产或者销售不动产所取得的全部价款和价外费用（包括免税收入）。数据来源于《营业税纳税申报表》中的"应税收入"栏。

（38）营业税应税减除项目金额指纳税人本期提供营业税应税劳务、转让无形资产或者销售不动产取得的应税收入中按规定可扣除的项目金额。数据来源于《营业税纳税申报表》中的"营业税应税减除项目金额"栏。

（39）营业税免税收入指纳税人本期提供营业税应税劳务、转让无形资产或者销售不动产所取得的应税收入中不需税务机关审批可直接免缴税款的应税收入或已经税务机关审批的免税项目应税收入。数据来源于《营业税纳税申报表》中的"营业税免税收入"栏。

3.税收经济关系分析指标

税收经济关系分析指标是指建立税收与经济联系的关系指标，可以反映纳税人申报税收数据与其税源数据的相关关系，是对纳税人开展纳税评估的重要参考依据。

（1）产品销售率指一定时期内销售产值与同期全部工业总产值之比，反映工业产品生产已实现销售的程度。分析企业产品销售率，可以弥补对企业产品产量进行分析所带来的税源分析误差。

（2）销售利润率指企业利润总额与产品销售净收入的比值，反映企业每百元销售净收入中有多少利润。销售利润率越高，说明销售获利水平越高。在产品销售价格不变的条件下，利润的多少受产品成本和产品结构等的影响。

（3）主营业务利润率指主营业务利润占主营业务收入的百分比，是评价企业核心竞争力的指标，可以用分析销售利润率的方法来分析企业主要业务的税源质量。

（4）资产收益率指企业净利润占平均资产总额的百分比。该指标反映企业一定时期的净利润与企业资产利用的综合效果。指标值越高，表明资产的利用效率越高，说明企业在增加收入和节约成本等方面取得了良好的效果，反之亦然。

（5）资本保值增值率指企业期末所有者权益总额与期初所有者权益总额的比值，用以反映投资者投入企业资本的完整性和安全性。当该指标 ≥100% 时，表明投资人的所有者权益在企业经营过程中受到充分保障。

（6）存货周转率和存货周转天数是衡量和评价企业购入存货、投入生产、销售收回等各环节管理状况的综合性指标。用时间表示的存货周转率就是存货周转天数。存货周转次数越多，周转天数越少，存货周转速度越快，存货的占用越低，流动性就越强。

（7）总资产周转率指销售收入与平均资产总额的比值，用以反映资产总额的周转速度。周转越快，表明资产利用效果越好，销售能力越强，进而反映出企业的偿债能力和盈利能力越强。

（8）主营业务收入增长率指报告期主营业务收入与基期主营业务收入之差和基期主营业务收入的比值，用以衡量企业的产品生命周期，判断公司发展所处的阶段。

（9）应税销售额变动率指纳税人当期销售额与基期销售额的差额同基期销售额的比值。销售额变动比率有正常范围，该范围是指纳税人在正常经营的前提下，期内销售额与上年同期或上季度比较，其变动比率所能达到的最大值。

（10）应税销售额变动率与应纳增值税额变动率的弹性分析可以反映企业纳税方面存在的问题。一般来讲企业销售额的增长与应纳增值税的增长应当同步。

（11）主营业务成本变动率指报告期主营业务成本和基期主营业务成本的差额与基期主营业务成本的比值。该指标综合反映企业主营业务成本的变化情况，主要提供与企业进项税额、产销率进行对比分析的依据。

（12）主营业务成本变动率与应税销售额变动率弹性分析反映：主营业务成本变动和销售额变动理论上是一致的，通过分析二者变化的弹性系数可以发现企业在增值税申报方面可能存在的问题。

（13）主营业务成本变动率与应纳增值税额变动率弹性分析反映：正常情况下二者应基本同步增长，比值应接近于1，该指标同样可以发现企业在增值税申报方面可能存在的问题。

（14）电量消耗率指企业电力消耗量与计税销售收入的比值。企业的电力消耗通常情况是较为稳定的，因此可以通过一个企业的电力消耗情况侧面了解企业的生产经营情况和申报计税收入的合理性。

（15）燃料消耗率指企业燃料费用与计税销售收入的比值。通过一个企业的燃料消耗情况，可以了解企业的生产经营情况和申报计税收入的合理性。

（16）增值税应缴税负率指一定时期（通常指一年）内企业应缴增值税额与计征增值税销售收入的比率。该指标主要用于测算一个企业增值税应缴税金与应税销售收入的比例关系，衡量企业增值税负担水平的高低。

（17）增值税实缴税负率指一定时期（通常指一年）内企业实缴增值税额所占计征增值税销售收入的比重。该指标主要用于测算一个企业实缴增值税与应税销售收入的比例关系，反映企业在一定时期内增值税的实际负担水平。

（18）销售收入的销项税额负担率指销项税额与计征增值税销售收入的比值，主要用于测算一个企业"单位应税销售收入"与销项税额的比例关系，通过具体分析税收优惠、税率变化等方面来量化说明不同时期指标的变动情况。

（19）销售收入的进项税额负担率指进项税额与计征增值税销售收入的比值，主要用于测算一个企业"单位应税销售收入"与进项税额的比例关系。

（20）销售收入的抵扣税额负担率指进项抵扣税额与计征增值税销售收入的比值，主要用于确定一个企业"单位应税销售收入"中进项抵扣税额比重的大小。

（21）销售收入的增值税贡献率指增值税（含免抵调库）与企业计征增值税销售收入的比值，主要用于反映企业"单位应税销售收入"中增值税收入方面对中央和地方财政的贡献情况。

（22）流动资产收入变动比率。收入变动比率是指本年收入减去上年收入后的差额占上年收入的百分比。流动资产收入变动比率是指本年平均流动资产减去上年平均流动资产后的差额占上年平均流动资产的百分比。该指标反映流动资产投入与收入是否匹配，进而判断收入是否真实。

（23）计税收入率指各项计税收入合计占各项收入总和的百分比。该指标综合反映企业在一定会计期间实现的总收入中排除非计税收入后所含净税源的比重，因而可以从计税收入和非计税收入关系上分析税源质量。

（24）产量原材料配比率指本期耗用原材料同比增加率与本期产品产量同比增加率之差，同一行业在原材料耗用上基本是一致的，耗用多少原材料就会生产出多少产品。如果配比率过高，就要考虑企业是否隐瞒产品产量。

（25）所有者权益比率指企业所有者权益与资产总额的比值。所有者权益比率与资产负债率之和按相同口径计算应等于1。所有者权益比率越大，负债比率就越小，企业的财务风险也就越小。该指标从侧面来反映企业长期财务状况和长期偿债能力。

（26）所有者权益与固定资产比率指所有者权益与固定资产总额的比值。该指标用于衡量公司财务结构稳定性，反映购买固定资产所需要的资金有多大比例是来自所有者权益。

（27）固定资产比率指固定资产与资产总额的比值。该指标用来观察企业固定资产有无资金闲置的现象，从资金营运能力来看，固定资产比率越低，企业营运能力越强。

第六章　税收分析的基本方法

第一节　税收数据的处理方法

税收分析以国家的经济政策和税收政策为理论基础，以统计分析方法为分析工具，对调查、搜集的税源和税收收入数据等统计资料，进行加工整理，通过系统、定量地分析研究，认识税收收入的本质和规律性，并对税收未来的发展趋势做出科学的预测，为加强税收征收管理工作提供决策信息。税收数据的处理方法是各类税收分析方法的基础。

一、税收数据的基本类型

（一）概念

税收数据是反映税收经济现象总体单位或总体综合数量特征的信息，具体包括反映总体单位特征的名称及具体表现，即标志及其标志表现；以及反映总体综合数量特征的概念和具体数值，即税收统计指标（税收统计数据）。

（二）标志的基本分类

1.标志按其性质可以分为品质标志和数量标志

品质标志表示事物品质的特性，其具体表现是不能用数值表示的，如纳税人的经济类型、纳税人所属行业等。数量标志表示事物数量的特性，其标志表现可以用数值表示，如某个纳税人的纳税额、利润额等。品质标志主要用于分组，将性质不同的总体单位划分开来，便于计算各组的总体单位数，计算结构和比例指标。数量标志既可用于分组，也可用于计算各种税收统计指标。

2.标志按变异情况可以分为不变标志和可变标志

标志如果在总体各单位之间的具体表现完全相同，该标志就称为不变标志。如果某些标志在总体各单位的具体表现不完全相同，这些标志就称为变异标志或可变标志。

可变的数量标志又称变量。变量按变量值是否连续可分为离散变量与连续变量两种。离散变量的数值只能用自然数或整数单位计算，例如企业个数、职工人数、设备台数等。反之，在一定区间内可以任意取值的变量叫连续变量，其数值是连续不断的，相邻两个数值可作无限分割，即可取无限个数值。例如，纳税数额、工资薪金所得等为连续变量，其数值只能用测量或计量的方法取得。

（三）税收统计数据的构成及基本分类

1.税收统计数据的构成

税收统计数据一般包括五项内容：

（1）数据名称。数据名称说明所反映现象数量特征的性质和内容，如"税收收入""GDP"等。

（2）数据值。数据值是数据名称的结果体现，如100。

（3）计量单位。计量单位分为名数和无名数两类：名数是指计量单位有具体名称，如实物计量单位（吨、千克等）、货币计量单位（万元、元等）、劳动计量单位（工时、工日等）；无名数只有抽象的名称或无名称，通常有系数、倍数、成数、百分数等。

（4）时间范围。时间范围用于说明数据是时期数据还是时点数据。

（5）空间范围。空间范围给数据必要的空间限制，如2012年税收收入3000亿元，没有说明空间范围，就基本没有意义。

2.税收统计数据的基本分类

税收统计数据一般可以分为截面数据、时间序列数据和面板数据。截面数据又称静态数据，它是指在同一时间对不同总体的数量表现进行观察而获得的数据，如XX省2012年增值税、消费税、企业所得税收入分别为1987亿元、654亿元和1876亿元，这就是截面数据，即在一个时间点处切开，观察各个税种的不同数值。时间序列数据又称为动态数据，它是指在不同时间对同一总体的数量表现进行观察而获得的数据，如XX市2006、2007、2008、2009、2010年各年增值税收入分别为123亿元、234亿元、345亿元、456亿元和567亿元，这就是时间序列数据，即观察不同时间点的具体数值。面板数据是截面数据与时间序列数据综合起来的一种数据类型，具有时间序列和截面两个维度，当这类数据按两个维度排列时，是排在一个平面上，与只按一个维度排列在一条线上的数据有着明显的不同，整个表格像是一个面板，因此称为面板数据。

二、税收数据的加工整理

（一）税收数据的采集

税收分析工作是从收集税收数据开始的，我们要从数量上认识税收客观的现象，必须先获取有用的税收数据。税收数据的采集是根据税收分析研究的目的与要求，运用科学的收集方法，有计划、有组织地搜集税收统计数据资料的过程。税收统计数据收集方式一般可分为两种：一种是直接向纳税人收集反映调查单位的税收统计数据，即原始资料，也称初始资料；另一种是根据税收研究的目的，收集已经加工、整理过的说明总体现象的数据，一般称为次级资料或第二手资料。原始资料可以直接从纳税人的申报资料或征管信息管理系统中收集，或者采用科学的调查方法直接向纳税人进行调查收集；间接税收资料可以从新闻、网络、统计年鉴及社会其他相关部门收集取得。

（二）税收数据加工处理的意义

税收数据的加工处理，是根据税收分析研究的目的和任务，对采集所得的原始资料进行科学的分类和汇总，对已初步加工的次级资料进行再加工，使其系统化、条理化、科学化，以反映所研究的税收现象总体特征的工作过程。

一方面，对搜集的资料进行加工处理，使其成为系统化、条理化的综合资料，对总体内部规律性、内在联系和结构关系做出概括的说明。税收数据的加工处理是实现由对个别现象的认识过渡到对总体现象的认识，由对事物表象的认识过渡到对其本质与内在联系的全面认识，由感性认识上升到理性认识的过程，是达到税收统计分析研究目的的重要环节。

另一方面，税收数据加工处理正确与否、质量好坏，将直接影响税收分析及预测结果的准确性和真实性。不恰当的加工整理往往使收集得来的丰富、准确、全面的资料失去应有的价值，从而歪曲事情的真相，使人们得出错误的结论。因此，采用科学的方法进行税收数据的加工处理是顺利完成税收统计分析任务的前提。

总之，税收数据的加工处理在整个税收统计分析中起着承前启后的作用，它既是税收数据收集过程的继续和深化，又是税收统计分析的基础和前提，也是税收数据收集和税收统计分析的连接点。

（三）税收数据加工处理的步骤

从完整的工作程序来看，税收数据加工处理的基本步骤如下：

1. 设计和编制税收数据加工处理方案

税收数据加工处理方案是根据税收统计分析研究的目的和要求，事先对整个工作做出的全面的计划和安排，是通过一套综合表和编制说明来反映的，其主要内容包括确定汇总指标与综合统计表，进行统计分组，选择资料汇总形式，确定资料审查的内容与方法等。统计分组是统计资料整理的基础，统计汇总是统计资料整理的中心内容，统计图表则是统计资料整理的表现形式。

2. 对收集的税收数据进行审核

在对收集的税收数据进行加工处理前，首先需要对其进行严格的审核，以保证数据质量，为进一步的整理和分析打下基础。审核的内容主要包括税收数据的准确性、及时性和完整性等。

3. 对收集的税收数据进行分组、汇总和计算

在税收数据加工处理的过程中，对大量的原始资料进行分组、汇总和计算是一项重要的工作，其中统计分组是最基本的，是保证分类、汇总科学合理的基础。根据税收数据加工处理方案的要求，按已确定的汇总组织形式和具体方法，按照一定标志，对收集的税收数据进行分组。按分组的要求，对各项数字进行汇总，计算分组单位数、总体单位数、分

组标志总量和总体标志总量。

（1）统计资料的分组。其工作内容是将全部调查资料按照一定的标志加以区分，使反映相同性质的税收活动的资料归集在同一组内，便于对比分析。

（2）税收统计资料的汇总。统计资料经过科学分组后，按一定要求对统计资料进行综合归类。汇总的形式主要有集中汇总和逐级汇总两种。集中汇总是指由组织领导完成统计资料整理工作的工作机构，集中对全部统计资料进行汇总；逐级汇总是指在汇总过程中，充分发挥各级税务部门的作用，将已经汇总好的资料逐级上报。

4. 对汇总后的调查资料进行审核

对加工处理好的资料再一次进行审核，更正汇总过程中所发生的各种差错。汇总后审核可以从以下四个方面进行：

（1）复计审核，即对每个指标数值进行复核计算；

（2）表表审核，即审核不同统计表上重复出现的同一指标数值是否一致，对统计表中相互联系的各个指标数值进行审核，审核它们之间是否衔接和是否符合逻辑性；

（3）表实审核，即对汇总得到的指标数值与了解的实际情况联系起来进行审核；

（4）对照审核，即对各税种相关数据进行相互对照审核，看数字是否一致或比较接近，以便从中发现可能出现的错误。在审核过程中发现错误时，应查明原因，及时更正。

5. 编制统计表、绘制统计图

把整理好的税收统计资料用统计表或统计图的形式表现出来，简明扼要地表现税收现象在数量方面的具体特征和相互关系。

三、税收分析的常用工具

税收分析常用的软件有 SAS、SPSS、Excel 等，其中 Excel 的使用最为普遍。本书将通过具体实例，介绍 Excel 在税收分析中的应用。

Excel 是通过电子表格方式来进行数据录入、管理与分析的，最基本的操作对象是单元格，Excel 常用的操作方式有快捷菜单方式、工具按钮方式和宏命令方式。另外，Excel 还有大量的函数，为计算和分析带来了极大的方便。

第二节　总量分析法

总量分析法是指运用总量指标进行分析的一种方法。总量分析法主要适用于对经济税源、税收收入的总体规模及增减变化量的分析。

一、总量指标的概念及作用

税收总量指标是反映一定时间、地点和条件下的税收总规模、总水平的统计指标。其表现形式为具有计量单位的绝对数，所以也称为绝对量指标。它可以揭示总体数量的绝对规模和水平，其数值大小受总体范围及单位数多少的制约。例如，2012 年某省国税税收收入是 4321 亿元，去除海关代征后，国内税收收入是 2632 亿元。总量指标也可以表现为某现象总体在一定时空条件下数量增减变化的绝对数。例如，2012 年某省国税税收收入与 2011 年相比增加了 314 亿元，国内税收收入比 2011 年增加了 153 亿元。在税收统计分析中计算税收总量指标具有十分重要的意义。

1. 税收总量指标是对整个研究对象总体认识的起点。它是对所研究对象总体的客观反映，可以反映其基本状况。

2. 税收总量指标是税务工作中下达计划任务，检查监督税收计划执行进度、执行结果，加强税收征收管理的重要依据。

3. 税收总量指标是计算税收相对指标、平均指标，进行税收相对水平分析和平均水平分析的基础。税收相对指标和平均指标都是以两个或两个以上有联系的税收总量指标为基础计算出来的，是税收总量指标的派生指标。税收总量指标的核算是否科学合理直接影响税收相对指标和平均指标的准确性。

对总量指标的分析描述应简洁、明了，突出其主要数量特征，给人以深刻的印象。例如，2012 年某市国内税收收入突破 300 亿元，比 2011 年增长 15.67%，增收 165 亿元，税收收入呈现稳定增长的趋势。

二、总量指标的种类

1. 按其反映的内容分类，可分为税收总体单位总量和税收总体标志总量

税收总体单位总量是总体单位数的总和，它表示总体本身规模的大小，如 ×× 县国税局 2012 年年末所辖一般纳税人为 2000 户，2012 年年末在职税务干部为 150 人。税收总体标志总量反映的是总体内各个单位某一数量标志值的总和，如 ×× 县国税局 2012 年税收收入为 8 亿元，征收成本为 180 万元。

2. 按其反应的时间分类，可分为时期指标和时点指标

时期指标反映总体在某一段时间内累计规模的总量，如上例中 ×× 县税收收入 8 亿元，2012 年 ×× 省国税税收收入 4321 亿元，国内税收收入 2632 亿元。时点指标是反映总体在某一时刻状态上规模的总量指标，如上例 ×× 县 2012 年年末所辖一般纳税人为 2000 户，2012 年年末在职税务干部为 150 人。

3. 按其计量单位不同分类，可分为实物量指标、价值量指标和劳动量指标

（1）实物量指标是以实物单位计量的总量指标，能够直观地反映产品使用价值的总量，

是计算价值量指标的基础。实物单位有自然单位、度量衡单位和标准实物单位等。比如，电脑以"台"、小汽车以"辆"等自然单位计量。度量衡单位是以统一的度量衡制度规定的计量单位，如钢材、粮食以"吨"等计量。标准实物单位用于汇总不同规格或含量的同类事物的实物数量，可以更加准确地反映产品的实用价值总量。以往我国的农业税俗称"公粮"，采用的就是实物量指标。

（2）价值量指标是以货币单位计量的总量指标，反映现象总体的价值总量，如"国内生产总值""税收总额"等。目前，我国税收总量指标均表现为价值量指标，其计量单位表现为元、万元、亿元等。

（3）劳动量指标是以劳动时间为单位计算的产品产量或完成的工作量，通常用于工业企业内部的核算，如"工时""工日""台时"等。

第三节　对比分析法

一、对比分析法的概念及分类

对比分析法是指运用对比指标进行分析的一种方法。对比分析法的核心是将两个有联系的统计指标进行对比，用一个抽象化的比值（对比之后的数值）来反映社会经济现象之间的对比关系。通常使用事物的相对水平、发展过程、差异程度、内部结构与比例关系等来比较和分析事物之间的联系。

税收对比分析按时间和空间范围可划分为纵向和横向对比分析。纵向对比分析是指在一定时间范围内，对同一事物的各个发展阶段的不同数量指标进行对比分析，反映事物在不同阶段的发展变化情况。横向对比分析，则是指对同一指标在不同空间范围内进行对比分析，用以反映经济现象在不同地区之间的差距。如某省宏观税负与相关省份同期宏观税负之比，就可以反映出省间宏观税负水平差距。这种方法用在省内各地区之间的比较同样有效。

对比分析法主要适用于经济税源、税收收入的结构分析、发展速度分析及经济税收关系分析（宏观税负、弹性分析），也适用于经济税源、税收收入总量、结构、发展速度及税负、弹性等指标的纵向和横向对比分析，以发现和了解不同现象之间的结构现状、差异程度及发展趋势。

二、相对指标的概念及作用

相对指标是指将两个有联系的指标进行对比所得到的比值，反映事物的数量特征和数量关系，其具体数值表现为相对数，因此也称为相对数指标。相对指标可以反映现象之间的固有联系及联系程度，如现象的发展程度、结构、强度、普遍程度或比例关系等。借助于相对指标对现象进行对比分析，是统计分析的基本方法。

相对指标的表现形式有两种：一种是有名数，另一种是无名数。有名数是指对比的分子、分母有不同的计量单位，将分子和分母两个指标的计量单位结合使用，如人口密度用"人 / 平方公里"，人均 GDP、人均税收负担用"元 / 人"，劳动强度用"件 / 人"等。无名数是一种抽象化数值，常用倍数、系数、成数、翻番数、百分数、千分数等表示。

在统计分析研究中，相对指标的作用主要表现在以下方面：

1. 相对指标能具体表现社会经济现象之间的对比关系，有助于人们深入了解事物发展的质量与状况。社会经济现象之间是相互联系、相互制约的，总量指标只能反映现象的总规模、总水平，而运用相对指标把有关指标联系起来进行对比分析，就能把事物发展的规模大小、计划执行的好坏、变化速度的快慢、各种比例协调与否等情况反映出来。

2. 相对指标可以使不能直接对比的现象找到相互比较的基础。例如，考察不同类型企业的经济效益时，由于生产规模不同、资金多少不同，一般不能用净利润直接对比，可以通过销售利润率、资本收益率等相对指标抽象个体的差异，再进行对比分析。

三、相对指标的分类

根据研究的目的和任务不同，计算相对指标时选择的对比基础也不同，对比所起的作用也有所不同，从而形成不同的相对指标。归纳起来主要有两类：一是同一总体内部对比的相对指标，如结构相对指标、比例相对指标、动态相对指标和计划完成程度及计划执行进度相对指标；二是两个总体之间对比的相对指标，如比较相对指标和强度相对指标。

1. 结构相对指标

结构相对指标就是利用分组方法，将总体划分为性质不同的各个组成部分，以部分数值与总体数值对比而得出的比重或比率，来反映总体内部组成状况的相对指标。其计算公式为：

结构相对指标 = 总体部分数值 / 总体全部数值 × 100%

结构相对指标一般用百分数或成数表示，各组比重之和等于 100% 或 1，其分子和分母既可以同是总体单位总量，也可以同是总体标志总量，且分子数值属于分母数值的一部分，即分子、分母是一种从属关系，位置不能互换。

例如，2012 年 ×× 省国内增值税收入完成 1523 亿元，约占国内税收收入的61.24%；企业所得税收入完成 583 亿元，约占国内税收收入的 23.44%；国内消费税收入完成 244 亿元，约占国内税收收入的 9.81%；其他税种收入完成 137 亿元，约占国内税收收入的 5.51%。

结构相对数是统计分析中常用的综合指标，主要有以下两方面作用：

（1）可以反映总体内部的结构特征。

（2）不同时期结构相对数的变动状况，可以反映事物的变化过程及发展趋势。

2. 比例相对指标

比例相对指标是同一总体内不同组成部分之间进行数量对比的相对指标，用以反映总体中各组成部分之间的数量联系程度和比例关系。它的分子与分母可以互换。其计算公式为：

比例相对指标 = 总体中某一部分数值 / 总体中另一部分数值 ×100%

比例相对指标一般用百分数、几比几或连比的形式表示。比例相对指标以对分析总体的统计分组为前提，没有分组就没有比例，并且该指标是由结构决定的。根据对比的目的不同，分子、分母可以相互交换位置。

例如，2012 年 ×× 市税收收入总额 157 亿元，其中第二产业税收收入 84 亿元，第三产业税收收入 73 亿元。第二产业税收收入：第三产业税收收入 =84 ：73=1.15 ：1=115 ：100。也可以计算分析第三产业税收收入：第二产业税收收入 =73 ：84=0.87 ：1=87 ：100。

在实际工作中，常将比例相对数和结构相对数结合起来使用，这样既可以研究总体的结构是否合理，也可以判断现象发展过程中的比例关系是否正常。

3. 动态相对指标

动态相对指标又称为发展速度，是将某一指标不同时间上的数值进行对比的相对指标，表明同类事物在不同时间状态下的对比关系，反映社会经济现象在时间上的运动、发展和变化。其计算公式为：

动态相对指标（发展速度）= 报告期指标数值 / 基期指标数值 ×100%

公式中报告期是要研究或说明的时期，又称为计算期；基期是用来作为比较标准的时期。动态相对指标的分子、分母相对固定，不能互换位置。

例如，2012 年 ×× 市税收收入总额 1345 亿元，2011 年为 1115 亿元，则该市 2012 年税收收入发展速度 =1115 × 100%=120.63%。

动态相对指标对于分析社会经济现象的发展变化具有非常重要的意义。

4. 计划完成程度及计划执行进度相对指标

（1）计划完成程度相对指标

计划完成程度相对指标，简称为计划完成百分比，它是以现象在某一时期内的实际完成数与计划任务数进行对比的相对指标。在计算时，要求分子、分母在指标的内容、范围、计算方法及时间长度等方面完全一样，通常用百分数表示。其基本计算公式为：

计划完成程度相对指标 = 实际完成数 / 计划任务数 ×100%

例如，×× 县 2012 年计划完成税收任务为 1200 万元，实际完成税收任务 1500 万元，则该县 2012 年税收任务计划完成情况为：

税收计划完成百分比 =1500/1200 × 100%=125%

计算结果表明完成计划的 125%，实际完成税收比计划增加 1500-1200=300 万元，超额完成计划的 25%。

计划完成程度相对指标可以准确地反映计划完成情况，定期监督检查国民经济计划以及地区、部门或基层单位计划的执行情况，随时掌握计划执行进度及执行过程中存在的问题，找出薄弱环节，挖掘潜力，并可以根据实际情况对计划进行适当的修改，从而作为编制下期计划的参考。

（2）计划执行进度相对指标

计划完成程度相对指标只反映计划执行的结果，在分析计划执行情况时，还要检查计划执行的进度和均衡程度，需要运用计划执行进度相对指标。

计划执行进度相对指标是计划期中某一段时期的实际累计完成数与计划期全期计划数对比得到的指标。其计算公式为：

计划执行进度相对指标 = 期初起至检查之日止实际累计完成数 / 全期计划任务数 ×100%

计划执行进度相对指标用于检查计划执行与时间进度的要求适应与否，可以在计划期内，逐日、逐旬、逐月、逐季度观察计划的进展情况，检查计划执行是否均衡，预计计划的可能完成情况，以便于及时发现问题、采取措施，保证或超额完成计划任务。一般来说，检查计划完成进度要与时间的进程相统一，即第一季度完成年计划的25%，第二季度累计完成年计划的50%，即时间过半，任务完成数也要过半。

5. 比较相对指标

比较相对指标是把两个性质相同的指标在同一时间、不同空间条件下做静态对比得出的相对指标，可以反映国家之间、地区之间、行业之间、单位之间同类现象的对比关系。其计算公式为：

比较相对指标 = 某条件下的某项指标数值 / 另一条件下的同项指标数值 ×100%

比较相对指标一般用百分数或倍数表示，其分子、分母根据分析目的不同可以相互交换位置。

例如，2012年A市税收收入总额157亿元，B市税收收入总额为305亿元，则A市与B市税收收入对比得到的比较相对指标 =157 ： 305=51.48%，也可以将B市与A市税收收入进行对比 =305 ： 157=1.94倍。

计算比较相对指标时，用来对比的指标既可以是总量指标，也可以是相对指标或平均指标。由于总量指标易受总体规模和条件不同的影响，计算比较相对指标时更多采用相对数或平均数进行对比。如税收弹性系数指标，其计算公式为：

税收弹性系数 = 税收增长率 / 经济增长率

税收弹性系数作为税收对经济增长的反映程度，其数值大于1，说明税收增长快于经济增长，其数值越大，对宏观税负的提升作用越明显。

比较相对指标常用于不同国家、地区、单位之间的比较，用于先进与落后水平的比较，还用于标准水平或平均水平的比较，用以寻找差距、挖掘潜力，为制订发展计划提供依据。

比例相对指标和比较相对指标的区别是：（1）分子与分母的内容不同，比例相对指标是同一总体内不同组成部分之间数量对比的相对指标；比较相对指标是同类指标在同一时间、不同空间条件下对比得出的相对指标。（2）说明问题不同，比例相对指标反映总体内部的比例关系；比较相对指标是不同单位的同类指标对比而确定的相对数，用以反映同类现象在同一时期内各单位发展的不平衡程度。

6. 强度相对指标

强度相对指标是将两个性质不同（不同类现象）而有一定联系的总量指标进行对比的结果，用以表明现象的强度、密度和普遍程度。这里所指的不同类现象一般分别属于不同的总体。其计算公式为：

强度相对指标 = 某一总量指标数值 / 另一性质不同而相联系的总量指标数值 × 100%

有些强度相对指标的分子、分母位置可以互换，所以有正指标和逆指标两种形式。强度相对指标的数值大小与现象的发展程度或密度成正比时，称为正指标；其与现象的发展程度或密度成反比时，称为逆指标。一般来说，正指标数值越大越好，逆指标数值越小越好。

四、对比分析时应注意的问题

1. 两个对比指标的可比性

由于相对指标是由两个有联系的指标数值进行对比计算得出的结果，因此，两个对比指标的可比性是计算相对指标的重要条件。所谓可比性，是指对比的两个指标在经济内容上要有内在联系，并且在总体范围、时间、计算方法和计量单位上要求一致或相适应。

2. 相对指标和总量指标结合使用

相对指标把现象的绝对水平抽象化，以此来反映社会经济现象的联系和差异程度，但是，它也掩盖了现象绝对水平的差别。因此，在利用相对指标进行分析时，必须与计算相对指标所依据的绝对水平联系起来，才能获得对客观事物正确的认识。

3. 多种相对指标结合运用

运用相对指标进行统计分析时，可以将从不同方面、不同角度表明问题的各种相对指标结合起来运用，全面地说明客观事物的情况及发展的规律性。只有对多种相对指标进行综合运用，才能全面地、深入地说明要研究的问题。

第四节　分组分析法

社会经济现象的多样性和错综复杂性，要求在进行税收分析时，将错综复杂的社会经济现象区分为不同的类型，使税收分析进一步深化，这就需要借助分组分析法。

一、统计分组的概念及作用

统计分组是根据税收分析研究的目的和分析对象的特点，将所研究的税收统计总体按照一定的标志划分为性质不同的若干个组成部分，把反映相同性质的税收活动的资料归集在同一组内，以便于对比分析的一种统计方法。总体中的这些组成部分称为"组"，也就是大总体中的小总体。能否对统计总体进行分组，是由统计总体中各单位所具有的差异性的特点决定的。

统计分组是开展税收分析、研究社会经济结构变化、产业结构变化、产品结构变化等对税收收入影响的基础和前提，只有按照一定的标志进行科学的分组，才有可能取得总体内部各部分在总体中所占比重和各部分之间比例关系的资料；才有可能利用这些资料去研究和分析各种现象之间的依存关系；才有可能利用这种分析方法去进行客观正确的分析，以揭示客观事物发展的一般规律。

二、统计分组的原则

一是系统原则。即各分组内容之间要符合逻辑、界限明确、层次分明，既自成体系，又相互联系。

二是可比原则。即分组内容要与历史资料保持连续，分组口径要前后一致，以便进行前后对比。

三是实用原则。进行各种分组要有利于税收统计资料的使用，满足当前税收工作的需要，并便于各级领导审阅。

确定分组内容时，必须综合考虑上述各项原则，尤其要兼顾统计资料的可比性和实用性。如果出现与前期资料分组口径不同，则必须在整理的统计资料中逐项加以说明，以免在使用资料时发生差错。

三、分组标志

统计分组中关键的问题在于选择分组标志和各组界限的划分，而选择分组标志则是税收统计分组的核心问题。

（一）分组标志的概念及其分类

分组标志就是将税收统计总体区分为性质不同的组的标准或根据。根据分组标志的不同特征，税收统计总体可以按品质标志分组，也可以按数量标志分组。

1.按品质标志分组

按品质标志分组就是选择反映事物属性差异的品质标志作为分组标志，并在品质标志的变化范围内划定各组界限，将总体划分为若干性质不同的组成部分。如按经济类型或产业结构分组。将纳税人按所属的经济类型分组，可以分为国有企业、集体企业、股份合作企业、联营企业、股份公司、私营企业及其他企业等。

2. 按数量标志分组

按数量标志分组就是根据统计研究的目的，选择反映事物数量特征和差异的数量标志作为分组标志，在数量标志值的变异范围内划定各组数量界限，将总体划分为性质不同的若干组成部分。在实际进行税收分析时，按数量标志进行分组常用来分析某种指标的变动情况，这时被研究的指标就成为分组的标志，例如，将纳税人按缴纳税金额、利润额分组等。

（二）选择分组标志

任何社会现象客观上都有许多不同的标志。对同一总体的资料根据不同的标志进行分组，会产生不同的结论。为确保分组后的各组能够正确反映事物内部的规律性，选择分组标志时，应遵循以下原则：

1. 根据税收分析研究的目的与任务选择分组标志

在对税收数据进行分析研究时，可以根据不同的研究目的或任务从不同的角度进行研究，相应地要根据不同的分组标志进行分组。如在以××省纳税人为总体进行研究时，这个研究对象就有很多标志，如经济类型、行业、规模等。在具体研究过程中应该采用哪种标志进行分组，就要看研究的目的。如研究税收负担率的行业差异情况，可选择行业作为分组标志；研究税收负担率的地区差异情况，可选择地区作为分组标志。

2. 从众多标志中，选择最能反映被研究现象本质特征的标志作为分组标志

社会经济现象复杂多样，具有多种特征，在选择分组标志时，会遇到既可以使用这种标志，又可以使用另一种标志的情况。这就需要根据被研究对象的特征，选择最重要的、最能反映事物本质特征的标志进行分组。例如，研究纳税人的纳税能力情况，可以用纳税人的销售收入作为分组标志，也可以用纳税人的资产、利润、税负作为分组标志。相比较而言，销售收入水平更能反映纳税人纳税能力的高低及被研究现象的本质特征。

四、统计分组体系

对税收总体数量特征的认识，往往要从多方面进行研究，因此仅仅依赖一个分组标志很难满足需要，必须运用多个分组标志进行多种分组，形成一个分组体系才能满足需要。

所谓的统计分组体系，就是根据税收统计分析的要求，通过对同一总体进行不同分组，形成一组相互联系、相互补充的体系。统计分组体系有平行分组体系与复合分组体系之分。

（一）简单分组和平行分组体系

总体只按一个标志分组称为简单分组。例如，按税收收入对纳税人进行分组。对同一个总体选择两个或两个以上的标志分别进行简单分组，就形成了平行分组体系。例如，为了解纳税人总体的基本特征，我们将纳税人总体按经济类型、行业等进行分组，形成的平行分组体系如下。

按经济类型分组：国有企业，集体企业，股份合作企业，联营企业，股份公司，私营企业，其他企业；

按行业分组：采矿业，制造业，电力、热力、燃气及水的生产和供应业，建筑业等。

平行分组体系的特点是：每一个分组固定一个分组标志，即只考虑一个因素的差异对总体内部分布情况的影响，而且各个简单分组之间彼此独立，没有主次之分，不互相影响。

（二）复合分组和复合分组体系

对同一总体选择两个或两个以上分组标志层叠起来进行分组，叫作复合分组。复合分组所形成的分组体系叫作复合分组体系。例如，将纳税人总体按经济类型、行业重叠分组形成的复合分组体系如下。

国有企业

—采矿业

—制造业

—电力、热力、燃气及水的生产和供应业

—建筑业

……

股份公司

—采矿业

—制造业

—电力、热力、燃气及水的生产和供应业

—建筑业

……

其他企业

—采矿业

—制造业

—电力、热力、燃气及水的生产和供应业

—建筑业

……

复合分组体系的特点是：每次分组除了要固定本次分组标志对分组结果的影响外，还要固定前一次或前几次分组标志对分组结果的影响，且各个分组标志之间要有主次之分。

复合分组体系可以从不同角度体现总体内部的差别和关系，因此，它比平行分组体系更能全面、深入地研究分析问题。但是也要注意，复合分组的组数等于各简单分组组数的乘积，如果复合分组选择的标志过多的话，就会使复合分组体系过于庞大，会增加分组的难度，不容易反映现象的本质特征，制表也不方便。所以，进行复合分组时分组标志不宜过多。

五、分配数列

分配数列是进行税收统计分组的必然产物，是税收数据加工处理结果的一种重要表现形式。它可以反映税收现象总体的分布特征和内部结构，并为研究总体中某种标志的平均水平及其变动规律提供依据。

（一）分配数列的概念

分配数列是在税收统计分组的基础上，将总体的所有单位按组归类整理，并按一定顺序排列而形成的总体中各个单位在各组间的分布，又称分布数列或次数分配。分配数列可以表明总体的构成情况，同时也是反映总体数量特征、揭示事物规律的重要方法。

（二）分配数列的种类

根据分组标志的不同，分配数列分为品质分配数列和变量分配数列两种。

1. 品质分配数列

按品质标志分组形成的分配数列称作品质分配数列，简称品质数列，也叫属性分布数列。

2. 变量分配数列

按数量标志分组编制的分配数列称作变量分配数列，简称变量数列。

变量数列按变量的表现方法和分组方法不同，可以分为单项式分配数列和组距式分配数列两种。

（1）单项式分配数列是指将每一变量值列为一组形成的数列，即按单项式分组编制的变量数列。适用于变量值个数较少、变动范围较小的离散型变量。

（2）组距式分配数列是以标志值变动的一定范围作为一组的分组方式，即组距式分组所形成的变量数列。组距式数列中的每个组不是用一个具体的变量值表示，而是用变量值的一定变化范围即各组变量值变动的区间来表示，一般适用于连续型变量以及变量值较多、变动范围较大的离散型变量。

（三）组距式变量数列的组成要素

1. 组距、全距与组数

在组距数列中我们用变量值变动的一定范围代表一个组，每个组的最大值为组的上限，最小值为组的下限，每个组上限和下限之间的距离称为组距，即：组距＝上限－下限。

全部变量值的最大值和最小值的距离，即全距，又称极差，即全距＝最大变量值－最小变量值。

组数是指某个变量数列划分为多少组。组数与组距是相互联系的，在同一变量数列中，组距的大小与组数的多少成反比。组数越多，组距越小；组数越少，组距越大。

对一个总体来讲，分组的组数和组距必须恰当，组数不能太多也不能太少，组距不能太小也不能太大。组数太多，组距太小，分配数列显得很烦琐，不能反映总体分布特征；组数太少，组距太大，分配数列显得过于笼统，同样很难反映总体分布特征。

2. 组限与组中值

组限是圈定一组标志值变动范围的两个数，即每组两端的标志值。每组的最大值为上限，最小值为下限。在组距式分组中常有最小组无下限或最大组无上限的情况，这样的组叫开口组，其中只有上限无下限的组称为下开口组，只有下限无上限的组称为上开口组。

在编制组距数列时，作为各组名称的变量可以是离散变量，也可以是连续变量，这两种变量组限的表示方法有所不同。按连续变量分组划分组限时，相邻两组的组限必须重叠。如果上下限是两个不同的数值的话，那么相邻两组上下限之间就可能有很多数值无组可归，不符合穷尽性原则。在统计时，如果遇到某单位的标志值刚好等于相邻两组上下限数值时，为避免重复计算，一般遵循"上组限不在内"的原则。例如，某地区纳税人税收收入分组，有 300 万 ~400 万、400 万 ~500 万两组，如果某户纳税人税收收入为 400 万元，则应计入 400 万 ~500 万这一组。按离散变量划分组限时，相邻两组的组限应该以整数断开。

组中值是各组标志值变动范围的中点值，也就是每组上限和下限之间的中点数值。由于组距数列使用变量值变动的一段区间来表现变量值的取值，所以掩盖了分布在各组内各单位的实际变量值，为了反映各组中个体单位变量值的一般水平，税收统计分析中需要计算组中值来代表。其计算公式为：

组中值 =（上限 + 下限)/2

（四）分配数列的要素及意义

分配数列包括品质分配数列和变量分配数列，都是由两个基本要素构成的，即各组的名称和各组的次数或频率。各组的名称是表明标志变异范围及其变异程度界限的。两种分配数列构成要素的不同之处仅有一点，即品质数列组的名称使用文字表示的标志属性差异，变量分配数列组的名称则是用标志值（变量的不同水平）表示的数量变异界限。

分配数列中分布在各组中的个体单位数叫作次数，又称频数，是以绝对数的形式表现各组的总体单位数目，各组次数之和等于总次数。各组次数（各组单位数）占总次数（总体单位数）的比重叫作比率或频率，是以相对数形式表现的总体单位数目，各组频率之和等于 1 或 100%。

在分配数列中，次数越多的组的标志值对于总体指标计算所起的作用越大；反之，次数越少的组的标志值所起的作用越小。频率与次数所起的作用的根本性质是相同的，不同的是频率还可以表明各组标志值对总体的相对作用程度。这种相对作用程度的具体数值，也是各组标志值在总体中出现的频率。

为研究整个变量数列的次数分配状况，并进行统计计算，税收统计分析中还常计算累计次数及其频率分布。将变量数列中各组的次数和频率逐组累计相加形成累计次数分布，它表明总体在某一变量值的某一水平上包含的总体次数和频率。

第七章　税收分析的主要内容

第一节　税收收入分析

一、税收收入分析的概念

税收收入分析是描述在某个时期内的税收收入完成情况，从地区、产业、行业、企业类型、企业规模等角度分析税收收入的结构特征，分析影响税收收入变化的经济因素、政策因素和征管因素，提出加强组织收入工作的意见或建议，形成分析报告的一种税收管理活动。它是税收管理的重要内容和重要环节，是促进税收科学化精细化管理、充分发挥税收职能的重要手段。

二、税收收入分析的意义

1.综合反映经济税收信息，有效地发挥参谋助手作用

税收是国家调节收入分配的重要经济杠杆，税收变动涉及国民经济各个部门，作用于社会再生产过程的各个环节。因此，对税收收入执行情况的分析，可以从税收角度及时反映出经济运行速度及质量的相关信息，供领导和上级部门决策时参考。

2.税收收入分析是强化收入监控和税收征收管理的重要保障

通过对税收收入总量、结构完成情况等指标进行分析，揭示组织收入工作中存在的问题，反映征管过程中的薄弱环节，尤其是通过对经济税收相关性的分析，利用宏观税负、行业税负、企业税负等不同层级的指标，通过比较分析，可以体现征收管理的效果，揭示税收征管中存在的问题，加强税收征管和组织收入工作的有效结合。

3.税收收入分析为组织收入工作原则奠定基础

税务机关要认真贯彻落实"依法征税、应收尽收、坚决不收过头税、坚决制止和防止越权减免税、坚决落实各项税收优惠政策"的组织收入原则，通过对税收收入完成情况的总量分析及产业结构、税收政策、征管状况等因素进行分析，可以把税收放在经济发展的大环境中把握其发展趋势；监督税务部门在征税过程中的政策执行进度，对有税不征和收过头税的违法行为进行有效监管；充分发挥组织收入工作的反映、监督、调控、参谋作用，

保证组织收入工作的顺利进行；进一步淡化税收收入计划观念，实现由依计划征税到依法征税的转变。

4. 税收收入分析为科学预测提供可靠依据

税收收入分析是税收收入预测的前提和基础，通过对收入情况的跟踪分析，动态监控、测算各种经济指标对现实税源的影响程度及各种涉税政策对税收的影响，可以找出税收与经济之间的一些规律性的东西，预测收入前景，有效发挥税收收入的目标管理作用。

三、税收收入分析的基本原则

1. 客观性原则

客观性原则是指税收收入分析必须客观地反映实际情况，实事求是地分析某一阶段的收入情况、存在问题和发展趋势，这是税收收入分析所应遵循的最基本原则。它贯穿于税收收入分析的全过程，如果违背客观性原则，不仅不能为领导做出正确决策提供科学依据，还会起误导作用，甚至会给组织收入工作造成重大损失。

2. 整体性原则

国民经济是一个由众多要素构成的复杂整体，其中每一个要素的发展变化都受其他要素的影响，而其反过来又会影响其他要素。因此，在对作为其中一部分的税收进行分析时，必须把它放在整体中加以考量，深入研究税收与经济之间、整体与整体、整体与部分、部分与部分之间的相互关系和内在联系，揭示其本质规律，保证税收收入分析的准确性和科学性。

3. 连续性原则

税务部门组织税收收入是一个连续的动态过程，它与国民经济的动态发展过程是相吻合的，税收收入分析必须遵循连续性原则，基期税收收入必然会对报告期税收收入有影响，而报告期税收收入也必然受基期相关联的因素影响，要对影响当期税收收入的诸多因素进行动态、连续分析，逐步深化对税收收入发展变化的不同特点、发展趋势的认识，而不能局限于在某点上的孤立的、片面的分析。

4. 定性分析和定量分析相结合的原则

定性分析是对事物发展的性质所做的分析和判断；定量分析是对事物的发展程度和数量关系所做的分析和预测。从定性的角度看，经济决定税收，国民经济发展规模最终决定税收收入规模，生产的规模、速度、水平、经济效益及与之相关的经济结构、产业结构、行业结构决定税收收入规模、增长速度和税收构成。可以说定性分析是税收分析的基础。同时，经济发展与税收收入增长之间还存在一定的数量关系，只有揭示出经济与税收之间的数量关系，才能准确预测税收的发展趋势，因此，税收收入分析必须遵循定性分析和定量分析相结合的原则。

5. 重要性原则

影响税收收入的因素很多，一一罗列、逐条逐个因素分析既抓不住主要矛盾，又不能事倍功半。因此，税收收入分析要突出重点，要抓住重点税种、重点税源、重点因素和重点地区，才能收到理想效果。

6. 及时性原则

税收收入分析是为各级税务机关领导分析、决策税收收入工作服务的，对各级政府进行经济决策也有一定的参考作用，时间要求非常严格。因此，税收收入执行情况分析必须遵循及时性原则。

四、税收收入分析的基本内容

1. 全面反映各级税务部门组织收入情况、收入进度和执行结果

税收收入分析要按预算级次、税种、地区、品目对本期税收入库绝对额进行分析，通过与邻期、同期和收入计划的数额对比，对本地区收入完成情况进行展示和评估，找出影响收入完成情况的主客观因素，预测税收收入的发展趋势。

2. 反映本期税收收入的特点

税收收入分析要揭示税收收入的突出特点及规律性，如本期税收收入与客观经济变动是否适应，工业环节的增值税与工业增加值之间是否同步，中央级收入和地方级收入的比重及增减情况与同期相比有什么变化等，从动态上分析税收发展的趋势，把握其发展变化的规律。

3. 反映重点税源的发展变化情况

通过对静态的重点税源数据进行比较分析和深入企业进行实际的调查研究，了解重点行业、重点企业的生产经营及纳税情况，掌握第一手资料，预测税源的变化趋势。

4. 反映经济税收政策的变动及征管质量对税收的影响

经济、税收政策的变动是影响税收收入的重要因素。每一项经济、税收政策的出台都会直接、间接地影响税收收入，收入分析要把经济和税收政策对收入的影响进行量化，客观、如实地反映其影响程度。同时，税收收入完成得好坏，与组织收入工作的质量和征管质量有着密切的关系，因此，应把收入分析与征管质量评价考核结合起来，利用有关税收经济指标和税收征管质量评价考核指标，反映各地工作的开展情况，衡量各地的征管力度，把组织收入工作中的成功经验加以推广，从而不断提升征管质量。

五、税收收入分析的对象

（一）税源

税源，顾名思义，即能够产生税收的源泉，是税收之根本。税源因税制而存在，现行税源与经济密切相关。税源又细分为以下三个方面：

1.投资

（1）投资对税收增长的间接影响。

（2）投资形成存货影响税收收入。

（3）投资对税收的滞后影响。

2.消费

（1）消费是 GDP 的组成部分。

（2）消费与税收收入密切相关。

3.出口

（1）进口总额和进口环节税收征收率的影响。

（2）出口方的出口总额和出口退税率的影响。

（二）税制

1.纳税人

纳税人适用的标准税收制度包括各法律法规、条例，如增值税条例，消费税条例，企业所得税法，税收征管法以及各种规范性文件，各种税收优惠政策等，特别是税制变化的内容要重点关注。

2.税务机关关注的征税方式方面的制度

征税方式方面的制度包括总分机构预缴汇缴政策、单个纳税人异地预缴汇缴政策、免抵调库政策、税收预算级次划分政策等。

（三）税收征管

1.持续性征管水平

持续性征管水平的表现形式包括行业建模、制度创新、一窗式管理、小规模纳税人管理、车辆购置税一条龙管理、卷烟消费税管理、企业所得税核定方法规范、各税种加强管理堵塞漏洞的办法、金税工程管理、清理漏征漏管户管理等。

2.一次性征管水平

一次性征管水平的表现形式包括稽查、纳税评估、反避税、税务审计、专项检查等。一次性征管力度提升也存在着持续效应。

（四）税务机关主观能动力

1.表现形式：免抵调库力度、退库力度、税收调控、税收政策从紧或从松。

2.影响因素：政府财政约束等。

第二节　经济税源分析

一、经济税源概述

经济税源简称"税源"，即税收收入的经济来源。从广义上来说，税源归根结底是物质生产部门的劳动者创造的国民收入，税收来源于经济，离开经济的发展，税收即成为无源之水，无本之木。从狭义上来说，税源则指各个税种确定的课税对象。从归宿上来说，税源即税收的最终来源，也即税收的最终归宿。税务实际工作中所说的税源是就狭义的税源而言，具体指与各个税种征税对象有密切联系的生产、销售、利润等在一定时期内的数量状况。经济税源作为税收收入的经济来源，其丰富程度决定着税收收入量的规模，税收收入随着国民经济的发展和国民收入的增加不断地增长。

经济税源分析主要是反映税收占国民收入的比重变化、税收与经济发展的协调度、影响经济税源的因素以及经济税源发展趋势。经济税源分析在税收分析工作中使用频率高、范围广、实用性强，是政府、税务以及社会各界广泛关注的涉税事项，它对完善税收制度、加强税收征管有积极意义。常用的经济税源分析有税负分析、税收弹性分析和税源分析三种。

二、经济税源分析内容

根据分析的目的和角度不同，经济税源分析可以概括地分为税负分析、税收弹性分析和税源分析三大类。

（一）税负分析

2011 年美国《福布斯》杂志推出了全球税负痛苦指数排行榜，中国大陆是 2009 年度全球排名第二的税负痛苦地，因此，"税负"一词受到社会各领域前所未有的关注。开展税负分析不仅可以澄清一些税收误解，还可以反映一个地区税务机关征收管理的力度和成效，从而发现管理中存在的问题。

所谓税负即税收负担，是指国家征收的税款占纳税人税源数量的比重，反映出税款与社会新增财富之间的内在关系。以不同主体为出发点，税收负担具有两个方面的含义：一方面，从国家的角度看，税收负担反映出国家在税收课征时的强度要求，即要征收多少税收；另一方面，从纳税人的角度看，税收负担反映出纳税人在税收缴纳时的负担水平，即承担了多少税款。税负就是税收规模与经济规模的对比。

税负分析按照其分析的对象和角度的不同，可分为宏观税负分析和微观税负分析两大类，其中宏观税负分析又可进一步分为地区税负分析、税种税负分析和行业税负分析三种。

1. 地区宏观税负分析

地区宏观税负分析是指一个地区（国家、省、市、县等）在一定时期内税收总收入占当期社会新增财富的比重，反映出一定时期纳税人因国家课税而承受的经济负担水平，是一个受制于国家政治、经济、财税体制等诸多因素的综合经济指标。

工作中进行宏观税负分析时，常用以下几个口径：

（1）全口径税收宏观税负，是指全口径税收收入（一个地区的国、地税部门征收的全部税收收入，包括海关代征税收、免抵调库收入）占该地区生产总值的比重。

（2）国内口径税收宏观税负，是指一个地区全口径收入扣除海关代征税收后的税收收入占该地区生产总值的比重。

国税部门分析宏观税负时，税收收入是指国税部门负责征收的税收。

2. 税种税负分析

单项税种的税负分析是指在一定时期内某一税种的收入占该税种税基的比重，反映该税种的征税强度，是分析和研究税收制度和税制结构的重要内容。

3. 行业税负分析

行业税负分析是指按照统计局发布的国民经济行业分类，预算某行业的税收与相关税源之比，计算出某行业税负。

4. 微观税负分析

微观税负分析是利用微观税收和经济数据开展的企业层面的税负分析，如企业实现税金与销售收入对比、应纳所得税与利润总额对比。

实际税负分析工作中可以将宏观税负与微观税负分析相结合，进行税负综合分析。税负分析中要注意进行五个比较，即实际税负与法定税负的比较、不同地区之间的宏观税负比较、同行业税负比较、不同税种税负比较，以及企业税负与所属行业平均税负的比较。通过这些比较来反映实际税负与法定税负的差异，揭示地区、行业、企业以及税种税负之间的差异和动态变化，据此评判检验税收征管的努力程度，按照"宏观看问题、微观找原因"的思路，将问题提交管理部门进行纳税评估，真正找出管理上的漏洞。

（二）税收弹性分析

弹性是西方经济学的基本概念之一，主要用来衡量某一经济变量随另一经济变量的变化而变化的力度或敏感性。

税收弹性，也叫作税收收入弹性，是指税收收入的变化与经济发展变化情况的比重。其宗旨是对整个社会的宏观税收负担程度进行比较分析，了解掌握整体税负的变化，以便从宏观上对全社会经济效益进行分析研究，并从动态上分析研究税收相对经济变化的量变及其运动规律。

税收弹性表示税收增长与 GDP 增长之间的对比关系，具体有三种情况：

1. 税收弹性 >1，表明税收富有弹性，税收的增长速度快于 GDP 的增长速度，或者说高于经济增长速度；

2.税收弹性＝1，表明税收为单位弹性，税收增长速度与GDP增长速度同步，或者说与经济发展同步；

3.税收弹性＜1，表明税收的增长速度慢于GDP的增长速度，或者说低于经济增长速度。

经济学界一般认为，0.8~1.2为弹性系数合理区间。合理的税收比例对经济发展有促进作用，但税收收入增长过缓，也会影响政府的宏观调控能力。

开展税收弹性分析，可以得知税收增长与经济增长是否协调，可以对收入形势是否正常做出判断；可以通过对税收增长与经济增长不协调原因进行剖析，进一步查找影响税源和税收变化的因素，从中发现征管中存在的薄弱环节和漏洞。弹性分析是深化税收分析必须紧紧抓住的一条主线，在税收分析中具有重要意义。在开展税收与经济对比分析中，不仅要从总量上进行经济增长与税收增长的弹性分析，而且要从分量上、税种、税目、行业以至于企业等多方面税收弹性观察税收与经济增长的协调性。做好税收弹性分析要注意剔除税收收入中的特殊因素，以免其影响真实的弹性，掩盖税收征管中的问题。根据目前情况，要进一步加强增值税与增加值、企业所得税与企业利润的弹性分析，积极进行消费税等各税目与相关经济指标的弹性分析。通过深入细致的弹性分析，深挖税收与经济不适应的根源，解决管理中存在的问题，促进税收与经济协调发展。

（三）税源分析

税源是经济发展成果在税收上的体现，是税收的起点，因此也是税收征管、税收分析的起点。开展税源分析的目的，就是要了解真实税源状况，判断现实征收率，并据以查漏补缺、应收尽收。工作中接触到的税源分析主要有重点税源分析和税源调查分析。

1.重点税源分析

重点税源的纳税额相对比较大，规模和影响力突出。重点税源分析可以是一户企业分析，也可以是重点行业或多户企业分析，还可以是影响一个地区税收的重点监控税源分析。

主要的分析方法有以下几种：（1）进度分析，就是根据分析时点的需要，将重点税源税收收入实际数与计划数相比较，分析计划完成进度和重点税源变化情况。（2）趋势分析，即以本期实际数与上期或上年同期实际数相比较，以分析重点税源的发展变化趋势。（3）结构分析，即按不同标志分组对比重点税源结构的变化情况，如按税种、按行业、按地区、按经济类型、按同一产品的不同等级、按不同产品的比重等分组进行比较，以分析重点税源构成的变化情况。（4）因素分析，即全面分析社会经济变化中各因素的变化对各项税收的影响程度。（5）季节变动分析，即通过将各年各季税源资料加以整理，分析经济税源在各年各季的变化及分布情况，从中找出税源季节性变动规律。（6）相关指标分析，即通过对相关指标分析，例如产品数量与课税数量等进行分析，找出其因果或比例关系。

2.税源调查分析

税源调查分析是对经济税源调查工作的总结，该类分析应保持数据真实、逻辑清晰、深入透彻，能充分反映税源情况，科学指导税收计划管理。按照分析报告结构完整的要求，税源调查分析应包含税源基本情况介绍、新增税源介绍、影响因素分析、重点行业税源介绍、全年税收预测以及工作措施等方面。通过对各个角度的分析，为做好各阶段税收计划建设和税收征收管理工作提供科学依据。

其中影响因素分析一般应包括：（1）政策因素对税源的影响。税收作为一种以国家为主体的分配行为，其收入来源必然受一定时期国家政策的影响，如税收制度和税收政策的影响、财政政策和产业政策的影响等。（2）产业因素对税源的影响，产业因素对税源的影响反映在产业结构、产品结构的变化上，产业结构的变化将影响税收收入结构的变化，而产品结构的变化将直接关系到税收数量的变化。（3）价格因素对税源的影响。价格总水平的变动对税收来源的影响可能出现两种情况：在总体价格水平上涨有利于资源的合理配置时，将会促进税源增长；但是在物价上涨幅度过大，引起资源配置严重失调时，不仅会减少税收来源，还可能出现社会动荡。（4）管理因素对税源的影响。在经济环境和税收制度一定的情况下，能否保证税收收入及时、足额入库的关键在于税收征管水平。

第三节 政策效应分析

一、政策效应分析的概念

政策效应分析是指宏观经济政策和税收政策的效应分析，反映宏观调控效果，把握其对税收收入的影响，及时发现经济和税收运行中的问题，是税收分析中的一项重要内容。政策效应分析的主要内容包括：一是预测税制改革和税收政策调整对于税收收入总量与结构的影响，为组织收入服务；二是研究分析税制改革和政策调整对于地区或行业经济的影响，及时发现执行中的问题，为完善税制、优化税收政策提供依据；三是开展经济政策效应分析，从税收角度反映宏观调控效果，把握其对税收收入的影响，及时发现经济和税收运行中的问题。

二、税收政策的作用

1.有效筹集财政收入，为经济和社会发展提供强大的资金支持

雄厚的财政实力是一个国家强大、稳定、安全的重要体现和有力保证，也是保持社会和谐的重要物质基础。税收是国家财政的主要收入来源，没有充足的税收，政府将无法运转。税收政策的首要目标就是筹集财政收入，为国防、外交、政权机关的正常运转和各项社会公共事业的发展提供资金保障，为经济建设提供必要的资金支持，从而直接或间接地促进经济和社会发展。自改革开放以来，我国从制度建设和改革入手，不断调

整和完善税收政策，规范国家与企业、国家与个人的分配关系，为财政收入的稳定增长提供了强有力的制度保障。税收收入的快速增长，使国家的财政实力不断壮大，为经济建设和社会发展提供了持续的强大资金支持。大规模的持续增长的财政收入，使我国的人民民主政权更加巩固，国防实力日益增强，基础设施和基础产业迅速发展，城乡面貌焕然一新，教育、科学、文化、卫生等社会事业取得长足发展。税务部门要始终把筹集财政收入作为税收政策的首要任务，加快推进新一轮税制改革，切实加强税收征管，努力提高税收的足额征收率，进一步提高财政收入占国内生产总值的比重，不断壮大国家的财政实力。

2. 公平税收负担，促进企业公平竞争

经济和社会的活力，来自不断的创造和创新，而创造和创新需要政府营造一个公平竞争的政策环境。税收负担的公平，是保证企业公平竞争的重要方面。税制改革一直是我国税收政策的核心内容，其主要目的就是为企业创造公平竞争的税收环境，以公平的利益分配导向，鼓励广大企业扩大生产，提高效率。

3. 对经济发展实施必要的宏观调控

税收政策对经济结构的战略性调整和经济增长方式的转变，起到了非常重要的作用。作为相机抉择的财政政策的组成部分，税收政策还能够对投资和进出口等产生一定的影响，从而实现经济的总量平衡。需要强调的是，税收调控必须坚持税收的中性原则，不能扭曲市场活动，不能滥用税收优惠政策。对于确需税收政策长期发挥导向作用的重点领域，则要通过完善税制，使之体现在新的税制体系之中；对于相机抉择的税收政策，当实现宏观调控目标后，必须及时"归位"，不能把特定时期内的税收政策固定化、长期化。另外，国家制定的支持西部地区和民族自治区域发展的税收优惠政策、鼓励企业吸收失业人员和残疾人员就业的税收优惠政策等，体现了国家对低收入者和困难群体的照顾，也起到了维护社会公平的作用。在市场经济条件下构建和谐社会，市场经济越发展时，就越需要宏观调控。税收是国家宏观调控的重要手段之一。税收政策对经济的调控，主要是在特定时期内，根据国家产业政策和区域经济发展战略，通过制定差别化的税收政策，鼓励某些行业、某些地区加快发展，限制不符合国家产业政策、对社会发展和生态环境有害的经济活动，从而优化经济结构，促进国民经济的协调健康发展。改革开放以来，我国已制定了许多这样的税收政策。

4. 调节收入分配，维护社会公平

收入和财富占有的公平是社会公平的一个重要方面。收入差距过分悬殊，必然会带来社会的不安定，和谐也就失去了基础。税收政策能够参与个人收入和财产的分配，如通过征收个人所得税等，对个人收入及财富进行调整，以缩小社会成员的贫富差距，维护社会公平。

5. 贯彻民主法制，实行依法治税

目前国家致力于建设民主法制的社会，民主法制，就是人民当家作主，就是依法治国。

依法治税是民主法制在税收工作中的具体体现，是构建和谐社会的内在要求。具体来讲主要有三个方面：一是通过税收立法，不断提高税收活动的法治化程度，减少部门、单位和个人在税收政策上的自由裁量权。二是强化税收执法，改进税收征管手段，严厉打击偷逃骗税等违法行为，保证税收法律法规得到准确的贯彻执行。三是加强税收执法监督，做到有权必有责，用权受监督。

第四节　税收管理风险分析

一、风险和风险管理的定义和含义

1.风险的定义

风险是指在某一特定环境下，某一特定时间段内，某种损失发生的可能性。或者在某一个特定时间段内，人们所期望达到的目标与实际出现的结果之间存在的差距。

2.风险管理的定义

风险管理主要考虑纯粹风险，并管理这些风险。风险管理是一种应对纯粹风险的科学方法，它通过预测可能的损失，设计并实施一些流程去最小化这些损失发生的可能性；对于已发生的损失，最小化这些损失所带来的经济影响。

3.税收风险管理的含义

税收风险管理理念是近年来各地都在研究探讨的新税收管理模式，其含义是将现代风险管理理念引入税收征管工作，旨在应对当前日益复杂的经济形势，最大限度地防范税收流失，规避税收执法风险；实施积极主动管理，最大限度地降低征收成本，创造稳定有序的征管环境，是提升税收征收管理质量和效率的有益探索。在现实税收管理工作中，如何更好地引入风险管理理念、强化税源管理，规避执法风险是当前着重探讨的问题。

4.税收风险管理分析的含义

税收风险管理分析是针对确定的风险分析对象，通过调研和搜集各类数据，将数据按照分析指标进行归纳整理，然后根据数据分析和调研的结果，总结分析对象的现状，指出其存在或者可能存在的风险点，最后将风险点分解落实，并提出加强管理的建议。

二、税收风险管理分析的对象和主要内容

税收风险按其对象划分主要有两种：一是税源监管风险，二是税收执法风险。

税源监管风险。近年来，税务违法违章案件越来越多，金额越查越大，究其原因，与很多因素有关。如国税、地税机构分设所带来的信息不畅和差异、税制结构是否合理、税种设置是否科学、征管环节的多少、纳税手续的繁简以及税率是否适当、是否超出了纳税

人的心理及经济承受能力、逃避税收得到的利益与被处罚应付出的预期代价之间的权衡等等。这些因素都影响着纳税人是否采取逃避税收的行为，是税收征管中产生漏洞的潜在因素。为弥补这些漏洞，需要税务机关、税务人员进行研究，寻找对策，强化税源管理。这种对税款产生潜在的影响实际上就是一种税源监管风险。

税收执法风险是指税务机关在执法过程中，由于违反税收法律法规的行为所引起的不利的法律后果。它包括对税法及相关法律法规理解偏差而导致的执法过错，从而带来的执法风险，以及执法程序不严谨、执法随意性大带来的执法风险和滥用职权、玩忽职守、徇私舞弊等造成的执法风险。同时随着整个社会法治建设不断完善，纳税人法治观念不断增强，对税务机关执法手段、征管方式等要求越来越高，如果执法方式不合理，容易促使征纳双方矛盾激化，进一步加大执法人员的执法风险。

税收风险管理分析的内容主要是对税收管理风险点的分析，以查找风险点为切入点，研究如何严密内部管理机制，如何创新完善制度和健全纪检监察协作配合机制，最终达到二者结合共同预防税收风险的发生。

1.税源管理风险点。把潜在的税源转化为税收，要求税务机关必须与时俱进，不断更新征管手段，适应新形势的变化、解决新问题。要充分发挥税收管理员的职业敏感，综合知识和分析能力，对所分管企业进行税源风险识别。结合社会环境、经济发展程度、经营者素质、企业效益等因素综合评价确定高风险税源点片区、行业、企业等，即哪些地方最容易出现税款流失及不依法纳税、偷税漏税等问题。综合采用行业税负比较法、各税收与相关经济指标对比等方法，分行业分税种进行横向纵向比较，重点锁定高利润行业、经营流动性大的行业、新型行业及难以监管行业。把这些税源管理难点，确认为税源管理风险点。

2.税收执法风险点。目前在税收征管工作过程中容易产生执法风险的环节主要存在于管理、稽查、审批减免缓抵退税和违章处罚方面，其发生与税收执法人员综合能力息息相关，如由政治素质产生的滥用职权、玩忽职守、徇私舞弊、以权谋私问题；由业务能力产生的不作为、违规执法、政策理解偏差以及自由裁量权的不当运用带来的问题等。其他环节如税务登记、发票管理、账簿凭证管理、纳税申报、税收保全、强制执行措施等，目前来看，产生执法风险的情况相对较少，但随着整个社会法治化进程的加快以及纳税人法律意识的不断增强，对于税收征管整个流程的各个环节都应提高风险意识。

三、发达国家税收风险管理现状

（一）瑞典的税收风险管理

在瑞典，税收风险管理由中央层级负责协调，其他各个层级参与其中。管理层负责研判需要处理的风险及适用的方法和策略；风险分析选择组负责风险的识别和分析，参与计划执行的全过程；分析管理参考组确定风险的优先级，并向管理层提出应对方法。

（二）英国的税收风险管理

英国的税收风险管理由英国皇家税务与海关总署（HMRC）成立专门的机构：Risk and Intelligence Service(风险和情报服务部门)，简称 RIS ；以及 Knowledge，Analysis and Intelligence(知识、分析和情报部门)，简称 KAI，负责收集内部和外部信息，通过对数据的分析，识别税收管理风险，并通知相关部门。

（三）德国的税收风险管理

1. 工资税风险管理系统

税务机关面临着个案数量不断增加、有限的人力资源以及税法的复杂性不断上升等局面，因此，税务机关不可能详细检查每一份工资申报，从而需要建立一个风险过滤系统，用于区分存在工资税缴付不足的个案和风险程度较低的个案。低风险的申报将由机器负责处理；风险较高的申报则由人工处理，其他申报实行随机抽样接受人工检查。

2. 增值税风险管理系统

目前德国已建成增值税欺诈案件在线数据库，可覆盖全国所有在册纳税人姓名、地址及增值税信息系统，使用统一一览表完成合格新增值税登记，由联邦中央办公室与所有联邦政府的对应部门协调循环骗税等重大增值税骗税案件，由一家联邦中央单位负责利用网络分析系统，分析网络区域内的各种未经登记的商业活动等。各联邦政府的税务当局还将在各州建立一个统一的风险管理系统（RMS），其主要目标是以系统化的方式识别高风险的增值税个案。为了能够应对不同风险，针对某些选定领域开发了三个不同的自动化风险识别系统。

（四）美国的税收流失估算

美国国家税务总局（Internal Revenue Service，以下简称 IRS）从 20 世纪 60 年代开始启动 "税收遵从评估项目"（TCMP），从 1979 年开始利用 TCMP 项目得到的数据开展税收流失估算工作，主要致力于联邦个人所得税、公司所得税和工薪税流失等的估算工作。TCMP 项目周期性地对个人所得税申报表、小公司申报表、工薪税申报表进行随机性的审计检查。20 世纪 90 年代，TCMP 项目被中止，原因主要有两点：第一，纳税人抱怨 TCMP 项目造成自身太大的审计负担；第二，TCMP 项目的执行成本非常高。

从 2000 年开始，美国 IRS 重新启动所谓的 "国家研究项目"（NRP），继续进行税收流失估算研究。估算步骤是首先获得和维护用于风险评估的数据，主要是数据的收集、储存、整理、维护和改进，用于机器和人工评估。数据的来源主要是电子报税表上的报税数据、从纸质报税表和相关文件上扫描的影像和数据、纳税人披露的信息、查税历史和非国税局（外部）数据。其次，就是检测报税一级的潜在风险。在大企业和国际税务司，用于在报税一级进行分析的系统称为判别式分析系统。当前，判别式分析系统（DAS）仅使用报税数据，把每份报税表分开评估。DAS 把通过统计方法编制的非直观规则归纳为具体报税表的综合风险评分。如规则 1 ：如果 0.156> 纳税 / 总收入 ≥ 0.071，加 100，否则加 0 ；

规则 2：如果 5 000 000 > 国外税收抵扣 ≥ 1 165 731，加 50；规则 3：如果国外税收抵扣 ≥ 5 000 000，加 100，否则加 0。报税表按资产档次划分，计算出每一份报税表的报税风险评分。评分为每个资产在档次内的风险评级，在档次之间没有可比性，评分显示有关报税表产生的每小时税务员工作时间调整补税数额至少达到既定门槛值的可能性，不产生总体风险所涉金额的估计数。

四、从征管体制的变革看我国税收风险管理的发展

改革开放以来，我国税收征管模式随着经济改革和发展而不断创新发展，逐步实现了以下四个转变，即由专管员管户的保姆式、包办式管理向管事的专业化管理转变；由专管员上门收税向纳税人自行申报纳税转变；由传统的手工操作向以计算机为主的现代化科学管理转变；由全职能的分散型、粗放型管理向集约型、规范型管理转变。最近几年，我国税务机关在税收风险管理方面借鉴国外经验，并进行探索，积累了一些有效的经验，并在管理模式中引入风险管理理念。国家税务总局发布的若干文件对于开展税收风险管理做出了原则性部署，这是中国税收管理现代化的一个重要进展，提高了我国公共风险管理水平。

1. 税务专管员专责的征管模式

1978—1987 年，我国实行的是"一员进厂，各税统管，集征管查于一身"的税务征管模式。其特点是：每个税务专管员都固定各自的纳税人，凡涉及所辖纳税人的纳税事宜均由该税务专管员一人负责办理，征、管、查三权高度集于税务专管员一身。这种模式虽然有利于发挥征收、管理、检查三大环节的衔接、联系、协调优势，但存在税收征管效率低下，缺乏监督制约机制，征纳双方权责不清等问题。

2. "征、管、查两分离或三分离"的征管模式

1988 年国家税务总局开始选择部分地区试行"征、管、查两分离或三分离"管理模式，税务机关分别形成了征收、管理、检查三个体系，将过去由税务人员上门收税、包办纳税事宜改为由纳税人依法上门申报纳税。这种模式仍局限于税务机关内部分工的调整，没有改变对纳税人的保姆式管理，没有从制度上保证纳税人自觉履行纳税义务。

3. "30 字"征管模式

1993 年国务院批准的《国家税务总局工商税制改革方案》（1994 年税制改革方案），提出了"建立申报、代理、稽查三位一体的税收征管新格局"，并于 1997 年由国务院批准确立了"30 字"征管模式，其具体内容是："以申报纳税和优化服务为基础，以计算机网络为依托，集中征收，重点稽查"。1999 年国家税务总局把深化改革的突破口定位在解决基层征管机构的设置和岗责划分上。2000—2001 年又提出税收工作"科技加管理"的工作思路，税收征管要实现"信息化加专业化"的指导思想，启动了以信息建设为基础，以征管改革为龙头的机构和人事制度综合改革，"30 字"征管模式应运而生。

4. "34 字"征管模式

2003 年国家税务总局针对税收征管工作中存在的"淡化责任、疏于管理"等问题，对原"30 字"征管模式加以完善，首次将"强化管理"纳入管理模式，形成了"以申报纳税和优化服务为基础，以计算机网络为依托，集中征收，重点稽查，强化管理"的"34 字"征管模式。该征管模式进一步加强了征管基础工作，规范了机构设置，优化了征管流程，整合了信息资源；并且建立了税收管理员制度，税收管理员工作初步实现了"管户"与"管事"相结合，属地管理与分类管理相结合的税源管理方式；建立了以税收分析为核心的税收分析、税源监控、纳税评估、税务稽查"四位一体"的税源管理机制；初步实现了与海关、公安、银行、财政、社保等部门以及国税局、地税局之间的信息共享，信息管税稳步实施，税收征管质量和效率大力提高。但该模式也存在对快速发展的税收环境的适应性和针对性不强的问题。

5. 逐步加强风险管理在税收征管中的重要性

2008 年，为解决管理方式单一问题，降低管理风险，探索新的模式，进行机构改革，国家税务总局设立大企业管理司，承担对大型企业提供纳税服务工作，实施税源监控和管理，开展纳税评估，组织实施反避税调查与审计。2010 年国家税务总局下发了《关于开展税源专业化管理试点工作的指导意见》，决定在上海、江苏、安徽、河南、广东、青岛国税局和广东、山东地税局等八个单位开展试点，并在全国税务工作会上大力推进税源专业化管理，鼓励大胆尝试。在税收管理方面，提出要强化税源监控和评估，加强税收风险管理，实施信息管税，构建税收征管新局面，不断提高税法遵从度和税收征收率。2012年 7 月全国税务系统深化征管改革工作会议提出总体要求：构建以明确征纳双方权利和义务为前提，以风险管理为导向，以专业化管理为基础，以重点税源管理为着力点，以信息化为支撑的现代化税收征管体系，努力达到提高税法遵从度和税收征收率，降低税收流失率和征纳成本的目标。

第五节　税收预测分析

税收预测分析是对预测方法的文字体现，也是对预测结果的理论陈述。它是在真实掌握经济税收数据的基础上，对税收发展趋势的预测，是实现税收统筹能力的途径。

一、定义与意义

税收预测是以政府宏观调控政策为指导，以影响税收收入变化的因素和税收历史资料为基础，运用数理统计和逻辑思维等方法，对未来税收收入的发展趋势进行预估、测算和推断。它是税源管理的重要组成部分，是提高税收收入工作主动性和预见性，实现科学决策与管理的重要手段。

税收预测分析的目的是准确判断经济发展和税收收入形势，指导组织收入，为税收决策提供科学依据，促进税收的征收管理，发挥税收的监督职能。税收预测分析是对预测结果的说明与检验，也是事前反映和监督税源、税收变化的有效方法，可针对性地为开展税源监控、税收征管、纳税评估和税务稽查提供参考。

二、内容与分类

税收预测的内容包括预测经济税源发展变化、预测税收计划完成进度、预测税收政策实施情况、预测税收管理措施的落实效果。

1.预测经济税源发展变化。根据国民经济统计资料和专题材料以及经济主管部门提供的信息，预测经济税源的发展动态，包括工农业生产发展速度、主要工农业产品产量、产品价格、销售额、社会商品零售额、社会的购买力情况等。

2.预测税收计划完成进度。根据税收统计资料，在对经济税源发展势头作出准确预测的基础上，对税收收入在预测期可能达到的水平及完成税收计划目标的可能程度做出推测，从而便于采取对策，确保计划目标的实现。

3.预测税收政策实施情况。在深入调查研究的基础上，预测税收政策对于调节生产、流通、分配和消费的作用及效果，以便及时提供政策实施的反馈信息，为领导决策提供依据。

4.预测税收管理措施的落实效果。根据不同时期不同地区所采取的加强税收征管的措施、办法来预测其作用和效果，从而揭露矛盾，发现优劣，促进征管水平的提高。

税收预测分析可从宏观和微观两个层面进行。宏观预测分析是运用税负比较、弹性分析等手段，对税收总量、税种、行业等宏观领域税收与经济总量的关系进行分析研究，综合税收政策因素和税收征管因素，预测总体税源的纳税能力。微观预测分析是以具体的纳税人为对象，对纳税人生产经营活动和税款缴纳情况进行调查，对纳税人的财务指标和税源指标变化趋势进行分析，预测区域税收形势。预测分析的种类按性质可分为定性预测分析和定量预测分析；按时间可分为长、中、近期预测分析和短期预测分析；按对象可分为总量预测分析和单项预测分析；按范围可分为全面预测分析和局部或区域预测分析。

当前各级国税机关定期开展月度、季度、年度税收预测，税收年度预测、季度预测和月度预测分别是制订年度、季度和月度税收计划的依据。年度预测除年初上报本年度计划建议以外，分别在9月份、10月份、11月份和12月份上报；季度预测分别在1月份、4月份、7月份上报；月度预测分别在上旬、中旬随同旬报上报。应对预测过程中出现的重大增减因素、一次性因素、同比负增长因素以及税收政策变动因素等形成预测分析报告一同上报。

三、流程与方法

（一）流程

税收预测分析工作的基本流程是：确定预测目标和预测期限——数据资料的收集、筛选和初步分析——确定预测方法、模型——开展预测分析、形成预测结果——根据素材和写作目的构思结构——撰写分析报告。

数据资料的收集既包括收集历史资料，也包括调查资料，既有数据资料，又有文字资料。这样可使预测建立在丰富、确凿的信息基础上，从而保证预测结果的准确可靠。数据资料的筛选，即对所搜集到的资料在使用之前认真地整理和审核，以保证资料的准确性、系统性、完整性和可比性，从而使数据在质量方面得到可靠保证。初步分析，即研究审核和整理后的资料结构的稳定性，从而为选择适当的预测方法、模型奠定基础。

（二）方法

税收预测分析的方法包括税收调查预测法、宏观税负与税收弹性预测法、滚动预测法、税收趋势预测法、税收回归预测法。

1. 税收调查预测法

税收调查预测法是通过对税源的调查取得经济税收数据资料进行定性分析预测税收的发展趋势的一种方法，通常有抽样调查和重点调查两种预测方法。抽样调查预测是从全部税收调查对象中，抽取部分具有普遍性和代表性的企业进行调查，通过对抽样企业的经济税收的增减变化趋势进行分析从而找出税收发展变化的一般规律，对税收收入形势进行定性预测。重点调查预测是通过对税收总规模中起决定作用的重点税源的生产经营指标和税收数据进行分析，根据其同期、本期、预测期间的规模、结构、增减、进度等变动情况，分析测算出重点税源税收收入预测值，进而预测税收总量及变化趋势，此方法尤其适用于县级税务机关。

2. 宏观税负与税收弹性预测法

宏观税负与税收弹性预测法是通过运用时间序列平均增长的原理，用宏观税负和税收弹性两个指标进行简单的税收收入预测的一种方法。本办法应满足三个前提：一是事先能够较为准确地预测相关的国民经济发展指标，如 GDP、规模以上工业增加值、规模以上工业企业利润、社会消费品零售总额等；二是能够较为准确地评价税收征管、稽查等对税收征收效率的影响；三是经济指标与税收收入之间存在客观关系，并且是经过历史经验数据验证的。

GDP 税收负担率预测方法：以本年预计实现的 GDP 值和上年的税收负担率为依据，预测本期税收收入。其计算公式为：

本年收入 = 本年度 GDP 预计值 × 上年税收负担率

弹性系数预测方法：以上年税收收入为基数，根据上年税收与 GDP 的弹性系数来确定本年税收增长系数，预测本年税收收入。其计算公式为：

本年收入 = 上年收入 ×（1+ 税收增长系数）

税收增长系数 = 本年 GDP 计划增长率（工业增加值率等）× 税收弹性系数

税收弹性系数 = 税收增长幅度 /GDP 增长幅度

3. 滚动预测法

滚动预测法是预测近期活动发展趋势常用的预测方法。按照预测期间长度的变化与否来分类，有两种基本形式：一种是给定固定长度的预测期间的不断递推，来实现滚动预测，即预测期间总的长度是根据需要给定不变的，随着近期活动的完成，再加一个单位的预测期间继续向前预测；另一种是预测期的终点是给定的，随着近期活动的不断完成，预测的期间不断缩短，在已实现数据的基础上修改预测参数，继续滚动预测其余期间的态势。

4. 税收趋势预测法

税收趋势预测法是利用税收收入完成指标所组成的时间数列资料所反映的发展趋势和发展速度，进行外推和延伸，预测未来税收收入水平的一种预测方法，又叫时间数列分析法，主要有平均发展速度预测法、移动平均预测法、指数平滑预测法和线性趋势预测法。

平均发展速度预测法，是通过计算整个税收收入时间序列的平均发展速度，以此发展速度乘预测期上一期的税收数值所得结果，作为预测期税收数值的一种方法。

移动平均预测法，是对平均发展速度预测法进行修正后的一种方法，考虑时间序列的趋势性和周期性，在一定程度上消除了不规则、随机的因素影响，对给定固定长度的时间序列，每次移动地求出平均发展速度，用以预测下一期税收数值。

指数平滑预测法，从移动平均预测法演变而来，是加权移动平均预测法的一种，它对整个时间序列分别给予不同的权数进行加权平均，即对不同时间点的数据做不等权处理。本期预测值加上误差修正值（平滑指数乘本期预测误差）即为下一期预测值。只要知道本期的实际值和预测值即可预测下一期税收。

线性趋势预测法，又叫直线趋势预测法，在变量和时间之间基本存在线性联系的基础上，通过收集历史时期的时间序列资料得出趋势直线 $Y=aX+b$，用直线斜率 a 表示增长趋势，利用趋势直线的延伸外推求得预测值。

5. 税收回归预测法

税收回归预测法是利用一个变量的变化去推断另一个变量的变化的一种回归分析预测方法。通常包括一元回归预测法和多元回归预测法。

一元回归预测法是分析一个因变量与一个自变量之间的线性关系的预测方法。根据因变量税收收入、工业增值税、商业增值税、企业所得税等指标的不同，自变量可选择 GDP、规模以上工业增加值、社会消费品零售总额、规模以上利润总额等指标。通过一元线性回归模型得出回归预测方程，带入预测期自变量值即可得到因变量预测值。

多元回归预测法是在确定两个或两个以上的自变量和因变量之间的相关关系的基础上，建立回归数学模型进行预测的一种预测方法。首先运用因素分析法全面考虑影响税收收入的各因素（如 GDP、规模以上工业增加值、社会消费品零售总额、规模以上利润总额、进出口贸易总额、财政支出、税收政策变动影响、征管稽查因素影响等），然后进行简单的相应分析，按照变量间是否有较强的线性关系选择是否进入回归方程，最后通过逐步回归法确定影响税收收入的主要因素，进行相应的回归分析。

四、数据准备工作

做好税收预测分析工作，需要建立在强大的数据基础之上。

一是建立经济税收数据档案。经济税收数据是研究测算未来税收增减趋势的基本资料，是统筹规划税收形势的数据基础。日常工作中可充分利用统计年鉴和国税年鉴，对历年来的经济税收数据进行建档保存，将本地区生产总值、规模以上工业增加值、社会消费品零售总额、企业利润总额完成情况，以及年度税收总额，分税种、分行业、分级次、分县区完成情况等数据以表格形式进行统计，保障经济税收数据使用的连续性和一致性，为开展税收预测、分析工作提供翔实资料，为全面掌握税收形势奠定数据基础。

二是汇编历史重点税源数据。为减少重点税源调查工作中的重复劳动，保证重点税源数据的连续性，最好将近几年重点税源企业资料汇编成册，选取本地区具有行业代表性的企业，将其基本资料和主要的经济税收指标整理建档，逐年更新续存，使其成为领导和从业人员的手边工具书，同时也为加强重点税源管理分析提供有力数据支撑。

三是实时管理当期重点税源数据。对影响全局的重点税源企业实行动态化账簿管理，对其经济税收数据及时统计入账，及时发现经济税源运行中存在的问题，为针对性地开展税源调查分析和税收分析提供支持。

四是常态化内外部信息交流。在系统内部，可通过邮件、电话、会议等形式充分交流信息，及时掌握税源发展变化。对于外部相关部门，主动加强联系，建立数据信息互换平台，了解各部门的最新数据，及时把握经济税源发展变化。选取企业进行有必要的税源调查。通过微观税源发展变化了解企业经营情况、行业情况、市场需求变动等，由点及面，掌握最前沿的经济运行趋势，为全面掌握全局组织收入形势提供保障。

第六节　税收会计分析

一、税收会计分析的定义

税收会计分析是以税收会计核算资料为主要依据，运用科学的分析方法，对税收资金运动过程及其结果进行综合、全面的研究和评价，揭示税收工作的成绩和问题及其原因，并提出改进建议，它是税收会计核算的延续。积极开展税收会计分析，对于充分发挥税收会计的反映和监督作用有着十分重要的意义。

二、税收会计分析的对象与内容

（一）税收会计分析的对象

税收会计是国家预算会计的一个重要组成部分，是核算与监督税收资金运动的一门专业会计。它以直接负责税款征收、入库业务的税务机关为会计主体，以货币（人民币）为计量单位，运用会计核算的基本原理和方法，对税收资金及其运动进行连续、系统、全面、综合的核算与监督，为税收决策及时、准确地提供信息资料，以保证税收政策法规的正确执行和各项应征税款及时、足额入库的一种税收管理活动。这一概念的内涵包括以下几层含义：

1. 税收会计的主体是直接负有组织税款征收与入库职责的税务机关；

2. 税收会计的客体是税收资金及其运动，其具体内容包括应征税金、待征税金、待解税金、在途税金、入库税金、减免税金、欠缴税金、提退税金和损失税金等；

3. 税收会计的基本职能是对税收资金及其运动进行核算和监督；

4. 税收会计具有反映税收政策的作用，如税收会计科目的设置反映税收政策的现状，而科目设置的改动在大多数情况下反映了税收政策的变化。

（二）税收会计分析的内容

税收会计分析是会计核算管理工作的最后一个环节，也是会计管理的最高阶段，在这个阶段，会计分析利用会计核算的结果研究分析税收资金运动的特征，提出税收资金运动过程中可能存在的问题，并揭示问题的成因，提出辅助决策建议。税收会计分析主要围绕税收会计核算的内容展开。其具体内容主要有：

1. 应征税金分析

主要对分析期内实现的税金总量，分地区、分税种与基期对比、与应征税金总额对比，以了解各地区、各税金总量变动规律与发展趋势。

2. 欠缴税金分析

主要对分析期内应缴未缴的税款，分地区、分税种与基期对比、与欠缴税金总额或应征税金对比，通过增长率和应征欠缴率掌握欠缴税金各构成部分的变动情况及对欠缴税金总量的影响程度，为及时控制和清理欠缴提供依据。

3. 减免税金分析

主要对分析期内的减免税款，分地区、分税种、分减免性质与基期对比、与减免总额和应征税金对比，熟知减免税金的变动趋势和影响减免税金变动的主要因素。

4. 在途税金分析

主要分地区与应征税金相比，并结合税款在途时间对分析期内的在途税金进行分析，以了解在途税金是否正常，是否存在占压税款现象，以便采取措施，加快税款入库速度。

5. 提退税金分析

主要分析各地区、各税种和各种不同性质的提退税金变化情况和各构成部分对提退税金总量的影响程度，以及提退税金占应征税金的比重变化情况。

6. 入库税金分析

入库税金是税金运动的终点，它是应征税金减去税金运动过程中所发生的减免税金、欠缴税金、待解税金、损失税金、在途税金和提退税金后的余额。保证各项应征税金及时足额入库，是税收管理工作的主要任务。因此，对入库税金进行分析，实质上是对税金运动各环节的综合分析，是税收会计分析的核心。它对于评价税收管理工作和分析税收收入计划完成情况有着极为重要的意义。入库税金分析除按地区、按税种与基期和应征税金进行对比分析外，还需要进行因素分析，即将应征税金、减免税金等各种税金作为影响入库税金的各个因素，分别判断并计算每个因素对入库税金的影响方向与程度，从而找出影响入库税金变化的主要因素。

三、税收会计分析的作用与意义

税收会计分析的作用与意义在某种程度上能通过税收会计来反映，因为税收会计分析本身就是税收会计的组成部分。其作用与意义主要有：

1. 完整反映

完整、及时、真实地反映税收业务活动。在税收会计核算的基础上，通过分析完整地反映税收业务活动中能够用税收资金表现的各个方面，如申报税款、征收税款、检查补税、罚没款项、减免税款等。

2. 真实披露

税收会计本身就具有披露组织内部经济信息的功能。利用会计核算独特的方法，认真执行各项税收法规、国家预算管理制度、国家金库制度、税收会计制度及其他财经规律，通过会计核算和会计检查，真实披露有关税收资金运动的信息。那些不能通过检查账目一目了然地发现其中问题的，必须通过税收分析予以揭露。通过深入剖析，找到问题之所在及其成因。

3. 保证核算客体的安全

监督税款及时、足额入库，保证国家税款的安全完整。凡税款皆属国家所有，应及时、足额缴入国库，任何单位和个人都不得延误、积压和占用。通过税收会计分析，为各级税务主管部门及时提供税收资金运行状况。通过对税收资金的严密跟踪、反映和监督，保证其安全完整。

4. 保证税收计划的准确制订和顺利完成

编制税收计划必须切实掌握税收收入的有关历史资料，而税收会计所反映的正是关于税收收入成果和税收收入过程的全部历史信息，这些信息是准确制定税收计划的重要依据；

同样，通过对这些信息的分析，可以及时掌握税收计划的完成进度，发现差距，以便采取必要的征收管理措施，确保税收计划的完成。

四、税收会计分析的特点

税收会计分析的特点在某种程度上与税收会计本身的特点相联系，主要有以下三个：

1. 逻辑严密。税收会计自身所具有的逻辑严密性决定了税收会计分析必然具有这个特点。税收会计将税收资金分为两形态、三阶段、四环节。两形态指税收资金来源和占用形态。三阶段指申报、征收和入库阶段。四环节指纳税申报、开票收款、上缴税款和办理税款入库环节。在将资金进行分类的基础上，再以相互关联的账户和报表体系将各种会计要素有机地结合在一起。

2. 专业性强。税收会计分析以会计核算为基础，因此其分析方法、分析语言、分析结论都显示出与会计学以及税收会计紧密联系、专业性强的特点，如应征税金、欠缴税金、入库税金分析是典型的税收会计语言。

3. 集中分析税收资金运动特征。税收会计分析始终围绕税收资金运动的过程和结果进行，不像计划、统计、宏观分析那样以经济指标为分析和对比的基础。税收资金运动有四大特点：一是税收资金形态的转化不像企业资金那样与实物形态的转化相联系，它只表现为现金流量在不同运动阶段上的不同形态，强调的是货币资产在空间位置上和所有权上的转移；二是税收资金运动的阶段划分不像企业资金那样明显；三是税收资金运动不会增值；四是税收资金运动不存在循环与周转。税收会计分析也正是针对税收资金的这些特征分析税款是否及时、足额入库实现所有权的转移，并分析税收资金存在形式的合理性等。

4. 重视微观分析。由于会计主要是针对企业经营行为进行核算，会计分析也以企业分析为中心，因此会计分析主要反映税收与微观经济的关系。

第七节　税收统计分析

一、税收统计分析的定义

税收统计分析，是指根据政府的经济政策和税收政策，按照科学的理论和统计分析方法对通过调查搜集的国民经济和社会发展情况，以及税源和税收收入情况等统计资料进行加工整理，以及系统、定量的分析研究，表明问题产生的原因，揭示这些现象的本质及其规律性，提出解决问题的办法，为各级领导决策提供参考。由此可见，税收统计分析是一种税收管理活动。它对税收收入的主要特征以及税收与各种经济现象的关系从量化角度进行分析，然后得出结论，并提出可供决策参考的政策建议，最终形成分析报告。税收统计分析是统计信息、咨询、监督整体功能的集中体现，是税收统计全过程的一个重要方面，也是税收统计的最高阶段。

二、税收统计分析的对象和内容

税收统计的基础任务是进行统计调查、统计整理、统计分析，提供统计资料，实行统计监督，反映经济税源发展变化情况和税收政策的实施效果，为研究制定国家税收政策、编制和检查税收计划服务。其具体任务有以下三个方面：

1. 研究建立税收统报表指标体系，正确反映税收的规模、水平和构成，研究各个时期、各个地区税收分税种、分经济类型的发展变化，相互间的比例关系及其规律性，为国家及时了解税收的收入状况、有计划地组织财政收入、编制和检查监督税收计划执行情况提供依据。

2. 根据国家经济政策，通过对税务统计资料的搜集和整理，研究税收在宏观经济调节中所发挥的作用，为国家制定和检查税收政策提供依据，同时也为各级领导了解情况、指导工作和研究政策提供各项统计调查资料。

3. 通过税务统计资料的分析，及时反映有关经济活动的动态和规律性，对税收活动进行统计监督，为加强税收的征收管理工作提供决策信息。

三、税收统计分析的作用和意义

1. 满足市场经济条件下税务管理决策对决策信息的需求。市场经济的基本特征之一就是决策的民主化。搞好税收统计分析可以提高计划性和预见性，满足实行科学决策、科学管理的要求。通过统计分析可以监督反映各项税收政策的实施效果并揭示存在差异的原因，为决策者科学决策提供可靠的建议。

2. 分析社会经济发展变化对税收的影响。税收来源于经济，又反作用于经济。通过税收统计分析，能不断提高对税收的认识深度、精度和广度。根据经济发展变化的趋势，利用税收与经济发展的关系，指导组织收入工作。反过来，利用经济与税收的关系，适时提出促进经济发展的税收政策。

3. 研究税收领域的发展规律和税务效益。搞好税收统计分析有利于促进税务统计改革和税务统计科学研究的发展，有利于促进税务统计理论和统计方法的变更，逐步实现税务统计工作的现代化。

4. 发挥统计的整体功能。搞好税收统计分析是充分发挥税务统计整体功能、广泛参与决策、实现优质服务的根本途径和重要保证。税务统计部门作为国家税务管理系统的重要组成部分，同时拥有信息、咨询、监督三种职能，并构成有机整体，发挥整体功能。信息职能、咨询职能、监督职能等三种职能，它们是相互作用、相辅相成的。因此，搞好税收统计分析工作可以预测税收经济现象、税务征管工作和组织收入发展趋势，增强计划性和预见性。

5. 锻炼人才。搞好税收统计分析能够不断促进广大税收统计人员提高理论政策水平和业务能力。

四、税收统计分析的特点

税收统计分析是对税收活动的数量表现进行调查研究的一种认知活动。它是反映税收成果、税源变化和税政执行情况的一种信息系统，是科学管理税收的重要手段。税收统计分析作为经济分析的组成部分，除了具有经济分析的一般属性外，还具有其本身的特点，主要表现在：

1. 数量性

税收统计分析是根据税务现象的数量变化来研究税收发展变化规律的。因此，税收统计分析工作离不开对税源、税收和税政的数字资料进行加工整理和分析研究。重视数量分析，是税收统计分析的首要特点。

2. 具体性

税收统计分析研究的对象都有其具体的社会经济内容。每一个数据都是在一定时间、地点和条件下的量的表现，而不是空洞、抽象的数字。因此，税收统计分析也是对某个具体的税收问题，在某个时期、某个地点的具体表现的分析。

3. 综合性

税务部门在国民经济各部门中属于综合性部门，因此税务部门提供的统计资料具有综合性。税收作为国家重要的经济杠杆，存在于社会经济现象之中，国家税收来自国民经济各个部门、各个行业和各种经济类型。税源的增减变化，国民经济结构、产品结构的变化，以及税收收入结构比重的变化，都能综合反映国民经济的发展变化。这就决定了税收统计具有特定的综合性。

4. 广泛性

税收统计分析作为国家统计分析的一个组成部分，政策性很强，牵涉面很广。一方面税收统计所反映的课税对象，几乎涉及国民经济的各个部门；另一方面，税收统计所反映的指标内容，既要反映税收及税源的增减变化、税收结构的变化趋势，同时又要反映税政措施的实施效果。

五、税收统计分析的基本原则

为了切实有效地发挥税收统计分析的信息、咨询和监督的整体职能，保证税收统计分析报告的质量，实现税收统计分析工作的优质服务。在税收统计分析中，必须遵循下列原则：

1. 实事求是的原则

实事求是是税收统计分析工作必须遵循的基本原则。在分析过程中，必须从客观实际出发，切忌主观性，不能按照自己的主观臆断，而必须反映税收以及经济现象的实际，从中得出结论。要做到实事求是，首先必须从统计调查、搜集资料开始，所搜集的各种经济、税收资料及典型例证必须客观、真实、可靠；其次是分析方法的选择要与分析的方向和搜集的资料相适应，论点和论证方法要达到统一，整个税收统计分析过程要立足客观实际，遵循事物内部联系及发展规律。

2. 系统分析的原则

国民经济是由一个众多子系统构成的系统，其中每一个系统内构成要素的发展变化都受其子系统结构要素的影响，并反过来作用于其他子系统或系统整体。因此，我们在税收统计分析中必须遵循系统分析的原则，注意抓住系统的三个特征：目的性、整体性、层次性。把税收经济子系统放到系统中加以分析考察，分析它与国民经济系统整体和其他子系统要素的相互关系和作用，这样才能保证税收统计分析的可靠性、科学性和正确性。

3. 微观与宏观相结合的原则

税收统计分析要具体情况具体分析，找出不同地方、不同税种变化的共性和个性。但是，在分析研究这些共性和个性时，必须站在整个国民经济发展的高度上，坚持宏观和微观、点与面结合的原则。因此税收统计分析十分重要。税收源于经济，而经济的发展和变化，必将对税收以及税收工作产生直接的影响。观察和分析税收现象，应注意社会经济、税收发展的大趋势，注意横向的经济发展和税源变化。在税收统计分析中还要树立全面的观点，坚持全面的观点，首先要求我们搜集的各种社会经济统计资料、税收统计资料及其他资料要全面系统，不能零碎不全。其次在分析中要用联系的观点看经济与税收相互关系的各个方面，既要看到其在组织收入、依法治税、促产增收、发展经济中取得的成绩，又要看到自身工作的不足；既要看到现在，又应看到过去和未来；既要看到组织收入中的有利因素，又要看到影响税收变化的不利因素。只有在分析中坚持全面的原则，才能得出正确的结论。

4. 定性与定量相结合的原则

准确的税收统计数据，是我们税收工作数量方面的真实反映，它本身就属于情况的范畴。然而，社会经济现象和税收工作情况是十分复杂的，我们的税收统计数字往往只能反映最主要最基本的情况。这些基本资料对了解收入完成进度、税源和税收结构的变化情况，以及制定税收政策、编制税收计划、指导税收工作、正确分析和解决问题具有十分重要的作用。但是在分析研究时，为了深入认识事物的本质和规律，仅仅依据基本的统计资料有较大的局限性，这就需要深入实际，多了解一些实际情况，研究实际问题，从而使我们的认识和结论进一步深化，避免片面性。

第八章 未来税收分析的发展趋势

第一节 税收分析的发展方向

一、税收的产生与发展

税收既是一个经济范畴，也是一个历史范畴，它是人类社会发展到原始社会末期，出现私有制以后，随着国家的产生而产生的。国家不从事物质资料生产，为了执行其社会职能提供物质基础，凭借政治权力参与社会剩余产品分配，这就是税收。

在早期的母系氏族社会，生产力水平很低，主要依靠妇女采集天然的果实为生，个体离开了集体是无法生存的，所以，那时人们没有剩余产品也没有其他的非物质要求，当然也没有税收问题。随着生产力的发展，进入父系氏族社会，人们生存主要依赖于男人狩猎，并逐渐有了剩余产品。一开始剩余产品数量不多，为整个氏族所共有，主要用于氏族的集体用途，如祭祀及与其他氏族战争等。但随着生产力水平的进一步提高，一部分人开始离开集体单独生活，出现了个体家庭，其狩猎或种植的食物则归个体家庭所有，进而出现了私有财产。由于人的劳动能力有差异，在氏族内部开始有了贫富差距，同时，有的氏族首领利用自己职务之便将氏族共有的财产据为己有，这部分人逐渐成了富裕的具有特权的阶层。随着贫富差距的加大，出现了阶级对抗，当阶级对抗到了不可调和的时候，富人阶层建立了国家机制，用来镇压穷人的反抗。国家机制的存在需要大量的人力、物力和财力，于是税收便应运而生。

（一）税收产生的一般前提条件

1. 物质条件——广泛的剩余产品的出现

剩余产品的出现是税收产生的一个基本前提条件，如果没有出现剩余产品，就不会有后面一系列情况的出现，也就不会出现税收。剩余产品是指全社会一定时期内生产的总产品扣除补偿经济活动中的物化劳动耗费和活劳动耗费后的剩余部分，税收分配的物质来源只能是剩余产品，因为社会产品必须首先满足维持简单再生产和人们生存的需要。当然，税收并不是在剩余产品一出现的时候就产生了，其间还经历了一个漫长的过程。也就是说，剩余产品只是税收产生的条件之一。

2.经济条件独立的经济利益主体（财产私有化）

人类社会发展到原始社会中期以后，发生了二次社会大分工，出现了以个体家庭为单位的个体生产，而分工和交换的发展，又加速了财产的私有化，即经济利益主体独立化。其结果是各经济组织和社会成员，为维持生产和生活的客观需要而分离成两部分：一部分是生产过程中直接耗用的生产要素（生产工具、劳动力、劳动对象），这部分的再生产可以在各经济组织内部完成——在内部分配；另一部分是各经济组织和社会成员共同享用的公共设施和公共服务（如战争、祭祀），它的再生产过程要由社会公共职能机构来完成——在外部分配，因为它是全体社会成员共同享用的。这种外部分配，开始是以"贡"的形式出现的，当它凭借强制性的公共权力并按事先规定的标准来进行时，就成了税收。因此，经济利益主体的独立化，也是税收产生和存在的条件之一。如果经济利益主体不独立，生产资料仍是共同占有、共同消费，则维持生产和生活的社会总需要就不会有内外之分，当然也不会有内部分配和外部分配，更不会有税收产生了。

3.社会条件——经常化的公共需要（阶级对抗）

税收的目的是满足公共需要，如果没有公共需要，税收也就没有必要存在。在人类社会早期，随着氏族组织的发展和剩余产品的出现，逐渐产生了生产活动以外的共同利益和公共事务，如祭祀、战争等，这些事务有的必须从劳动成果中分出一部分来专门满足其需要。当这种需要常态化以后，它就要求其分配从满足生产和生活的分配中独立出来，成为一种固定的分配，从而为税收的产生准备了社会条件。同样这也只是税收产生的条件之一，因为满足社会公共需要的方式不只是税收一种。

4.政治条件——强制性的公共权力（国家政权）

由于税收是社会产品占有权和支配权的单方面转移，因此必须有一种超越财产所有权和劳动力所有权的力量介入，这就是政权。我们已经知道，国家是阶级矛盾不可调和的产物，是统治者镇压被统治者的工具。国家机器的运转需要大量的人力、物力和财力，也派生出庞大的"公共需要"，这样税收就应运而生。所以说，国家强制性的公共权力是税收产生的决定性条件。

税收产生的这四个条件中，剩余产品的出现和国家的产生是两个基本前提条件。需要注意的是，国家与税收的关系并不是因果关系，而是互为前提、相互依存的。如果没有国家，税收就失去了强有力的后盾，就无法正常收纳；而如果没有税收，国家机器就无法正常运转。所以二者是互相依存的关系，是社会经济发展的两种必然结果。

（二）税收的发展

随着社会生产力的发展和社会经济情况的变化，税收也经历了一个从简单到复杂、从低级到高级的发展过程。税收的法制程度、税制结构、征纳形式等较充分地反映了税收的发展情况。

1. 税收法制程度的发展变化

税收法制程度的发展变化，体现在行使征税权力的程序演变方面，以此为标准，税收的发展大体可以分为以下四个时期：

（1）自由纳贡时期

在奴隶时期，国家的赋税主要来自诸侯、藩属自由贡献的物品和劳力。从税收的法制观点来看，这种以国家征税权和纳贡者自由纳贡相结合的方式所取得的税收，只是一种没有统一标准的自愿捐赠，还不是严格意义的税收，是税收的雏形阶段。

（2）承诺时期

随着国家的发展、君权的扩张，财政开支和王室费用都随之增加，单靠自由纳贡已难以维持，于是封建君主设法增加新税。特别是遇到战争等特别需要时，封建君主更需要开征临时税应急。当时，由于领地经济仍处于主导地位，王权有一定的限制，课征新税或开征临时税需要得到由封建贵族、教士及上层市民组成的民会组织的承诺。

（3）专制课征时期

随着社会经济的逐步发展，封建国家实行了中央集权制度和常备军制度。君权扩张和政费增长，使国君不得不实行专制课征。一方面笼络贵族和教士，尊重其免税特权，以减少统治阶级内部的阻力；另一方面则废除往日的民会税收承诺制度，实行专断课税，不受约束地任意增加税收，税收的专制色彩日益增强。

（4）立宪课税时期

取消专制君主的课税特权曾是资产阶级革命的重要内容之一。资产阶级夺取政权以后，废除封建专制制度和教会的神权统治，实行资产民主制和选举制。现代资本主义国家，不论是采取君主立宪制，还是采取议会共和制，一般都要制定宪法和法律，实行法治，国家征收任何税收，都必须经过立法程序，依据法律手续，经过由选举产生的议会制定。君主、国家元首或行政首脑不得擅自决定征税，人人都有纳税义务，税收的普遍原则得到广泛的认可，公众有了必须依照法定标准评定课征的观念。

2. 税收制度结构的发展变化

税收制度结构的发展变化，体现在各社会主体税种的演变方面。历史上的税制结构的发展变化，大体上可以划分为四个阶段：

（1）以古老的简单直接税为主的税收制度

在古代的奴隶社会和封建社会，由于自然经济占统治地位，商品货币经济不发达，国家统治者采取直接对人或对物征收的简单直接税。马克思指出："直接税，作为一种最简单的征税形式，同时也是一种最原始古老的征税形式，是以土地私有制为基础的那个社会制度的时代产物。"如人头税，按人口课征；土地税，按土地面积或土地生产物课征；对各种财产征收的财产税，如房屋税等。当时虽然有对城市商业、手工业及进出口贸易征收营业税、物产税、关税，但为数很少，在税收中不占重要地位。

（2）以间接税为主的税收制度

进入资本主义社会以后，简单的税制已不能满足财政的需要，因此利用商品经济日益发达的条件，加强对商品和流通行为课征间接税，形成了以间接税为主的税收制度，征收间接税既可将税收转嫁给消费者，又有利于增加财政收入。马克思曾说："消费税只能随着资产阶级统治地位的确定才得到充分发展。产业资本是一种靠剥削劳动来维持，靠再生产和不断扩大自己的持重而节俭的财富。在他手中，消费税是对那些只知消费的封建贵族们挥霍的财富进行剥削的一种手段。"

（3）以所得税为主的税收制度

随着资本主义工商业的发展，社会矛盾和经济危机日益加剧，国家的财政支出亦随之增加。资产阶级国家深切体会到广泛而过分地课征间接税，会对资本主义经济的发展和资产阶级的经济利益带来不利的影响。首先，对商品的流转额课征的间接税，在商品到达消费者手中之前，往往要经过多次流转，每次流转都要征税，流转次数越多，征税额越大，商品的价格也越高。这种情况很不利于企业的市场竞争和扩大再生产。其次，对消费品课征间接税，提高了消费品价格，这就迫使资本家必须提高工人的名义工资，而提高工资又会提高生产成本，从而影响资本家的经济利益。而且过分扩大间接税的课征范围，还会引起无产阶级及劳动人民的反抗。资产阶级为了维护本阶级的根本利益、增加财政收入、适应国家的财政需要，不得不考虑税制的改革。因此，18 世纪末，英国首创所得税，之后时征时停，直至 1842 年开始确定所得税为永久税。在其后各国先后效仿，逐渐使所得税在各国税收收入中占主要地位。

（4）以所得税和间接税并重的税收制度

这种税收制度，在发展中国家使用得比较普遍，少数发达国家间接税也占一定比重。自 20 世纪 50 年代以来，增值税在法国一直是主要税种。鉴于过高的累进所得税税率，不但影响投资者的投资积极性，而且影响脑力劳动者的劳动积极性，因此，自 1986 年美国里根政府税制改革以后，发达国家普遍降低个人及公司所得税税率。但因政府的财政支出又不能随之减少，所以一方面需要扩大所得税税基，另一方面又有选择地增加间接税的征收。于是，一些国家的间接税出现发展趋势。

3. 税收征收实体的发展变化

税收征纳形式的发展变化，体现为力役、实物和货币等征收实体的发展演变。在奴隶社会和封建社会初期，自然经济占统治地位，物物交换是其主要特征，税收的征收和缴纳形式基本上以力役形式和实物形式为主。在自然经济向商品货币经济过渡的漫长封建社会中，对土地课征的田赋长期以农产品为主。尽管对商业、手工业征收的商税和物产税，以及对财产或经营行为征收的各种杂税，有一部分是以货币形式征收的，但货币征收形式在当时还不占主要地位。直到商品经济发达的资本主义社会，货币经济逐渐占据统治地位，货币不但是一切商品和劳务的交换媒介，而且税收的征收缴纳形式都以货币形式为主。其他实体的征收形式逐渐减少，有的只在个别税种中采用。

4. 税收地位和作用的发展变化

税收地位和作用的发展变化，体现为税收收入在财政收入中所占比重的变化及其对经济的影响。在资本主义以前的封建社会制度下，财政收入中特权收入不足时才征收赋税。但随着资本主义经济的发展，资产阶级民主政治取代封建专制制度，特权收入逐渐减少，税收收入在财政收入中所占比重越来越大，成为财政收入的主要来源。在我国，改革开放以来，利润在财政收入中所占较大比重的地位被税收取而代之。随着税收地位的变化，税收作用已从过去筹集资金满足国家各项支出的需要发展成为调节经济的重要手段。税收在促进资源优化配置、调节收入分配、稳定经济等方面起着重要作用。虽然西方国家再次提出了所谓税收的中性原则，但税收调控经济的作用仍是不容否定的。

5. 税收征税权力的发展变化

税收征税权力的发展变化，体现在国家税收管辖权范围的演变方面。在奴隶社会和封建社会以及资本主义社会初期，由于国家之间经济往来较少，征税对象一般不发生跨国转移，因此，国家税收管辖权只局限于一国领土之内，称为地域管辖权阶段。到了资本主义社会中期，国际交往日益增多，跨国经营逐渐发展。这种生产经营的国际化必然带来纳税人收入的国际化。一些国家为维护本国的利益，开始对本国纳税人在国外的收入征税和对外籍人员在本国的收入征税。这实际等于征税权力超过了领土范围，而主要以人的身份和收入来源确定是否属于一国的税收管辖权范围之内。这种被扩大了的税收管辖权等于扩大了税收征收权力，即从地域范围扩大到人员范围。现在以人员为确定标准的管辖权即居民或公民管辖权，已在各国广泛应用了。

6. 税收名称的发展

税收在历史上曾经有过许多名称，特别是在我国，由于税收历史悠久，名称尤为繁多，但是使用范围较广的主要有贡、赋、租、税、捐等几种。贡和赋是税收最早的名称，它们是同征税目的、用途相联系的。贡是向王室进献的珍贵物品或农产品，赋则是为军事需要而征收的军用物品。税这个名称始于"初税亩"，是指对耕种土地征收的农产物，即所谓"税以足食，赋以足兵"。我国历史上对土地征收的赋税长期称之租，租与税互相混用，统称为租税，直至唐代后期，才将对官田的课征称为租，对私田的课征称为税。捐这个名称早在战国时代已经出现，但都是为特定用途筹集财源的，带有自愿性，在当时，实际上还不是税收。明朝起捐税盛行，而且带有强制性，成为政府常态化财政收入，以致捐与税难以划分，故统称为捐税。总之，税收的名称在一定程度上反映了当时税收的经济内容，从侧面体现了税收发展史。

二、税收的本质与特征

税收是为实现国家职能而获取财政收入的一种主要形式，但并不是唯一形式。那么，税收与其他财政收入形式有什么不同呢？税收又为什么能成为最主要的财政收入形式呢？

正确把握税收的本质与特征，对正确和科学理解税收的含义至关重要。

（一）税收的本质

税收是国家（政府）公共财政最主要的收入形式和来源。税收本质上是国家为满足社会公共需要，凭借公共权力，运用法律手段，参与国民收入分配，强制取得财政收入所形成的一种特殊分配关系。它体现了一定社会制度下国家与纳税人在征收、纳税的利益分配上的一种特定分配关系。

税收的本质是国家以法律规定向经济单位和个人无偿征收实物或货币所形成的特殊分配关系。这种分配关系，集中反映了国家与各阶级、各阶层的经济关系、利益关系。其具体表现为：分配的主体是国家，它是一种以国家政治权力为前提的分配关系；分配的客体是社会剩余产品，不论税款由谁缴纳，一切税源都是来自当年劳动者创造的国民收入或以往年度积累下来的社会财富；分配的目的是实现国家职能；分配的结果，必然有利于统治阶级，而不利于被统治阶级，因为税收从来都是为统治阶级的利益服务的。不同的社会经济制度和不同的国家性质，决定不同国家税收的本质。

1. 资本主义国家税收的本质

资本主义国家税收是资本主义国家财政收入的主要来源，是其国家（政府）机器赖以生存并实现一切职能的物质基础。从税收负担来看，不论是直接税或间接税，都要由劳动者来负担。从税收用途来看，资本主义国家通过税收取得的财政收入，又通过财政支出为资产阶级利益服务。特别是庞大的军费支出，成了垄断资产阶级发财致富的重要途径。其国家机关的支出，也是直接或间接地为资产阶级利益服务的。此外，资本主义国家还通过国家干预经济，对那些需要大量投资而私人资本家又不愿投资的项目，如水电站、大坝以及风险较大的尖端技术实验等，通过财政拨款来投资。一方面，可以使成千上亿的国民收入通过资本主义财政的再分配直接转到资本家的手中；另一方面，维护了资本主义制度。资本主义国家税收就其本质来讲，是资本主义国家的经济基础，是资本主义国家对劳动者的额外剥削，是一种超经济剥削关系。

2. 我国社会主义税收的本质

我国是人民民主专政的社会主义国家，在社会主义制度下，实行生产资料社会主义公有制为主体、多种所有制并存。劳动者是国家的主人、企业的主人，在国家、企业和劳动者之间根本利益是一致的。因此，我国的社会主义经济制度和社会主义国家性质，决定了我国社会主义税收与资本主义税收有着截然不同的本质。

从我国社会主义税收的来源看，主要是社会主义全民所有制的国有企业、集体所有制企业等公有制企业。在我国，公有制经济在国民经济中占主导地位，公有制企业缴纳的税额占税收总额的大部分。我国税收增长，主要依靠社会主义生产的增长，特别是社会主义公有制企业收入的增长。国家对集体经济的征税，实行兼顾国家、集体和个人三者利益的原则。从我国税收的用途来看，我国社会主义税收是为广大劳动者利益服务的，它直接或间接地用于为劳动者造福的各项事业。国家通过税收筹集的资金，按照国家预算的安排，有计划地用于发展社会主义经济，发展社会主义科学、文化、教育、卫生事业，用于加强战备、巩固国防等，这些都是直接关系到劳动者根本利益的。与此同时，国家在生产发展的基础上，不断提高居民的物质文化生活水平。近年来，国家拿出大量资金用于改善城乡居民的物质文化生活，包括提高农副产品的收购价格、各种价格补贴、提高工资、安置城镇待业青年和新建民用住宅等。从以上我国社会主义税收的来源和用途可以看出，我国社会主义税收的本质，是国家筹集社会主义建设资金的工具，是为广大劳动者利益服务，体现了一种"取之于民、用之于民"的社会主义分配关系。

（二）税收的特征

税收的特征反映了税收区别于其他财政收入形式，从而也可以理解税收为什么能成为财政收入的最主要形式。税收与其他分配方式相比，具有强制性、无偿性和固定性的特征，习惯上称为税收的"三性"。税收三性是一个完整的体系，它们相辅相成、缺一不可。

1. 税收的强制性

税收的强制性是指税收是国家以社会管理者的身份，凭借政权力量，依据政治权力，通过颁布法律或政策来进行强制征收。税收参与社会物品的分配是依据国家的政治权力，而不是财产权利，即和生产资料的占有没有关系。税收法律作为国家法律的组成部分，对不同的所有者是普遍适用的，任何单位和个人都必须遵守，不依法纳税者要受到法律的制裁。税收的强制性说明，依法纳税是人们不能回避的法律义务。我国宪法就明确规定，我国公民"有依法纳税的义务"。正因为税收具有强制性的特点，它是国家取得财政收入的最普遍、最可靠的一种方式。负有纳税义务的社会组织和社会成员，都必须遵守国家强制性的税收法律，在国家税法规定的限度内，纳税人必须依法纳税，否则就要受到法律的制裁，这是税收法律地位的体现。

税收的强制性特征体现在两个方面：一方面税收分配关系的建立具有强制性，即税收征收完全是凭借国家拥有的政治权力；另一方面是税收的征收过程具有强制性，即如果出现了税收违法行为，国家可以依法进行处罚。

（1）概念

税收的强制性是指国家征税是凭借国家政治权力，通过颁布法律、法令的形式进行的。税收的法律、法令，是国家法律的组成部分，任何单位和个人都必须遵守，依法纳税，否则就要受到法律的制裁。税收的这一特征包括三层含义：

①国家以法律的形式规范了征纳双方权利和义务的对等关系。政府作为征税人，具有向全体社会成员征税的权利，同时承担向全体社会成员提供公共物品与劳务的义务；而全体社会成员作为纳税人，具有分享政府提供的公共物品与劳务的利益的权利，同时有义务补偿政府为提供公共物品与劳务而付出的成本，其补偿方式就是向国家纳税。这种权利和义务关系是对等的，没有哪一方可以只享受权利而不履行义务。

②政府征税是凭借国家政权强制执行的，而不是凭借财产权或某种协议。由于这种强制是以国家政府做后盾的，它的强制力要高于任何规范。例如合同也有强制性，但合同的强制力要比国家政权差多了。

③征纳双方的关系是以法律形式确定的，这种法律规范对双方当事人都具有法律上的约束力，任何一方违反税法都要受到法律的制裁。当然，由于国家是一个抽象的概念，因此这里的"征税人"其实是指税法的具体执行者，如税务机关、海关等。

（2）原因

税收的强制性是由其无偿性决定的。由于国家是无偿征税，如果没有强制力做保证，税款将很难征收，从而会影响财政收入的可靠和稳定取得。所以恩格斯曾经很形象地说过"收税官和紧跟其后的吓人的法警，这些今日农民最熟悉不过的人数，都是古代马尔克社会没有听说过的"。

2. 税收的无偿性

税收的无偿性是就具体的征税过程来说的，表现为国家征税后税款即为国家所有，并不存在对纳税人的偿还问题。

税收的无偿性是相对的。对具体的纳税人来说，纳税后并未获得任何报酬。从这个意义上说，税收不具有偿还性或返还性。但若从财政活动的整体来看，税收是对政府提供公共物品和服务成本的补偿，这里又反映出有偿性的一面。特别在社会主义条件下，税收具有马克思所说的"从一个处于私人地位的生产者身上扣除的一切，又会直接或间接地用来为处于私人地位的生产者谋福利"的性质，即"取之于民、用之于民"。当然，就某一具体的纳税人来说，他所缴纳的税款与他从公共物品或劳务的消费中所得到的利益并不一定是对应的。

税收的无偿性是指通过征税，将社会集团和社会成员的一部分收入转归国家所有，国家不向纳税人支付任何报酬。税收这种无偿性是与国家凭借政治权力进行收入分配的本质相联系的。无偿性体现在两个方面：一方面是指政府获得税收收入后无须向纳税人直接支付任何报酬；另一方面是指政府征得的税收收入不再直接返还给纳税人。税收无偿性是税收的本质体现，它反映的是一种社会产品所有权、支配权的单方面转移关系，而不是等价交换关系。税收的无偿性是区分税收收入和其他财政收入的重要特征。

（1）概念

税收的无偿性是指国家征税不支付任何报酬，征税后税款即为国家所有，不再直接归还给纳税人。

具体来说，这一概念隐含了两层含义：

①税收对某一具体纳税人而言是无偿的。这是征收最本质的特征，也是税收"三性"中的核心，即政府与具体纳税人之间的权利和义务关系是不对等的。政府向纳税人征税不是以具体提供公共产品为依据的，而纳税人向政府纳税也不是以具体分享多少公共产品为前提的。

②税收对全体纳税人而言又是有偿的。因为国家提供的公共物品与劳务是由全体社会成员享受的，按照"谁受益谁负担"的原则，国家在提供这些公共物品与劳务时所付出的成本，当然也应由全体社会成员来补偿，而能使全体社会成员都参与补偿的形式就只有税收了，因此我国的税收性质是"取之于民、用之于民"。

（2）原因

税收的无偿性是由税收收入使用（财政支出）的无偿性决定的。国家财政支出大多采取无偿的方式，如行政机构、司法机构、军队国防、公安警察等的经费拨款，一般是纯消费性的，是一种价值的单方面转移，而这些机构是国家职能的具体执行机构，是代表国家向全体社会成员提供公共物品与劳务的。由于公共物品与劳务的利益是无法划分的，也无法以价格的方式加以划分，因此某具体纳税人在享受国家提供的公共物品与劳务时是无偿的。国家本身不创造财富，为了保持财政的收支平衡，只能以无偿的方式取得收入，在这些方式里覆盖面最广的就是税收。所以说，税收的无偿性是由财政支出的无偿性决定的。

3.税收的固定性

税收的固定性是指课税对象及每一单位课税对象的征收比例或征收数额是相对固定的，而且是以法律形式事先规定的，并且只能按预定标准征收，不能无限度地征收。即纳税人、课税对象、税目、税率、计价办法和期限等，都是税收法令预先规定的，这使得税收成为政府的一种固定的收入。征税和纳税双方都必须共同遵守，非经议会的批准和国家法令修订或调整，征纳双方都不得违背或改变这个固定的比例或数额以及其他制度规定。

当然，税收的固定性不是绝对的，随着社会经济条件的变化，具体的征税标准是可以改变的。比如，国家可以修订税法、调高或调低税率等，但这只是变动征收标准，而不是取消征收标准。所以，这与税收的固定性并不矛盾。

（1）概念

税收的固定性是指在征税前，政府以税法的形式，预先规定征税的标准，并按此标准征收。它也包含三层含义：

①以税法的形式明确了纳税人、征税对象、应征税额等内容。这些内容既然是以税法的形式规定的，一般来说是不能随意变更的。

②税收的征收标准在一定范围（一个国家或地区）内是统一的。目前从我国来看，这个范围是指大陆地区，不包括港澳台地区。

③征纳双方的税收法律关系，在一定时期内是相对稳定的。这其实是说税法与所有法律一样是有连续性的，在税法存续期间，其内容大体不变。如某个税种的纳税人、征税对象、税目、税率等，一般是固定的，以便征纳双方共同遵守。但这并不是说税法是一成不变的，正好相反，它其实是不断变化的，因为任何一项法律都有一个从不完善到完善的过程，而社会也是不断发展变化的，这个过程就是税法不断修改完善的过程。

（2）原因

税收的固定性是由其无偿性和强制性共同决定的。税收是强制、无偿地征收的，而且依据的是国家政权，如果没有一个事先确定的标准，很可能造成税收的滥征，从而加重纳税人的负担，甚至激起人们的不满和反抗，导致社会动荡不安。从我国古代的发展历史来看，更朝换代总是以苛捐杂税为导火线的。每个朝代在一开始时，开国君主大多实行轻徭薄赋，但随着君主的交替，后代的君主往往大兴土木，过着极为奢侈的生活，由于古代君主的权力是至高无上的，他可以随意要求增加税收，不必通过任何机构或个人的同意，这样税收就不断增加，当这种负担超过了人们的承受能力时，就会引发战争，最终又出现了新的朝代，进入了新一轮循环。所以为了避免这种情况的发生，必须事先确定一个税收标准，让征纳双方共同维护，以保持社会稳定。

（三）税收"三性"之间的关系

税收的"三性"集中体现了税收的权威性。维护和强化税收的权威性，是我国当前税收征管中极为重要的问题。

税收具有的三个特征是互相联系、缺一不可的，同时具备这三个特征的才叫税收。税收的强制性决定了征收的无偿性，而无偿性同纳税人的经济利益关系重大，因此，要求征收的固定性。这样对纳税人来说比较容易接受，对国家来说可以保证收入的稳定。税收的特征是税收区别于其他财政收入形式（如上缴利润、国债收入、规费收入、罚没收入等）的基本标志。税收的特征反映了不同社会形态下税收的共性。

税收的三个基本特征是统一的整体。其中，强制性是实现税收无偿征收的强有力保证，无偿性是税收本质的体现，固定性是强制性和无偿性的必然要求。这三个特征是税收的基本特征，缺一不可，也是税收与其他财政形式相区别的主要内容。三者的关系是无偿性决定强制性，它们又共同决定固定性。在这三个特征中，无偿性是核心。

（四）税收与其他财政收入形式的比较

税收是财政收入的主要形式，从组织收入的角度来看，它同其他财政收入形式的作用一样，都能使国家在一定时期内取得财政收入，满足国家公共需要。但税收的三个特征，决定了它与其他财政收入形式又有所区别。

1. 与国有资产收益的区别

税收与国有资产收益都是参与企业纯收入分配的形式，是在生产过程中由劳动者的剩余劳动创造的，因此二者的分配内容是相同的。二者的区别在于：

（1）分配的广度不同

由于税收凭借的是国家政权，因此其分配具有广泛性。不论是企业单位还是个人，也不论企业的经济性质和国籍，凡符合税法上规定的征税范围，税收都可以参与其收入的分配。

国有资产收益凭借的是国有资产所有权，因此除国有企业以及国家参股企业外，对其他企业和个人，国家不能以所有者身份参与其纯收入的分配。

（2）征收的手段不同

税收以税法为依据，实行强制征收，纳税人若违反税法，要受到法律的制裁，而国有资产收益属于同一所有制内部的利益分配，不带有强制性。

（3）固定性不同

税收是按规定标准征收，具有固定性，能排除一些客观因素的影响，从而使国家及时、足额地取得财政收入。而国有资产收益取决于企业实现利润的多少，利润多则收益多，利润少则收益少，因而稳定性较差。

2. 与财政性收费的区别

这里的"费"专指政府机关为单位和居民个人提供某种特定的服务时，所收取的工本费、手续费，包括事业收入、规费收入和资源管理费收入等。它与税的区别主要在于：

（1）征收主体不同

税收由各级财税机关、海关征收，而费由经济部门和事业单位收取。

（2）偿还性不同

税收是纳税人对国家法律上赋予义务的履行，国家不付任何代价。而费是以国家提供某种特定的服务为前提，是有代价的，或者说是有偿的。

3. 与财政发行的区别

财政发行是指用发行货币的办法来弥补财政赤字或增加财政收入，是一种超经济发行，其结果必然是货币贬值和物价上涨。

它与税的共同之处是都具有无偿性和强制性。财政发行是只要开动机器印制钞票即可增加财政收入，国家基本不需付出代价。它的强制性虽不明显，但很强，因为不管你是否愿意，你手中收入都贬值了，因而人们称之为"隐蔽的税收"。

它与税的区别在于：

（1）物质基础不同

税收形成的财政收入是以社会产品为基础，有相应的物质资料做保证。税收是在参与社会产品分配过程中所形成的货币运动，同时伴有相应的物质运动。而财政发行是一种超经济发行，它所形成的财政收入没有相应的物质做基础，因而形成的是一种虚假的购买力，表现为货币贬值、物价上涨。在商品的数量和流通速度不变的情况下，增加纸币发行，就会造成社会上的货币流通量超过它的需求量。

（2）固定性不同

财政发行作为一种非生产性发行，其主要目的是弥补赤字，因此只有在必要时国家才会采用这种形式取得收入，其收入是不固定的，也没有一个事先确定的标准，而税收收入是有固定性的。

财政发行因其取得收入的成本低廉，简单快捷，可以为国家迅速筹集到所需要的资金，但它所引起的货币贬值、物价上涨等后果，可能会造成恶性通货膨胀，破坏正常的社会经济秩序，影响人民生活，危害社会治安。因此，只有税收才是筹集财政资金的正当渠道和基本手段。

4. 与国家信用的区别

国家信用是指国家以债务人的身份取得或以债权人的身份提供的信用，这里主要是指为了经济建设和财政预算的需要，国家以债务人的身份，运用发行公债、国库券、国外借款等方式筹集资金形成的一种借贷关系。由于公债是要还本付息的，最终仍然要以征税方式取得的财政收入偿还，因而又称"税收的预征"。

税收与国家信用的区别主要有三点：

（1）强制性不同

国家信用作为一种信用关系，发行方与认购方在法律上处于平等地位，因此，只能坚持自愿认购的原则，而不能强制推销。税收则是一种强制性征收，必须坚持依法办事、依率计征的原则。

（2）偿还性不同

国家信用反映了认购方和国家之间的债权债务关系，是有借有还的，要还本付息，而税收是无偿征收的。

（3）固定性不同

国家信用由于是自愿认购的，因此认购者可以多购也可以少购，它所形成的财政收入是不稳定的。而税收收入由于有事先确定的标准，具有固定性。

5. 与罚没收入的区别

罚没收入一般是指对违反国家有关规章制度的行为进行的一种经济处罚，与税收一样，都具有无偿性和强制性。

它们的主要区别在固定性上。罚没收入是以发生违法行为为前提的，有违法行为才有罚没收入，因而不具备连续性和固定性。而税收是按规定标准无偿取得的，具有连续性和固定性。

6. 与专卖收入的区别

专卖收入是指国家对某些商品在生产、收购、运输、销售的一个或几个环节中进行垄断经营和管理所取得的一种专项财政收入。

（1）强制性不同

专卖收入是国家通过对某些商品的生产、收购和销售，实行完全或非完全的垄断而获得的高额利润，它反映的是商品交易中的买卖关系，不带有强制性。而税收反映的是一方强加于另一方的征纳关系，具有明显的强制性。

（2）偿还性不同

在专卖过程中，国家一手收钱一手交货，通过出售某种货物来取得收入，是有偿的。而税收则是无偿的。

（3）固定性不同

专卖收入不仅要受物品种类的限制，还要受专卖物品成本变化的影响，因此其收入不固定。而税收的课征对象很广泛，又是按预定标准征收的，收入比较稳定。

三、税收的职能与作用

（一）税收的职能

税收职能是税收本身所固有的职责与功能，具体来说就是税收所具有的满足国家需要的能力，它回答的是税收能够干什么的问题。

税收职能的特征在于它的内在性和客观性。内在性是指税收职能是税收本质的具体体现，它存在于税收的本质之中，又是税收本质最集中、最具体的体现。客观性是指税收职能不以人的主观意志和外在客观经济条件为转移。

税收最主要的职能是财政职能和经济职能。税收的财政职能是指经济能决定财政的一面，经济是基础，财政是否充裕取决于经济。而税收的经济职能是指税收反作用于经济的一面，税收来源于经济，但绝不是消极地反映经济。税收政策的好坏，又必然反过来对经济的发展造成直接的影响。

1. 财政职能

（1）概念

税收的财政职能，是指税收具有组织财政收入的能力，即税收作为参与社会产品分配的手段，能将一部分社会产品从社会成员手中转移到国家手中，形成国家财政收入的能力，亦称"收入手段职能"。国家为了实现其职能，需要大量的财政资金。税收作为国家依照法律规定参与剩余产品分配的活动，承担着筹集财政收入的重要任务。税收自产生之日起，就具备了筹集财政收入的职能，并且是最基本的职能。

筹集国家财政收入是税收的首要职能，有的将其简称为税收的财政职能或财政收入职能。由于税收分配是一种无偿分配，税收收入又具有及时、充裕、稳定、可靠的特点，因此，税收一直都是政府财政收入的主要来源，特别是在现代经济中，绝大多数国家的财政收入的 80% 以上都是通过税收筹集的。

税收的财政职能决定了其在财政中的重要地位。税收与财政同属于分配范畴。虽然税收是财政的一个有机组成部分，但它又具有相对的独立性，在财政分配关系中具有独特的地位。这种独特的地位，不仅表现为税收具有独特的调控功能，还表现为税收活动对财政的意义重大。第一，税收是财政最重要、最稳定的收入来源。税收分配具有无偿性、固定性、强制性的特点，收入可靠稳定，也无须像国债收入那样还要偿还，且其多税种、多税目、多层次全方位的课税制度，为广泛地、大量地聚集财政资金提供了条件；税收是按年、按季、按月、按旬，甚至按日征收，均匀入库，也有利于财力调度，满足日常财政支出。第二，税收有利于规范、明确政府与企业之间的财政分配关系。在市场经济条件下，税收应是政府参与企业利益分配的最根本最规范的方式。税收分配，不仅有利于政企分开，而且有利于企业进行公平竞争。第三，多税种多层次的税源分布，有利于各级政府之间的财源分享。如今分税制已成为世界通行的财政管理体制模式。

税收之所以具有财政职能，是因为税收是以国家的政治权力为依据的、强制的、无偿的分配形式，其可以将一部分社会产品从分散的社会成员手中转移到国家手中，形成可供国家支配的财政收入，以满足国家行使职能的需要。

税收的财政职能是随着税收的产生而产生的，在税收漫长的发展过程中，它经历了由实物到货币的演变形式，但其始终作为国家取得财政收入的重要手段而存在，并将随着国家的发展而延续下去。

（2）特点

①适用范围的广泛性

由于税收是国家凭借政治权力向纳税人进行的强制征收，因此，从纳税人来看，包括国家主权管辖范围内的一切企业、单位和个人，没有所有制、行业、地区、部门的限制。从征税对象来看，其征税范围也十分广泛，既包括对财产征税，又包括对某些特定目的和行为的征税。

②取得财政收入的及时性

由于税法中明确规定了纳税义务成立的时间和纳税期限，因此保证了税收收入及时、均衡入库。如流转税以纳税人实现销售收入为纳税义务成立的时间，纳税人只要实现销售收入，不论盈亏与否都要依法纳税；又如对纳税结算期和缴款期的规定，其对纳税人缴纳税款的时间给予的严格的限制，有利于国家及时取得财政收入，以保证财政支出的正常进行。

③征收数额上的稳定性

由于税法明确规定了各税种的纳税人、征税对象和税率，确定了各税种在国民收入分配中的相对比例，加上税收具有固定性，因此税收在征收时间上具有连续性，保证了国家财政收入的稳定性。

2.调节经济职能

（1）概念

税收的调节经济职能是指税收在组织财政收入的过程中，能够改变国民收入原有的分配格局，从而对经济产生影响，亦称"调节手段职能"。国家要执行其管理社会和干预经济的职能，除需筹集必要的财政资金作为其物质基础外，还要制定一系列正确的经济政策，以及提供体现并执行政策的各种有效手段，才能得以实现。税收作为国家强制参与社会产品分配的主要形式，在筹集财政收入的同时，也改变了各阶级、阶层、社会成员及各经济组织的经济利益。物质利益的多少，诱导着他们的社会经济行为。因此，国家有目的地利用税收体现其社会经济政策，通过对各种经济组织和社会成员进行经济利益的调节，使他们的微观经济行为尽可能符合国家预期的社会经济发展方向，以有助于社会经济的顺利发展，从而使税收成为国家调节社会经济活动的重要经济杠杆。税收自产生之日起，就有调节社会经济杠杆的功能，但它的实现却受到一定社会形态下国家政治经济状况及国家任务的影响。社会主义市场经济体制下国家宏观调控体系的建立，对实现税收调节社会经济维护的职能，既提出了强烈要求，又提供了可能的条件。

（2）内容

税收作为政府调控手段之一，其调控目标自然与政府的总体经济目标相一致。经济增长、稳定物价、充分就业和国际收支平衡是传统的四大宏观经济调控目标，因此，它们往往也成为重要的税收调控目标。当然，如诸多宏观经济学方面的著作所说，这四大经济目标之间是存在一定矛盾的，因此，同时实现四大目标一般认为是不现实的。实际上，在不同时期经济环境不同，政府的调控目标自然也有所侧重，如在通货膨胀严重的情况下，稳定物价往往就成为主要的调控目标，而在经济衰退的情况下，刺激经济增长则往往成为政府关注的焦点。因此，就税收政策而言，其要实现的目标在不同时期也是有所侧重的。

为实现调控目标可供选择的税收手段很多，但从原则上说，不外乎两种：增税和减税。而具体的增税、减税措施则五花八门：开征新税、扩大征收范围、提高税率、减少优惠等都能起到增税的作用；而税种停征、提高起征点或免征额、调低税率及实行各种各样的税收优惠等都具有减税作用。

无论是增税还是减税，都是一个相对概念，具体可以通过税负这一量化指标来衡量：税负提高，则增税；税负下降，则减税。税收总量政策通过宏观税负的增减变化来反映，税收的结构政策则通过税负的区别对待来实现。

调控政策之所以能起作用，是因为政策手段与政策目标之间存在内在的必然联系。这种联系的实现过程就是通常所谓的传导机制。税收调控手段——增税或减税，与各种税收调控目标之间也存在内在的必然联系。简而言之，增税，在总量上具有紧缩效应，在结构上表现为抑制性调节；减税，在总量上具有扩张效应，在结构上则表现为鼓励性调节。

税收之所以具有这种内在作用，是因为：第一，政府的储蓄、消费倾向与企业、个人的不同。因此，税收从企业、个人手中转向政府，势必影响社会的总储蓄、总消费水平，从而影响社会总供求水平。第二，税收影响纳税人的切身利益，增税使纳税人税后可支配收入减少，减税则意味着税后可支配收入的相对增加。因此，增税和减税所引起的税收成本的增减（对投资而言，无论是间接税还是直接税，税收实质上都是投资成本的一部分；就消费而言，无论是价内税还是价外税，税收都是消费者承担价格的一部分），势必直接影响纳税人的投资或消费行为。第三，税收调控政策本身具有示范和引导效应，政府采取增税措施来实施调控，表明政府在总量上实行紧缩政策，或在结构上实施限制性政策，从而能够引导企业和居民的投资和消费行为。特别是在对外开放、吸引外资的起步阶段，涉外税收政策的示范作用更为明显，涉外税收优惠往往成为实行对外开放，鼓励外资引进的象征。第四，在宏观税负不变的情况下，对某一方面开征新税或增税，意味着可以相应降低其他方面的税负；反之，对某一方面停征税收或减税，其他方面则需负担更多的税收。因此，利用税收可以有效地校正经济的外部性问题。即通过征税（或增税）可以使外部成本内在化，如对污染征收污染税或环保税可以增加排污成本；通过税收优惠可以使外部性效益内在化，譬如对植树造林方面的税收减免，与正常税负相比，就相当于得到一笔补贴而增加收益，从中也可以说明税收政策对环境的保护，进而对实现可持续发展都具有重要意义。

税收经济职能的一个重要方面是对社会财富分配的调节。在市场经济条件下，收入的初次分配主要取决于两个因素：所拥有的经济资源的多少，这里的经济资源包括财产、劳动能力、受教育程度等等；上述资源在市场上的价格。人们所拥有的经济资源的多少，并不完全取决于自己的主观努力，如劳动能力，年幼的孩子和年老的老人基本没有劳动能力，但这与他们本身的主观努力无关，而是一种自然规律。这种由于人们对经济资源的占有不同而造成的社会财富的分配悬殊，显然是不公平的，是一个严重的社会问题，国家有必要介入调整，使社会财富的分配趋于公平。但国家调节社会财富分配不公，不能采取强制行政剥夺的办法，因为私人的合法财产是不可侵犯的，只能采取经济手段，如税收手段来影响分配。

一般来说，在常用的三种税率形式中，累进税率因为具有调节社会财富分配不公的作用，所以常被各国加以运用。

（3）税收调控的局限性

税收具有较强的调控功能，但税收不是万能的，税收调控不仅受诸多外部条件的影响，而且其本身也存在局限性。这种内在局限性主要表现在：

①税收成本是投资成本的重要组成部分，因此，税收是投资决策时要考虑的重要因素。而税收调控是通过具体的税收法律、法规体现出来的，法律、法规有其内在的稳定性和严肃性，这决定了税收调控政策不宜（也不易）多变，应具有相对的稳定性，因此，一般只适用于中长期的调节，而不宜用于短期调节和临时调节。

②税收调控空间有限。税收调控受纳税人的承受能力和政府的财政能力的双重制约，因此，现实中增税或减税的政策出台都须慎重考虑。

③税收调控在操作上的制约。一般来说，税收调控政策的干预性越强，调控内容和调控过程也越复杂，所带来的负效应也就越大，直接操作成本往往也随之增加。

税收调控的局限性决定了税收政策的运用还需要与其他宏观经济政策进行有机配合。

（二）税收的作用

1.税收作用的概念

税收作用是税收职能在一定政治经济条件下所具体表现出来的效果。

税收的作用，在不同的经济条件下，会随着不同历史时期的经济条件和政治经济任务的变化而变化。在生产力水平低的条件下，税收收入规模小，税收的作用也小；在商品经济不发达，税收采用实物交纳的情况下，税收作用的范围也小；在商品经济发达的社会里，税收全部采用货币交纳形式，税收的作用范围就大大地扩大了。

在不同的社会制度下，由于社会的经济基础与上层建筑不同，税收的作用也不同。例如，在我国社会主义市场经济条件下，国家可以直接运用税收杠杆来促进经济发展，税收的作用可以比以往任何私有制社会发挥得更充分、更好。

2.税收作用的内容

（1）组织财政收入，保证国家实现其职能的资金需要

税收的这一作用是与其财政职能相对应的，在任何社会形态下税收都具有这一作用，只不过因经济发展水平、经济运行机制、财政收支状况的不同，其作用程度也不同而已。

在实践中，各国的税收收入在其财政收入中一般占80%~90%的比重，因为在财政的诸多收入形式中，只有税收是稳定、可靠的收入，并且不需要偿还，是国家的永久性收入。

（2）税收是国家对经济实行宏观调控的重要经济杠杆

在我国社会主义市场经济条件下，税收涉及社会经济生活的各个领域，通过税收调节经济更加必要、广泛和深入，税收成为国家对经济实行宏观调控的重要经济杠杆。

①调节社会总需求与总供给的平衡。社会总需求与总供给的平衡，不仅要求总量一致，还要求结构一致。如果总需求大于总供给，会出现物价上涨和通货膨胀；如果总需求小于总供给，则会出现经济萧条和失业。税收对这些情况均可以进行调节，可以运用税收总量进行调节，也可以运用税收政策进行调节。总需求大于总供给时，一方面增加税收总量加大供给，另一方面运用税收政策限制消费与投资。总需求小于总供给时，一方面减少税收总量压缩供给，另一方面运用税收政策鼓励消费与投资。

②实现资源的优化配置。资源配置是指通过对现有的人力、物力、财力等社会经济资源的合理分配，实现资源结构的合理化，使其得到最有效的使用，获得最大的经济效益和社会效益。市场经济下的资源配置主要是发挥市场的基础性作用，但是市场调节有一定的盲目性，需要国家从全社会的整体利益出发，通过宏观调控实现资源的合理配置。

A.调节生产结构。生产结构包括生产力地域结构、产业结构以及再生产各环节之间关系等诸多方面，税收对这些方面都有重要的调节作用。

a.从生产力地域结构看，生产力在不同地区的配置，不仅受自然资源条件、交通运输条件、经济协作条件等客观因素的影响，而且受税收政策的影响。如果各地区税收政策没有差别，生产力就会涌向客观条件较好的地区，从而出现各地区经济发展不平衡的现象。如果在税收政策上针对各地区不同情况区别对待，对客观条件较差的地区给予一定优惠政策，就可以促进这些地区的经济发展，使生产力地域结构更加合理。如我国在西部地区开发过程中，就对西部地区给予了许多优惠政策。

b.从产业结构看，合理的产业结构，对提高宏观经济效果、促进国民经济的良性循环具有重要意义。调整产业结构，不外乎两种途径：一是调整投资结构，因为产业结构是由投资结构形成的，通过征税可以引导方向。各种产业的发展，在很大程度上取决于该产业

的盈利水平。税收对产业的盈利水平具有重要影响。在价格不变的情况下，增加税收会减少利润，从而限制某种产业的发展；反之，减少税收会增加利润，从而鼓励某种产业的发展。如我国对农业长期以来实行"轻税"的"增产不增税"的政策，在促进农业发展中起到了重要作用。二是调整资产存量结构，改变现有产业的生产方向。过去，我国调整产业结构主要靠对企业实行"关、停、并、转"的行政手段。今后，根据市场经济的要求，除了必要的行政措施外，主要应通过市场竞争、优胜劣汰来进行。在这方面采取有利于竞争和对不同产业的区别对待的税收政策，可以发挥一定的调节作用。

c.从再生产各环节之间关系看，正确处理生产与流通的关系，是保证再生产顺利进行的重要条件。而生产与流通的关系，又主要表现为工业与商业的关系。税收可以影响工商业的利润水平，对工商业结构具有重要的调节作用。我国在社会主义改造时期，在税收上采取了"工轻于商"的政策，有力地促进了工业的发展。

B.调节消费结构。税收不仅可以调节生产结构，还可以调节消费结构。商品的消费结构，除取决于购买者的消费偏好之外，还受商品的比价关系及购买力的影响。通过对产品消费课税，即对购买或使用的某种商品课税，可以改变商品的比价关系，影响购买者或使用者的物质利益，改变产品的需求结构和消费结构。例如，有甲、乙两种商品，它们的生产工艺、外观功能、生产成本、盈利水平等基本相同，现在若对甲产品征税，会使其价格提高，则消费者会转而购买乙产品。

C.调节分配结构。税收在调节生产与消费方面，除了通过调节生产与消费来发生作用外，还可通过控制分配结构，调节积累与消费基金的比例来发生作用。例如，通过对个人所得征税，可以控制消费基金的数额。积累基金主要用于购置生产资料，消费基金主要用于购置生活资料。控制了积累基金与消费基金的数额，就可以影响生产资料与生活资料的供求关系，影响生产与消费的关系。

（3）调节收入分配不公

①调节企业利润水平（级差收入）。每个企业都是相对独立或完全独立的商品生产者和经营者，都实行盈亏责任制或自负盈亏，都要以自己的利润作为发展生产和改善生活的主要来源。因此利润的多少，直接关系到的自己的切身利益，利润水平是否合理，成了能否促进加强经营管理并在同等基础上开展竞争的重要因素。

合理的利润水平应该能够反映企业主观努力的大小，与企业经营管理的好坏相适应。如果企业经营管理得好，利润就高，反之则少。但在现实经济生活中，企业利润水平的差异是由很多因素造成的，如经营管理水平、价格、自然资源、技术设备、地理位置等，其中有很多是客观因素。由这些客观因素造成的企业利润水平不合理的差异，我们一般称为级差收入，它不反映企业的主观努力情况，也不反映企业的经营管理水平。经营管理水平高的企业，可能会因为客观条件较差而利润较少；经营管理水平低的企业，则有可能因为客观条件较好而利润较高。这显然是不合理的，会造成企业之间的利润不均，挫伤企业的积极性。因此，为了促进企业公平竞争，保证不同的企业能有平等的竞争环境，国家有必要对企业的级差收入进行调节，即通过征税，把级差收入集中到国家手中，排除客观因素对企业利润水平的影响，如对因自然资源不同而造成的级差收入，可以通过征收资源税来调节。

②调节个人收入差异。改革开放以来，我国在收入分配上采取效率优先、兼顾公平的原则。劳动者个人报酬要引入竞争机制，打破平均主义，实行多劳多得，合理拉开差距。但是这也带来一些问题，就是居民的收入差距呈不断扩大的趋势。这一问题如果不能得到正确解决，不仅会影响经济发展，还会带来社会的不安定。税收作为调节个人收入分配不公的最终手段，其作用越来越重要。个人所得税在这方面的作用尤为突出，因为它拥有众多的调节手段，如累进税率、免税、生计费用扣除等，都提高了个人所得税调节收入的有效性；财产税对社会财富的调节作用也较大，如房产税、遗产税、社会保险税等。今后，随着个人财富的增多，这些税种的收入会有较大增长，调节作用会更强。

③调节地区间收入差距。地区发展不平衡是世界各国，尤其是大国存在的普遍现象。我国各地经济发展不平衡呈现两个趋势：一是经济发展水平绝对差距扩大了；二是经济发展水平相对差距缩小了。其中人们直接感受最深的是绝对差距的扩大。所以协调地区之间经济的发展，逐步缩小地区发展差距，不仅是一个重大的经济问题，而且具有重要的社会政治意义。在这方面，税收可以发挥积极的调节作用，如给予不同地区不同的税收优惠政策，加快落后地区经济的发展，从而缩小地区间经济发展的差异。

（4）维护国家主权，促进对外经济贸易往来

税收在我国对外经济交往中的作用主要表现在以下几个方面：

①税收是维护国家权益的重要工具。税收的权力是国家主权的一部分，每一个主权国家都应该行使这个权力。我国在对外经济交往中，通过税收行使国家主权，争取在平等互利的基础上开展国际的经济往来。如对外商在我国取得的收入征税，一方面是遵循国际惯例；另一方面也可以防止我国经济利益外流，维护了国家利益。

②保护本国经济。通过关税，对进口的不同商品规定差别税率，体现了国家鼓励和限制的政策，以此来调节进出口产品的品种和数量，这样能达到既保护国内工农业生产，又有利于引进我们所需要的商品的目的。

③提高出口商品竞争能力。对鼓励出口的商品免征关税和实行消费税、增值税的出口退税，能使我国出口商品以不含税价格进入国际市场，提高我国商品在国际市场上的竞争能力，以扩大出口，取得更多的外汇收入。

④吸引外资。通过对涉外税种实行各种优惠，吸引外国投资者向我国投资，引进外国资本以及先进的生产和管理技术，从而促进我国经济的发展。

（5）税收是国际斗争与合作的工具

随着经济全球一体化的发展，国际竞争与合作也越来越频繁，在这方面，税收往往成为双方谈判的重要筹码，其中尤以关税为最。例如，在我国加入WTO的谈判中，关税就是一个很重要的内容。随着跨国经济的发展，各国为了维护本国经济利益，打击偷税，国

际税务合作越来越重要，如税务资料共享、打击国际避税与逃税等。

（6）限制不法经济行为，维护正常经济秩序

税收深入社会再生产过程的各个阶段，在反映信息方面具有广泛性、及时性和可靠性的特点。税收收入的部门结构、产业结构、地区结构和所有制结构，可以全面反映国民经济结构的状况及发展。同时，税收深入企业经济核算的各个环节，不同税种收入的情况，可以全面反映出企业的生产经营状况。根据这些状况，国家可以制定相应的政策与措施，对国民经济结构及企业生产经营活动进行适当的调节。

另外，在现阶段，经济领域里还存在各种各样的不法行为，如违反财经纪律、侵占国家资产、违反工商管理制度、无证经营或越权经营等等。这些行为的存在，会扰乱正常的经济秩序，不利于经济的正常发展。在税收上，通过对纳税人履行纳税情况的检查，对违反税法者给予相应处罚，既可以保证国家财政收入的及时取得，又可以发现企业是否存在非法经营等违法行为。这对维护正常经济秩序、打击违法犯罪具有重要作用。

（三）税收征收管理

1. 税收征收管理法的概念

税收征收管理法，是指调整税收征收与管理过程中所发生的社会关系的法律规范的总称。它包括国家权力机关制定的税收征管法律、国家权力机关授权行政机关制定的税收征管行政法规和有关税收征管的规章制度等。税收征收管理法属于税收程序法，它是以规定税收实体法中所确定的权利义务的履行程序为主要内容的法律规范，是税法的重要组成部分。税收征收管理法不仅是纳税人全面履行纳税义务必须遵守的法律准则，也是税务机关履行征税职责的法律依据。

1992 年 9 月 4 日第七届全国人民代表大会常务委员会第 27 次会议通过了《中华人民共和国税收征收管理法》以下简称《税收征收管理法》，并于 1993 年 1 月 1 日起施行。1995 年 2 月 28 日第八届全国人民代表大会常务委员会第 12 次会议对《税收征收管理法》进行了修订。2001 年 4 月 28 日第九届全国人民代表大会常务委员会第 21 次会议对《税收征收管理法》进行了修订，自 2001 年 5 月 1 日起施行。2012 年和 2015 年全国人民代表大会常务委员会对《税收征收管理法》又进行过两次修订；2010 年 12 月 20 日又发布了《中华人民共和国发票管理办法》，国家税务总局也发布了《税务登记管理办法》《中华人民共和国发票管理办法实施细则》《税务行政复议规则》《国家税务总局关于纳税人权利与义务的公告》。2013 年 6 月第十二届全国人民代表大会常务委员会第 3 次会议通过了修订后的《税收征收管理法》，自 2013 年 6 月 29 日起施行。在全国范围内推行营业税改征增值税试点后，国家税务总局又发布了《关于全面推开营业税改征增值税试点有关税收征收管理事项的公告》《关于启用增值税普通发票（卷票）有关事项的公告》《关于增值税发票开具有关问题的公告》等。这些法律法规构成了我国税收征收管理法律制度的主要内容。

自 2015 年 5 月 1 日起，国家税务总局在全国范围内试行了《全国税收征管规范（1.0

版）》。《全国税收征管规范（1.0 版）》全面梳理了税收征管的所有具体业务，对每一个业务事项的流程、环节、操作要求做出了详细规定，明确了税收管理行为标准，压缩了自由裁量的空间，限定了税收管理行为的随意性，切实规范征税人，更好地服务纳税人。

2.税收征收管理法的适用范围

凡依法由税务机关征收的各种税收的征收管理，均适用《税收征收管理法》。就现行有效税种而言，增值税、消费税、企业所得税、个人所得税、资源税、城镇土地使用税、土地增值税、车船税、车辆购置税、房产税、印花税、城市维护建设税、环境保护税等税种的征收管理适用《税收征收管理法》。

耕地占用税、契税的征收管理，按照国务院的有关规定执行。

由海关负责征收的关税及海关代征的进口环节的增值税、消费税，按照法律、行政法规的有关规定执行。

我国同外国签订的有关税收的条约、协定同《税收征收管理法》有不同规定的，按照条约、协定的规定办理。

（四）税务管理

1.税务登记管理

（1）税务登记的概念和范围

①税务登记的概念

税务登记，是指纳税人为履行纳税义务就有关纳税事宜依法向税务机关办理登记的一种法定手续，是税务机关对纳税人的开业、变更、注销、外出经营报验、停业复业及生产经营活动进行登记管理的法定程序。

税务登记是整个税收征收管理的起点。税务登记的作用在于掌握纳税人的基本情况和税源分布情况。从税务登记开始，纳税人的身份及征纳双方的法律关系即得到确认。

②税务登记的范围

企业包括其在外地设立的分支机构和从事生产、经营的场所，个体工商户和从事生产、经营的事业单位（以下统称从事生产、经营的纳税人），都应当办理税务登记。

上述规定以外的纳税人，除国家机关、个人和无固定生产经营场所的流动性小商贩外（以下统称非从事生产经营但依照规定负有纳税义务的单位和个人），都应当办理税务登记。

根据税收法律、行政法规的规定负有扣缴税款义务的扣缴义务人（国家机关除外），应当办理扣缴税款登记。

（2）税务登记主管机关

县以上（含本级，下同）国家税务总局（分局）、地方国家税务总局（分局）是税务登记的主管税务机关，负责税务登记的注册登记、变更登记、注销登记和税务登记证验证、换证及非正常户处理、报验登记等有关事项。

国家税务总局（分局）、地方国家税务总局（分局）按照国务院规定的税收征收管理范围，实施属地管理，采取联合登记或分别登记的方式办理税务登记。在有条件的城市，国家税务总局（分局）、地方国家税务总局（分局）可以按照"各区分散受理、全市集中处理"的原则办理税务登记。国家税务总局（分局）、地方国家税务总局（分局）联合办理税务登记的，应当对同一纳税人发放一份加盖国家税务总局（分局）、地方国家税务总局（分局）印章的税务登记证。国家税务总局（分局）、地方国家税务总局（分局）对纳税人税务登记的主管机关产生争议的，由其上一级国家税务总局、地方国家税务总局共同协商解决。

国家税务总局（分局）、地方国家税务总局（分局）施行统一的纳税人识别号。纳税人识别号由省、自治区、直辖市、计划单列市国家税务总局，地方国家税务总局按照纳税人识别号代码行业标准联合编制，统一下发各地执行。已领取组织机构代码的纳税人，其纳税人识别号为15位，由纳税人登记所在地6位行政区代码和9位组织机构代码组成。以业主身份证件为有效身份证明的组织，即未取得组织机构代码证书的个体工商户及持回乡证、通行证、护照办理税务登记的纳税人，其纳税人识别号由身份证件号码和2位顺序码组成。纳税人识别号具有唯一性。

各级工商行政管理机关应当向同级国家税务总局和地方国家税务总局定期通报办理注册、变更、注销登记及吊销营业执照的情况。

（3）税务登记制度改革

国务院在《关于促进市场公平竞争维护市场正常秩序的若干意见》（国发〔2014〕20号）中指出，改革市场准入制度，简化手续，缩短时限，鼓励探索实行工商营业执照、组织机构代码证和税务登记证"三证合一"登记制度。随后，国务院办公厅发布了《关于加快推进"三证合一"登记制度改革的意见》（国办发〔2015〕50号），国家市场监督管理总局等六部门发布了《关于贯彻落实〈国务院办公厅关于加快推进"三证合一"登记制度改革的意见〉的通知》（工商企注字〔2015〕121号）。2015年9月10日，国家税务总局发布《国家税务总局关于落实"三证合一"登记制度改革的通知》，就税务部门落实"三证合一"登记制度做出了具体部署。

自2015年10月1日起，新设立企业、农民专业合作社（以下统称"企业"）领取由工商行政管理部门核发加载法人和其他组织统一社会信用代码（以下称统一代码）的营业执照后，无须再次进行税务登记、领取税务登记证。企业办理涉税事宜时，在完成补充信息采集后，凭加载统一代码的营业执照代替税务登记证使用。除以上情形外，其他税务登记按照原有法律制度执行。改革前核发的原税务登记证件在过渡期继续有效。

工商登记"一个窗口"统一受理申请后，申请材料和登记信息在部门间共享，各部门数据互换、档案互认。各级税务机关要加强与登记机关的沟通协调，确保登记信息采集准确、完整。

各省税务机关在交换平台获取"三证合一"企业登记信息后，依据企业住所（以统一代码为标识）按户分配至县（区）税务机关；县（区）税务机关确认分配有误的，将其退回至市（地）税务机关，由市（地）税务机关重新进行分配；省税务机关无法直接分配至县（区）税务机关的，将其分配至市（地）税务机关，由市（地）税务机关向县（区）税务机关进行分配。

对于工商登记中已采集信息的，税务机关不再重复采集；其他必要涉税基础信息，可在企业办理有关涉税事宜时，及时采集，陆续补齐。发生变化的，由企业直接向税务机关申报变更，税务机关及时更新税务系统中的企业信息。

已实行"三证合一、一照一码"登记模式的企业办理注销登记时，须先向税务主管机关申报清税，填写《清税申报表》。企业可向国税、地税任何一方税务主管机关提出清税申报，税务机关受理后应将企业清税申报信息同时传递给另一方税务机关，国税、地税税务主管机关按照各自职责分别进行清税，限时办理。清税完毕后一方税务机关及时将本部门的清税结果信息反馈给受理税务机关，由受理税务机关根据国税、地税清税结果向纳税人统一出具《清税证明》，并将信息发布到交换平台。

税务机关应当分类处理纳税人清税申报信息，扩大即时办结范围。根据企业经营规模、税款征收方式、纳税信用等级指标进行风险评估，对于风险等级低的当场办结清税手续；对于存在疑点情况的，企业也可以提供税务中介服务机构出具的鉴证报告。税务机关在核查、检查过程中发现涉嫌偷、逃、骗、抗税或虚开发票的，或者需要进行纳税调整等情形的，办理时限自然中止。在清税后，经举报等线索发现少报、少缴税款的，税务机关将相关信息传至登记机关，纳入"黑名单"管理。

2016年6月30日，国务院办公厅发布《关于加快推进"五证合一、一照一码"登记制度改革的通知》（国办发〔2016〕53号），在全面实施工商营业执照、组织机构代码证、税务登记证"三证合一"登记制度改革的基础上，相继整合社会保险登记证和统计登记证。

随着国务院简政放权、放管结合、优化服务的"放管服"改革的不断深化，登记制度从"三证合一"推进为"五证合一"，又进一步推进为"多证合一、一照一码"。即在全国实施企业、农民专业合作社工商营业执照、组织机构代码证、税务登记证、社会保险登记证、统计登记证"五证合一、一照一码"登记制度改革和个体工商户工商营业执照、税务登记证"两证整合"的基础上，将涉及企业、个体工商户和农民专业合作社（以下统称企业）登记、备案等有关事项和各类证照进一步整合到营业执照上，实现"多证合一、一照一码"，使"一照一码"营业执照成为企业唯一"身份证"，使统一社会信用代码成为企业唯一身份代码，实现企业"一照一码"走天下。

2.账簿和凭证管理

账簿和凭证是纳税人进行生产经营活动和核算财务收支的重要依据，也是税务机关对纳税人进行征税、管理、核查的重要依据。纳税人所使用的凭证、登记的账簿、编制的报表及其所反映的内容是否真实可靠，直接关系到计征税款依据的真实性，从而影响应纳税款及时足额入库。账簿、凭证管理是税收管理的基础性工作。

加强账簿、凭证管理，目的在于促使纳税人如实反映生产、经营状况，确保国家税收的正确计征，预防和打击偷逃税等违法行为。

（1）账簿设置管理

纳税人、扣缴义务人应按照有关法律、行政法规和国务院财政、税务主管部门的规定设置账簿，根据合法、有效凭证记账，并进行会计核算。

①从事生产、经营的纳税人应当自领取营业执照或者发生纳税义务之日起15日内，按照国家有关规定设置账簿。

②生产经营规模小又确无建账能力的纳税人，可以聘请经批准从事会计代理记账业务的专业机构或者经税务机关认可的财会人员代为建账和办理账务。聘请上述机构或者人员有实际困难的，经县级以上税务机关批准，可以按照税务机关的规定，建立收支凭证粘贴簿、进货销货登记簿或者使用税控装置。

③扣缴义务人应当自税收法律、行政法规规定的扣缴义务发生之日起10日内，按照所代扣、代收的税种，分别设置代扣代缴、代收代缴税款账簿。

纳税人、扣缴义务人会计制度健全，能够通过计算机正确、完整计算其收入和所得或者代扣代缴、代收代缴税款情况的，其计算机输出的完整的书面会计记录，可视同会计账簿。

纳税人、扣缴义务人会计制度不健全，不能通过计算机正确、完整地计算其收入和所得或者代扣代缴、代收代缴税款情况的，应当建立总账及与纳税或者代扣代缴、代收代缴税款有关的其他账簿。

（2）财务会计制度及其处理办法管理

纳税人的财务会计制度及其处理办法，是进行会计核算的依据，直接关系到计税依据的真实合理性。

①纳税人使用计算机记账的，应当在使用前将会计电算化系统的会计核算软件、使用说明书及有关资料报送主管税务机关备案。纳税人建立的会计电算化系统必须符合国家有关规定，并能正确、完整地核算其收入或者所得。

②纳税人、扣缴义务人的财务会计制度或者财务会计处理办法与国务院或者国务院财政、税务主管部门有关税收的规定相抵触的，依照国务院或者国务院财政、税务主管部门有关税收的规定计算应纳税款、代扣代缴和代收代缴税款。

③账簿、会计凭证和报表，应当使用中文。民族自治地方可以同时使用当地通用的一种民族文字。外商投资企业和外国企业可以同时使用一种外国文字。

（3）涉税资料保存和管理

从事生产、经营的纳税人、扣缴义务人必须按照国务院财政、税务主管部门规定的保管期限保管账簿、记账凭证、完税凭证及其他有关财务资料。账簿、记账凭证、报表、完税凭证、发票、出口凭证及其他有关涉税资料应当保存10年，但是法律、行政法规另有规定的除外。

账簿、记账凭证、完税凭证及其他有关资料不得伪造、变造或者擅自损毁。

3. 发票管理

（1）发票的概念和式样

①发票的概念。发票，是指在购销商品、提供或者接受服务及从事其他经营活动中开具、收取的收付款凭证。它是确定经济收支行为发生的法定凭证，是会计核算的原始依据。

国家税务总局统一负责全国的发票管理工作，省、自治区、直辖市国家税务总局和地方国家税务总局根据各自的职责共同做好本行政区域内的发票管理工作。财政、审计、工商、公安等有关部门在各自职责范围内，配合税务机关做好发票管理工作。

②发票的式样。在全国范围内统一式样的发票，由国家税务总局确定。在省、自治区、直辖市范围内统一式样的发票，由省、自治区、直辖市国家税务总局和地方国家税务总局共同确定。所谓发票的式样，包括发票所属的种类、各联用途、具体内容、版面排列、规格、使用范围等。

（2）发票的种类、联次和内容

发票的种类、联次、内容及使用范围由国家税务总局规定。

①发票的种类。全国范围内全面推行"营改增"试点后，发票的种类主要是包括增值税专用发票和增值税普通发票，还有特定范围继续使用的其他发票。

A. 增值税专用发票。增值税专用发票包括增值税专用发票和机动车销售统一发票。

B. 增值税普通发票。增值税普通发票包括增值税普通发票、增值税电子普通发票和增值税普通发票（卷票）。

C. 其他发票。其他发票包括农产品收购发票、农产品销售发票、门票、过路（过桥）费发票、定额发票、客运发票和二手车销售统一发票等。

②发票的联次和内容。发票的基本联次包括存根联、发票联和记账联。存根联由收款方或开票方留存备查；发票联由付款方或受票方作为付款原始凭证；记账联由收款方或开票方作为原始记账凭证。省以上税务机关可根据发票管理情况及纳税人经营业务需要，增减除发票联以外的其他联次，并确定其用途。

发票的基本内容包括发票的名称、发票代码和号码、联次及用途、客户名称、开户银行及账号、商品名称或经营项目、计量单位、数量、单价、金额、开票人、开票日期、开票单位名称等。

（3）发票的印制

增值税专用发票由国家税务总局确定的企业印制；其他发票，按照国家税务总局的规定，由省、自治区、直辖市税务机关确定的企业印制。禁止私自印制、伪造、变造发票。印制发票的企业应当具备下列条件：

①取得印刷经营许可证和营业执照。

②设备、技术水平能够满足印制发票的需要。

③有健全的财务制度和严格的质量监督、安全管理、保密制度。

印制发票必须使用国家税务总局确定的全国统一的发票防伪专用品，禁止非法制造发票防伪专用品。

发票必须套印全国统一发票监制章。全国统一发票监制章的式样和发票版面印刷的要求，由国家税务总局规定。发票监制章由省、自治区、直辖市税务机关制定，禁止伪造发票监制章。发票实行不定期换版制度。禁止在境外印制发票。

（4）发票的领购

需要领购发票的单位和个人，应当持税务登记证件、经办人身份证及按照国家税务总局规定式样制作的财务印章或发票专用章的印模，向主管税务机关办理发票领购手续。主管税务机关根据领购单位和个人的经营范围和规模，确认领购发票的种类、数量及领购方式，在5个工作日内发给发票领购簿。

单位和个人领购发票时，应当按照税务机关的规定报告发票使用情况，税务机关应当按照规定进行查验。

需要临时领购发票的单位和个人，可以凭购销商品、提供或者接受服务及从事其他经营活动的书面证明、经办人身份证，直接向经营地税务机关申请代开发票。依照税收法律、行政法规规定应当缴纳税款的，税务机关应当先征收税款，再开具发票。税务机关根据发票管理的需要，可以按照国家税务总局的规定委托其他单位代开发票。禁止非法代开发票。

税务机关对外省、自治区、直辖市来本辖区从事临时经营活动的单位和个人申请领购发票的，可以要求其提供保证人或者根据所领购发票的票面限额及数量交纳不超过1万元的保证金，并限期缴销发票。

按期缴销发票的，解除保证人的担保义务或者退还保证金；未按期缴销发票的，由保证人或者以保证金承担法律责任。税务机关收取保证金必须开具资金往来结算票据。

（5）发票的开具和保管

销售商品、提供服务及从事其他经营活动的单位和个人，对外发生经营业务收取款项的，收款方应当向付款方开具发票；特殊情况下，由付款方向收款方开具发票。

所有单位和从事生产、经营活动的个人在购买商品、接受服务及从事其他经营活动支付款项时，应当从收款方取得发票。取得发票时，不得要求变更品名和金额。不符合规定的发票，不得作为财务报销凭证，任何单位和个人有权拒收。

（五）税款征收

税款征收是税务机关依照税收法律、法规规定将纳税人应当缴纳的税款组织入库的一系列活动的总称。它是税收征收管理工作的中心环节，是全部税收征管工作的目的和归宿。

1. 税款征收方式

税款征收方式，是指税务机关根据各税种的不同特点和纳税人的具体情况确定的计算、征收税款的形式和方法。税款征收的方式包括确定方式和缴纳方式。

（1）税款确定方式

①查账征收

查账征收，是指税务机关对财务制度健全的纳税人，依据其报送的纳税申报表、财务会计报表和其他有关纳税资料，依照适用税率计算应纳税款的征收方式。这种征收方式较为规范，符合课税法定的基本原则，适用于财务会计制度健全、能够如实核算和提供生产经营情况、正确计算应纳税款、如实履行纳税义务的纳税人。

②查定征收

查定征收，是指对账务制度不健全，但能控制其材料、产量或进销货物的纳税单位或个人，由税务机关按照正常条件下的生产能力对其生产的应税产品查定产量、销售额并据以征收税款的征收方式。这种征收方式适用于生产经营规模较小、产品单一、税源分散、财务会计制度不健全，但能控制原材料或进销货的小型厂矿和作坊等。

③查验征收

查验征收，是指税务机关对纳税人的应税商品、产品，通过查验数量，按市场一般销售单价计算其销售收入，并据以计算应纳税款的一种征收方式。这种征收方式适用于纳税人财务制度不健全，生产经营不固定，零星分散、流动性大的税源。

④定期定额征收

定期定额征收，是指对小型个体工商户在一定经营地点、一定经营时期、一定经营范围内的应纳税经营额（包括经营数量）或所得额进行核定，并以此为计税依据，确定其应纳税额的一种征收方式。这种征收方式适用于经主管税务机关认定和县以上税务机关（含县级）批准的生产、经营规模小，达不到《个体工商户建账管理暂行办法》规定的设置账簿标准，难以查账征收，不能准确计算计税依据的个体工商户，包括个人独资企业，简称定期定额。

（2）税款缴纳方式

①直接缴纳

纳税人在申报前，先向税务机关领取税票，自行填写，然后到国库经收处缴纳税款，以国库经收处的回执联和纳税申报等资料，向税务机关申报纳税。这种缴纳方式，适用于在设有国库经收处的银行和其他金融机构开设账户，并且向税务机关申报的纳税人。

②自收税款入库

这是指由税务机关直接收取税款并办理入库手续的缴纳方式，适用于由税务机关代开发票的纳税人缴纳的税款；临时发生纳税义务，需向税务机关直接缴纳的税款；税务机关采取强制执行措施，以拍卖所得或变卖所得缴纳的税款。

③代扣代缴

代扣代缴是指按照税法规定，负有扣缴税款义务的单位和个人，负责对纳税人应纳的税款进行代扣代缴的一种方式。即由支付人在向纳税人支付款项时，从所支付的款项中依法直接扣收税款代为缴纳，目的是对零星分散、不易控制的税源实行根源控制。

④代收代缴

代收代缴是指按照税法规定，负有收缴税款义务的单位和个人，负责对纳税人应纳的税款进行代收代缴的一种方式。即由与纳税人有经济业务往来的单位和个人在向纳税人支付款项时，依法收取税款。这种方式一般适用于税收网络覆盖不到或很难控制的区域，如受托加工应征消费税的消费品、由受托方代收代缴的消费税。

⑤委托代征

委托代征是指受委托的有关单位按照税务机关核发的代征证书的要求，以税务机关的名义向纳税人征收零散税款的一种征收方式。这种方式有利于控制税源，方便征纳双方，降低征收成本。

2.应纳税额的核定与调整

（1）核定应纳税额的情形

根据《中华人民共和国税收征收管理法》的规定，纳税人有下列情形之一的，税务机关有权核定其应纳税额：

①依照法律、行政法规的规定可以不设置账簿的。

②依照法律、行政法规的规定应当设置但未设置账簿的。

③擅自销毁账簿或者拒不提供纳税资料的。

④虽设置账簿，但账目混乱或者成本资料、收入凭证、费用凭证残缺不全，难以查账的。

⑤发生纳税义务，未按规定的期限办理纳税申报，经税务机关责令限期申报，逾期仍不申报的。

⑥纳税人申报的计税依据明显偏低，又无正当理由的。

（2）核定应纳税额的方法

为了减少核定应纳税额的随意性，使核定的税额更接近纳税人实际情况和法定负担水平，税务机关有权采用下列任何一种方法核定应纳税额。

①参照当地同类行业或者类似行业中经营规模和收入水平相近的纳税人的税负水平核定。

②按照营业收入或者成本加合理的费用和利润的方法核定。

③按照耗用的原材料、燃料、动力等推算或者测算核定。

④按照其他合理方法核定。

四、税收分析的发展方向研究

税收分析质量取决于分析人员的素质与分析方法，税收分析的发展主要依靠这两方面因素的推动。如"一桶水的容量取决于最短的桶板"所言，即便我们做了大量基础工作，也有扎实的理论基础，但由于分析方法、逻辑思维甚至是形式逻辑的一些小偏差，也可能导致分析结果的南辕北辙。欧美发达国家具有较为完善的税收分析人员机构配置，而且分析模型、应用理论也非常丰富。我国的税收分析工作，在促进税收收入工作由计划管理向质量管理转变的过程中发挥着越来越重要的作用，也越来越被各级税务部门所重视，逐渐成为税务工作的重点工作。

（一）国外税收分析的发展方向

马克思曾经指出，"能否成功地运用数学，是一门学科是否成熟的标志"。自杰文斯掀起边际革命以来，西方税收分析乃至整个经济学都显露出了明显的数学化特征。如今数学的三大分支，即分析、代数和拓扑学都已进入了税收经济领域。数学在税收分析中的运用，使税收分析呈现出数理逻辑的严密性，避免了税收概念理解上的偏差和无意义的争辩，从而提高了分析效率。

20 世纪 30 年代，凯恩斯主义提出了反映政府增加或减少税收所引起的国民收入变动程度的税收乘数理论。阿瑟·拉弗的"拉弗曲线"指出，在市场经济条件下，当税收在一定区间内增长时，会促进 GDP 的增长，而当税收增长超过一定限度时，会对经济增长产生抑制作用。近年来，萨缪尔森、托宾等人利用现代计算技术，通过数学模型研究，准确地说明和论证了税收政策变化对经济的影响，更指引了税收分析的发展方向。从近期欧美税收分析经验来看，主要存在模型分析、团队分析两大发展方向。

模型分析在欧美发达国家税收研究中比较普遍，在未来相当长的一段时间内，模型分析仍然是一个研究热点，也是国外税收分析的一个发展方向。西方研究者多以方案和措施的形式提出问题，运用计量模型加以论证，由此产生了大量税收分析模型，如用来估算税法变化对税收收入影响的微观模拟模型，包括个人税收模型、公司税收模型、遗产和赠予税收模型、个人面板模型、消费税模型等。英国的个人所得税模型（Personal TaxModel，简称 PTM），就是英国税务海关总局利用微观模拟方法进行个人所得税政策分析的一个有力工具。该模型使用 SAS 语言编写，由税收政策分析小组负责运行和维护，主要有帮助编制预算、帮助政策选择、进行税收收入预测三个用途。用来分析税制改革对宏观经济影响的宏观经济模型，包括宏观经济增长模型及动态随机一般均衡增长模型等。自从 1874 年列昂·瓦尔拉斯（Leon Walras）提出了一般均衡的概念，并由数学家阿罗（Arrow）和经济学家德布鲁（De-breu）证明了一般均衡解的存在后，CGE 作为一种分析方法得到了广泛的应用。Ballard、Shoven、Whalley（1985）构造了一个跨期动态模型，分析美国主要税收带来的福利损失。Jorgenson&.Yun（1986）构造的 CGE 模型分析了税收政策对资本分配的影响。Goulder&.Summer（1987）建立的跨期动态 CGE 模型，研究公司税和投资税收信贷对美国经济的影响。Bye&.Avitsland（2003）研究了挪威资本利得税及房产税改革的效果。税收 CGE 模型在结构上已发展的较为完善，大量的税收 CGE 模型根据不同税收结构特点进行应用研究。欧美在进行税收政策调整前，往往要构建有针对性的税收 CGE 模型，对政策进行模拟。

随着社会的发展，税收涉及的方方面面的因素越来越多，受制于时间、知识等因素，个人很难完成税收的深度研究，这就要求有一个配备经济、税收、法律等各方面人才的团队或聘用专门机构共同进行税收分析。以美国为例，由参议院和众议院联合设立了"税收联合委员会"（JCT），并且将其税制改革效应分析的职能以法律的形式确定下来。自设立以来，随着职责的不断强化，税收联合委员会不断加强人力资源的配备，包括经济学专家、法律专家、计算机专家、会计专家和统计专家等专业人员，由各学科专家组成的团队保证了税收分析的专业性、有效性和及时性。税收联合委员会还与外部研究机构签约，使用外部研究机构开发的分析模型进行税收分析，如租用宏观经济顾问公司和全球视野公司的大规模宏观经济模型等。

（二）国内税收分析的发展方向

我国税收分析工作起步较晚，最初的"计划管理"工作模式，对税收分析的要求较低，多是对税收完成情况的事后增、减收入因素分析。随着由"计划管理"向"质量管理"工作模式的转变，税收分析工作逐渐走向前列，在税收工作的事前、事中、事后都发挥着积极的、越来越重要的作用。2012年在我国收入规划核算工作会上，明确提出今后凡税制改革和税收政策调整，在制订方案时都需要提交有关收入影响和经济效应的分析报告，为决策层提供参考，并及时向相关利益方公开。

在人员培养上，我国加大对税收分析人员的培训力度，与国际货币基金组织、国际经合组织等联合开展了多层次、多角度的税收分析骨干培训班，制定并完善了税收分析方法，不断拓宽税收分析思路，实现了由税收进度及增减情况的简单对比分析，向宏观税负、税收弹性等征管质量状况分析的转变。提出设立专门的部门，常规性地开展税收收入影响的估算和经济效应的分析工作。加强税制改革效应分析人才建设，给专门机构配备数量足够、结构合理的专业化分析人才，并在工作实践与学术交流中不断提高业务素质与分析能力。

在分析方法上，我国通过积极探索税收分析方法，将微观经济学、数理统计学理论和方法应用到重点税源分析领域中，建立起重点税源分析方法体系，包括税源经济分析方法、企业税收分析方法、微观税收经济分析方法，以及增值税、消费税、营业税、企业所得税分税种微观分析指标体系，创建了跨期数据稽核模型、微观税负聚类分析模型、税源质量与征收效能分析模型、效能评估分析模型等技术和应用方法。同业税负分析模型、行业税负预警模型等已经在税收互动分析中使用。

在工作方式上，采取课题组的形式，联合外部研究机构，共享社会研究资源，组建由经济、税收、法律、统计等相关学术领域人才构成的临时课题组，共同完成税收分析工作。根据税收分析任务的需要，提出研究命题，联合院校、科研机构的力量，借鉴国外发达国家的理论研究成果，并结合中国实际加以改造，制作出满足中国经济税收分析工作要求的理论框架、实证方法和分析模型。

在数据模型上，以国外模型为基础，结合我国税收分析工作，进行个性化改造，建设有中国经济税收特色的模型。建立微观模拟模型，以个人、家庭和企业等微观单位为模拟对象，在计算机上再现社会经济环境。建立分主要税种的微观模拟模型，评估政府税收政策对每个微观个体的影响，然后通过统计汇总得到政策的总体宏观效果或者对每一类微观群体的影响。建立微观（或中观）计量模型，对税务部门拥有的包括税收统计、重点税源、税收调查和减免税调查等不同时期、不同维度的基础数据进行详细的清查、梳理和加工，在微观或中观层面，构建包括税收时间序列、税收经济面板和税收向量自回归等在内的多种计量经济学模型体系。建立宏观模拟模型，用于模拟税制改革政策对财政收入、整体经济和各部门的产出、就业、储蓄等各方面的影响，特别是长期的结构性的变化，在测算营业税改征增值税的经济税收效应中，构建了静态的中国税收可计算一般均衡模型，并在此基础上进一步研究动态模型。建立宏观计量模型，依据现有比较成熟的宏观计量模型框架，设置详细的税收模块开展研究，根据自身需求建立以税收为中心的模型框架。由于宏观计量模型各有不同的特点和适用性，一项比较大的政策改革往往需要同时使用不同类别的模型开展分析，多种模型并存是最优选择。

在数据资源上，结合金税三期建设，加强数据共享建设，实现多方数据资源共享。在总的分析思路前提下，按照构建模型的要求，逐步建立起一套完整、连续的数据库。首先，赋予税收经济效应分析部门数据建设的权限，使之能够根据分析工作需求，建立相应的数据库和分析模型。其次，整合税务部门内部现有的数据资源，使之在经济税收分析方面发挥最大作用，同时减少对纳税人申报数据的重复要求，减轻纳税人负担。再次，共享政府部门与行业部门已有的核算数据与各项调查数据，在必要时开展专门的统计调查，获取必要的补充数据。

综合国内外近期的税收分析研究，对税收收入能力的估算分析、税收政策效应分析、税收预测分析、税收风险分析关注较多，我们将在随后几节中分别予以介绍。

第二节　税收收入能力的估算分析

我国实行的是分税制财政体制，各税种在不同地区基本采用统一的税率标准，但各地区税收征管能力及税收成本的差异性很大。各税种的发展潜力有多大，有多少应征收入游离于税务机关的监管之外？税务机关的征管水平有多高？这都是各级政府及税务部门迫切需要掌握的。无论是基于税收制度改革、转移支付等财税制度的安排，还是基于税收预算计划管理、税收征管效率提高等管理方面的需求，深入研究税收收入能力的内涵、理论和预算都是非常有必要的，这就形成了税收收入能力的估算分析。税收收入能力是既定经济环境下税制规定的税收名义应缴税额，税收年度内名义应缴税额与实际征收税额之间的差异形成了税收流失。税收收入能力的估算分析在进一步优化征管资源配置、提高征管工作水平的科学性和战略性方面具有重要意义。

一、国外税收收入能力估算的发展方向

目前，英国主要应用三种方法来估算税收流失。第一种是"自上而下"的方法（Top-down method）；第二种是"自下而上"的方法（Bottom-up method）；第三种是专家建议法（Expert opinion）。

所谓"自上而下"的方法，就是通过税务机关掌握的第三方数据来估算理论税收收入，减去实际征收的税收收入后，其差额即为税收流失。这一方法主要适用于那些第三方数据比较全面且容易取得、税制设计又相对简单的税种。由于估算的数据来源于第三方，与税务机关掌握的纳税人信息相对独立，所以使用这种方法估算出来的税收流失结果比较客观。英国的间接税税制结构比较简单，关于税基的消费税数据比较容易取得，所以主要运用"自上而下"的方法来估算间接税的税收流失。

所谓"自下而上"的方法，就是使用税务机关自身的征收管理数据和税收专项调查数据，运用随机抽样方法预测样本的税收流失，进而推算总体税收流失。对于所得税来讲，由于很难取得与应税所得有关的比较全面的第三方独立数据，而且税制设计又比较复杂，对不同的群体、不同的所得适用不同的税率，所以无法使用"自上而下"的估算方法。在这种情况下，"自下而上"的估算方法应运而生。目前，英国税务海关总局采用这种方法估算直接税税收流失。这种方法所使用的数据只是税务机关掌握的纳税人申报数据，而纳税人故意隐匿的避税信息税务机关并不能掌握，因此，采用"自下而上"的方法估算出来的税收流失结果有可能不够客观。英国税务海关总局在直接税税收流失估算方面比较成熟，并且公开发表估算结果，包括个人所得税、资本利得税、社会保险税和中小型企业公司所得税。抽样样本数据来自英国税务海关总局专门的征管申报系统。

专家建议法是在前两种方法都不适用的情况下，根据税收专家的经验来估算税收流失。在英国，这种方法只用于印花税和遗产税。

英国税务海关总局运用风险评估管理系统来评估大企业的税收流失。英国税务部门非常注重与大企业的日常沟通，尽可能地将税收流失的风险控制在事前。英国利用大型上市公司年报、季报中对公众披露的数据来测算有效税率，通过比较法定税率和有效税率之间的差距来测算税收流失。对于故意隐匿经济活动或应税劳务不申报的企业或个人，英国税务海关总局采取诸如比较社会就业人数和征管数据中的纳税人数的方法来估算税收流失规模，但是实际效果并不理想。

1962 年，美国创建了代表性税制法，它是采用标准税基与标准税率估测税收收入能力的一种方法。美国各州的税种和税率都不相同，实际税收多的州并不一定税收收入能力强，实际税收收入低的州也不一定税收收入能力弱。代表性税制法旨在比较各州间税收收入能力的大小，其估测结果主要用于为中央政府分配转移支付提供依据。该方法属于微观方法，它充分考虑到了各税种之间的税基、税率的差异，更强调各税种的独立性，但是存

在数据采集的工作量大、成本高等不足。当地区之间的实际税基和税率差别较大时，不容易确定代表性的税基和税率。对于一些经济发展差异较大的国家或地区，使用代表性税制法会错误估测单个地区的税收收入能力，在使用时需要注意估算精度和估算成本的权衡。

二、国内税收收入能力估算的发展方向

我国从 20 世纪 90 年代起开始探索税收收入能力估算方法，主要通过对应纳税额的测算，结合当时财税改革的实际情况，评估各地区税收努力程度，去除计划管理工作的弊端，研究科学的税收收入预算目标编制方法和合理的税收计划分配方法，进而探讨均衡财政、转移支付的科学途径，实现中央政府对各地区财力的合理分配。2008 年年初，我国正式重新启动税收收入能力估算工作。首先，选择税制设计相对简单明晰、数据基础相对较好的国内增值税进行流失估算，研究构建了投入产出估算模型和随机边界估算模型。其次，为对我国总体税收流失有一个基本了解，积极利用随机边界模型估算总体税收流失情况。最后，启动营业税和企业所得税流失估算的研究工作，加快推进税收流失估算工作。2009 年，我国和国际货币基金组织（IMF）联合举办了税收流失估算国际研讨会。2010 年，为配合营业税改征增值税测算工作，税务部门研究完成了营业税流失估算，并启动了企业所得税流失估算工作。2011 年，税务部门再次与 IMF 联合举办税收流失估算国际研讨会，重点研究 2009 年以来国际税收流失估算工作进展情况。同年选定四川省乐山市作为企业所得税流失估算的试点地区。

随着"金税工程"三期的展开，税收信息化建设取得更多成就。税收经济信息资源的集成与分析处理需求每日剧增，而税收收入能力测算的方法众多，如何将这些方法集成于税收征管系统，实现税收收入能力测算的数据、模型与方法的信息化集成管理是一个颇有前景的研究领域。

美国、英国、瑞典等国在进行税收流失估算时，充分考虑税制、纳税人的类型及税收流失来源的类型，并根据所拥有的数据来源，选择不同的估算方法，开发不同的模型。我国在广泛吸取发达国家个人所得税税收流失估算经验的基础上，针对我国的税制特点、纳税人行为特点、经济运行特征及统计数据基础，重点制作出一套适合我国国情的税收流失估算方法。在确定税收流失估算方法时，采用宏观和微观模拟互相印证的方法，在开展好试点工作的基础上，总结经验并逐步推广。加快组建专门的工作机构，配备和培养高素质、专业化的估算人才，同时联合外部智力，着眼实际问题，实现技术攻关，充分利用税收流失估算结果，为全面发挥税收的职能服务。

第三节　税收政策效应分析

　　自 2008 年下半年开始，为了应对国际金融危机的影响，我国积极对税收政策进行了调整。这些税收政策的效果如何？对宏观经济的影响有哪些？其传导机制又是什么？这些税收政策在出台和实施过程中是否充分发挥了作用，是否还有不尽如人意之处？这些显然是需要认真研究和回答的重要问题。加强税收政策的效应分析，反映宏观调控效果，把握税收收入影响，及时发现经济和税收运行中的问题，是税收分析的一项重要任务。

一、国外税收政策效应分析的发展方向

　　税收作为政府取得财政收入的主要来源和干预经济的有效手段，如同在市场配置资源的过程中加进了一个楔子，使消费者愿意支付的数额与生产者愿意提供的数额之间产生了差额，因此造成了消费者或生产者剩余的损失，这必然会影响生产者或消费者的经济行为，并带来市场效率的损失。

　　对于税收政策探讨的理论渊源，可以追溯到古典主义经济学时代，集大成于供给学派。19 世纪末，英国新古典学派的代表人物马歇尔基于"均衡价格理论"，认为国家课税会在不同程度上影响资源有效配置，产生税收超额负担，提出凡是影响价格均衡的税收都是"非中性"的，只有符合中性原则的税收才能保持均衡价格。

　　自 20 世纪 20 年代以来，西方通过对有关税制优化问题的研究，先后形成了最优税收理论、供给学派的税制优化理论和公共选择学派的税制优化理论。供给学派的新税制优化理论，已成为 90 年代西方税制改革的主要理论基础。税制优化理论是西方税收思想理论中的重要组成部分，其研究的是税收制度的不断优化、完善过程，强调的是在市场机制基础上，在政府适度干预下获取税制优化状态的重要性与现实性，考虑在税制优化过程中税收效率目标、公平目标与收入目标的并重，并注重和分析税制在不充分信息条件下对经济行为主体决策的刺激作用问题。供给学派与传统凯恩斯主义的主张是对立的，它是让市场充分发挥调节作用、以市场作为资源配置的基础和经济调节的基本手段。供给学派主张国家将干预经济的范围和干预程度降到最低，尽可能地让市场自由发挥作用。供给学派税收理论的核心是尽量减轻税收带来的超额负担，使税收对市场和市场经济参与者行为的扭曲作用尽可能地减轻或者避免，进而实现税收制度的效率目标。

　　国外关于税收政策效应的研究文献中，探讨税收政策的长期经济效应的文献较多，而且主要是从税收与经济增长的关系角度来分析的。因为长期税收的供给效应体现在税收对供给能力的提高上，而供给能力的提高通常是用经济的增长率来衡量的，所以税收对于经济增长的影响体现了税收对于供给能力的影响。自 Marsden 1983 年开创了税收与经济增

长实证研究的先河以来，国外学者对此做了大量研究。总的来看，税收对于供给能力的抑制作用得到了普遍的认同。另外，从税收结构的角度进行分析，格雷纳研究表明，提高扭曲性税收（所得税）税率意味着对资本收益征收更高的税收，从而产生"挤出效应"，抑制了私人投资，减缓了经济增长。非扭曲税收（消费税和劳动税）不影响私人资源的配置，对于经济增长没有影响。这些研究主要是从税收对于经济增长的影响角度来分析的，体现了税收政策的长期供给效应，税收对于经济增长率的不同影响，表明税收对于供给能力的影响也不同。这种对供给能力的影响，具体体现在对劳动、资本及技术进步等微观经济主体征税的扭曲效应上。这种经济效应的分析，仅限于对长期经济行为的研究。而根据供给学派的观点，税收会对这些微观经济主体产生抑制或激励作用，从而会对短期总供给产生影响。而以凯恩斯主义为主流的现代经济学，更多的是关注税收的短期需求效应，并且关于短期内税收对于总供给影响的国外文献较少。在短期对于税收经济效应的分析研究中，倾向于分析税收的需求效应，体现在税收与产出之间关系的研究上，所采用的方法通常是VAR 模型。Blanchard&Perotti（1999，2002）采用了结构 VAR 模型，分析了政府支出和税收对美国战后经济活动的影响。结果表明，政府支出增加对产出产生正效应，而税收增加对产出则产生负效应。Kenneth N Kuttner&.Adam Posen（2002）通过建立日本 1976—1999年的结构 VAR 模型，分析了此期间财政政策的需求效应。模型中包含 3 个变量：实际产出、税收收入和政府支出。通过实证分析发现，无论是减税还是增加政府支出的扩张性的财政政策，都存在明显的刺激效应，减税的政策乘数比政府支出乘数大 25%。这些研究结论与凯恩斯经济理论关于税收政策经济效应的主张大体一致。

国外税收政策效应分析呈现出专门化的趋势，往往由专门的部门和人员进行研究。美国设有专门进行税收分析的税收联合委员会，其重要的一项工作就是税收政策效应分析。2003 年美国国会就立法规定：任何税制改革提案必须由税收联合委员会提供有关宏观经济效应的分析结果。税收联合委员会为科学评估各项税制改革，开发了大量的税收经济分析模型，如用来估算税法变化对于税收收入影响的微观模拟模型，包括个人税收模型、公司税收模型、遗产和赠予税收模型、个人面板模型、消费税模型等；用来分析税制改革对宏观经济影响的宏观经济模型，包括宏观经济增长模型、动态随机一般均衡增长模型等。

二、国内税收政策效应分析的发展方向

税收政策效应分析主要包括符合国家层面战略规划以及地区层面社会经济效益最大化的内容。例如，经济社会方面的 GDP、投资、消费、进出口货物、物价、就业、福利、收入分配，财政方面的税收收入、地方财力，经济总量，结构方面的长期、短期，以及地区差异、区域竞争、税收征管、意外情况及应对措施，增值税转型、"营改增"等都属于税收政策效应分析的内容。

我国税收政策效应分析主要是在政策出台前进行模拟分析，为领导决策提供参谋，对

政策提出建议或者争取相应的政策，对可能出现的问题进行预估，并制定应对措施。在政策执行后，跟踪政策实施情况，分析评估是否达到预期效果，对政策执行效果进行评估，为税收政策调整和优化提出建议。

我国虽然没有从法律层面进行规定，但是在实际政策推行过程中，都进行了政策效应分析。例如"营改增"试点之前，国家税务总局运用一般均衡模型（CGE模型）模拟"营改增"政策执行的经济效应分析；在上海试点后，上海市税务部门运用处理效应分析模型进行经济效应分析。为减轻企业负担，促进经济发展，我国还将出台一系列的结构性减税政策，税收政策效应分析将越来越重要。

我国的税收政策效应分析在未来将得到进一步加强。未来凡税制改革和税收政策调整，在制订方案时都需要提交有关税收影响和经济效应的分析报告，为决策层提供参考，并适时向相关利益方公开。因此，应加强税制改革效应分析工作的机构建设，设立专门的机构，常规性地开展税收收入影响的估算和经济效应的分析工作；应加强税制改革效应分析人才建设，给专门机构配备数量足够、结构合理的专业化分析人才，并在工作实践与学术交流中不断提高他们的业务素质与分析能力。

我国税收政策效应分析应联合外部研究机构，共享社会研究资源。根据分析任务的需要，提出研究命题，结合院校、科研机构的研究力量，结合目前已有的宏观经济分析模型，在外部模型的基础上结合税收需要进行个性化改造，逐步建立有中国税收经济特色的税收政策效应分析模型。

第四节　税收预测分析

"今年能收多少？明年能收多少？"这个古老的话题一直受到各级政府和税务部门的关注。准确的税收预测，能够为税务部门组织税收工作、开展有针对性的税收征管和为领导决策提供重要的数据支持，也是国家进行经济决策和编制预算的重要参考和依据。税收预测不同于税收估算，一般是出于预算的目的，在现行法律法规下提供税收收入预期。

一、国外税收预测分析的发展方向

在发达国家，基本都设有专门的机构负责税收预测，主要使用时间序列模型、总体计量模型、宏观计量模型、微观模拟模型及多种模型相结合的综合预测。

美国长期以来一直重视对税收收入的预测，并设有多个部门，有专门的研究人员负责税收收入预测模型研究工作，对各种预测方法在税收预测中的应用理论和实践方面做出了相应的研究。在英国，财政部的经济观察小组行使经济预测职能，该小组大约由10人组成，计量经济模型主要用于对世界经济发展前景、英国财政收入、收支平衡、财务预测及中期评估等内容进行预测。英国税务海关总局负责运行和维护税收收入预测模型，提供详尽的分税种税收收入预测结果。其中，所得税收入预测由"税收政策分析小组"负责，增值税、消费税和国民保险税等收入预测由"税收遵从和收入分析小组"负责，资本利得税、继承税、印花税等收入预测由"税收政策和产品分析小组"负责。英国税务海关总局在进行税收收入预测的时候，需要使用财政部关于经济预测的结果。

荷兰中央计划局（Central Planning Bureau）独立于财政部，是荷兰唯一负责宏观经济预测的部门，具有很高的权威性和独立性。荷兰中央计划局每年都要采用一般均衡模型对宏观经济进行多次预测。在预测过程中，中央计划局就预测技术方法层面的问题与财政部专家进行探讨，在方法上达成一致后才将经济预测的结果对外发布，议会、政府等任何其他部门均无权对其预测结果提出质疑。财政部与中央计划局进行预测时，所基于的宏观经济数据是一致的，不同的是财政部有时会掌握更多、更详细的纳税人信息，如个人的收入信息等，而中央计划局有时会有更详细的宏观经济信息，因此两个部门在一些具体税种的测算上会有不一致的情况。通常情况下，两个部门会定期召开会议，将双方掌握的信息提供给对方参考，将预测结果互告对方，并对预测差距进行讨论。

在模型使用方面，英国税务海关总局对消费税、资本利得税等税种使用计量经济模型进行预测，对个人所得税、公司所得税、北海油气税、继承税、土地使用税、印花税等税种使用微观模拟模型进行预测。例如，预测公司所得税的微观模拟模型是基于 15000 家非北海公司纳税人样本的历史数据，其中包括纳税额最大的 3000 家公司的数据。预测北海公司油气税的微观模拟模型则是基于北海所有公司的历史纳税数据。个人所得税的微观模拟模型的数据来自个人收入调查中的纳税人样本。

二、国内税收预测分析的发展方向

我国的税收收入预测工作起步较晚，税务部门对税收收入的预测研究始于 19 世纪 80 年代后期，当时这种工作多以个人研究为主，侧重于对税收收入预测的定性研究。19 世纪 90 年代以来，税收收入预测工作得以普遍展开，有关学者开始用传统的计量经济模型对税收收入预测进行定量研究，但其研究还大多局限于简单线性模型。近几年来，税收收入预测模型的研究得到进一步发展。一方面，不少学者将计量经济学和时间序列中的方法用于对税收收入预测的研究，并取得了较好的效果；另一方面，他们将简单线性模型推广到非线性模型，包括二次函数模型和指数模型等。此外，在对经济现象越来越侧重于数理分析和实证研究的大环境下，不少学者将投入产出法、神经网络模型、逻辑模型、马尔可夫预测模型等也用于税收收入预测的研究中。

国内理论界使用理论、模型相对较多。例如，张伦俊（1998）通过时间序列、线性回归、自回归模型三种方式对税收收入进行预测，并比较了三种方法的预测精度，在此基础上对原模型进行了改进。郭菊娥、钱鑫、曹华（2004）首先在对我国税收收入利用 AMOS

软件建立因果模型的基础上，分析得到影响我国税收收入的主要因素，在此基础上构建税收收入的回归预测模型。寇铁军、金双华（2001）在税收收入数据期限较短及缺少相关经济变量资料的条件下，运用灰色系统理论建立 GM(1，1) 预测模型，并将其与拓展的线性二次移动平均方法结合使用，对具体税种收入进行预测分析。

国内实务界主要参考时间序列模型使用定性法对税收收入进行预测。例如，全国人大常委会预算工作委员会建立的全国税收收入预测模型主要是时间序列模型，但考虑到时间序列模型本身难以反映和解释经济增长对税收收入的影响，因此，在建立税收收入时间序列短期预测模型的同时，也建立了税收收入的计量经济学长期预测模型。具体建模时采用了季度、年度预测相结合的方法。采用季度数据建立了 ARMA 模型，这一模型主要考虑数据生成本身，不考虑影响数据的经济变量和中间变量的传递预测，适用于税收收入的短期预测；采用年度数据建立了税收收入计量经济学预测模型，主要考虑了宏观经济变量之间的相互关系，结合 1994 年以来税收政策的变化，考虑了对税制结构和税率等的调整，适用于中长期税收收入预测。最后，在实际应用中，结合我国财政政策变化可能对财政收入及税收收入造成的影响，对模型预测的税收收入进行了调整。

无论是理论界还是实务界，都加强了对税收预测的研究，未来，我国的税收预测方法、模型将越来越丰富，税收预测方法、理论都将呈多样性发展。但是在税收完成由计划管理向质量管理的转变之前，理论界和实务界的税收预测结果很难被政府部门采用。而基层部门，特别是基层税务部门，税收预测仍将沿用参照上级布置任务、结合税源抽样调查结果的方式。未来将建立起各个税种的分析预测模型，研究分析影响各税种的相关指标和因素，形成由税种预测模型构成的税收收入预测体系，通过提高税种的预测精度来实现对总收入发展趋势的准确把握。

未来，我国与国内外研究机构的交流合作将更加密切。税收收入预测在世界各国仍然是一个非常具有挑战性的课题，而且随着经济状况和税收制度的变化，仍在不断产生新的问题。解决这些问题，有时仅靠税务部门人员是不够的，通常还需要借助研究机构的力量。另外，参加国际交流和合作也是非常必要的，可以借此学习其他国家在税收收入预测方面成功的经验，了解国际上预测方法的研究进展动态。在此基础上，逐步引入国外科学有效的预测方法，并结合我国税制特点和税收工作实际，创造出真正适合我国国情的税收收入预测方法，研制出符合我国实际的预测模型。

未来，我国将逐步建立起税收收入预测专门机构，并通过多种方式培养和积累一批具有较好的理论基础和一定实践经验的税收收入预测人才，将经济税收理论基础扎实、熟知数理统计知识及其应用工具、掌握计算机技术的高素质人员安排到税收分析预测岗位，逐渐建立一支具备一定规模、专业化程度较高的税收分析预测队伍，以更好地发挥税收分析预测的作用。

第五节　税收风险分析

政府的征税，不仅可以满足财政收入，实现政府职能的需要，同时也将对经济、社会甚至政治产生重要的影响和作用。在这些重要作用发挥的同时，也隐藏着一定的税收风险。在市场经济制度下，政府主要的一项经济活动就是税收，征税权力是国家最大的权力，是整个国家上层建筑之根基。与金融风险、财政风险不同的是，税收风险的重要性目前还没有引起人们的广泛重视。但是，税收风险的存在和爆发，不但会使政府活动的效能大大下降，甚至在危机时期，往往还会成为经济、社会危机乃至政治危机，甚至政权更替的导火线。对税收风险进行分析防范，有助于健全财税制度，保证收入分配公平，保持社会稳定。

一、国外税收风险分析的发展方向

税收风险存在于税收管理的整个过程和各个环节。最初，国外税务部门将"征收更多的税款"作为风险管理的目标；后来，越来越多国家的税务部门不限于此，而将"提高税法遵从度""提高纳税人满意度"共同作为风险管理的目标。在这样的"目标"指引下，对于"税收风险"的分析与认定就有了更宽的视角和更长远的考虑，税收风险分析管理呈现新的发展趋势。

国外税收风险分析主要是针对企业的纳税行为。澳大利亚国家税务部门对纳税人采取了税务风险的评估。Michael Carmody（2003）认为，税务风险是一种不确定性，取决于内部和外部两个因素，而外部因素是企业不可控制的，因而税务风险管理主要是指对内部因素的控制，即纳税人通过经营活动或个人事务活动的合理安排，实现合理避税，并规避税务机关的检查，力图实现缴纳最低的税收。

此外欧盟经济委员会（EC）和经济合作与发展组织（OECD）总结发达国家税收风险管理的经验，设计了包括风险识别、分析、排序、处理和评估等环节在内的一套管理流程，不同的国家根据本国实际确定相应的管理内容。EC成员国和OECD成员国都不同程度地开发出结合本国实际，并且带有共同性的一套科学管理方法。这些方法涉及对外部信息来源的获取、内部信息资源的整合、税收风险特征库的建立、税收风险的概念化与指标化设置、税收风险重要性权重的设立及其与风险发生概率的结合等。

随着经济全球化的发展，跨国企业在全球贸易和投资中所占比重不断提高，国际税源流动日益普遍。这既对国际税收权益竞争提出了严峻挑战，也对跨国税收管理合作提出了迫切需求。顺应这一趋势，国际税收界涌现了一些有影响力的国际税收管理组织，如OECD的税收管理论坛（FTA）、欧盟经济委员会关税与税收委员会、泛美税收管理中心（CIAT）及亚洲税收管理与研究组织年会（SGATA）等。

OECD成员国一般根据纳税人的不同类型，如非营利组织、中小企业和大型企业等，在税务管理部门内部分别设置专门的组织，实施专业化管理。由于纳税人各自具有不同的组织特性和行为特征，税务机关需要有专门机构从事研究工作，实施有针对性的管理与服务。由于重点行业纳税人经营活动多样、组织形态复杂，经常跨地区甚至跨国经营，税额又占很大的比重，EC成员国和OECD成员国一般对重点行业设立专门机构，强化专家指导。针对重点行业纳税人，在税务内部设置专门管理机构、配备专门人才，并且聘请税务机关之外的熟悉重点行业的专家，成立重点行业专家小组，对相关涉税风险的评估、分析及相关管理工作提出专业化指导意见。

EC成员国甄别不同涉税环节的风险，对税务登记行为性风险、纳税申报表填报行为性风险、纳税申报真实性风险和税款缴纳及时性风险分别做出专门化处理，主动采取预防性措施，通过优化纳税服务来消除非主观故意的税收风险，通过实行纳税人可感知的风险遏制措施，减少主观故意的税收风险发生的可能。美国、英国等发达国家还专门开展税收流失估算，通过选取样本、开展审计和获取有代表性的数据，科学地把握税收流失分布格局，了解不同的税收流失风险成因，建立税收风险特征库，用以指导风险处理措施的选择，包括风险转移、风险减轻和风险覆盖等。

二、国内税收风险分析的发展方向

我国的税收风险分析由针对企业的税收风险分析，逐步转变为针对税务部门的风险分析，而且呈现出以下几个方面的发展趋势：

在法律保障方面，发达国家税务机关获取外部有效信息，大都具有较好的法律保障。即便在这种情况下，美、英等国开展税收流失估算的结果均表明，所有缺少第三方信息的领域都是税收流失最严重的风险高发地。因此，我国实施税收风险管理，从信息管理的角度讲，首先，必须通过立法，允许税务机关依法取得可能获取的第三方信息；其次，尽快改善目前税务机关内部国税与地税机关之间、上下级税务机关之间、同级税务机关不同部门之间信息难以共享的局面。

在机构设置方面，未来将设置专门的组织，实施专业化管理。综观欧盟成员国，几乎每个国家都有专门的机构对税收风险进行分析管理。由于各国所处发展阶段不同，这些税收风险管理组织机构虽没有统一的模式，但却有两个基本的趋向和特征：其一，在税务机构内部强化有关风险管理的信息、情报和分析职能；其二，在中央层面、区域层面和地方层面税务机构之间，就风险管理职能进行合理分工。不同国家在不同层面发挥的作用不尽一致。目前，我国暂时没有独立的税收风险分析管理部门，税收风险分析暂时由税务系统的收入规划核算部门负责。我国应当认识到，税收风险不仅是税务部门的风险，而且是整个政府作为主体所面临的风险。因此，我国要实行政府综合治税，各部门涉税信息共享，建立起协税护税的良性、长效机制。

在管理流程方面，未来需要设计科学的税收风险分析管理流程，提高税收风险分析方法的科学性。我国实施税收风险分析管理，需要结合我国实际，科学地设计适合我国的税收风险管理流程和丰富具体的管理内容。在税收风险管理流程中的每一个环节，研究出适合我国实际的科学方法。针对我国经济发展阶段、税制环境和纳税人行为特征，提高我国税收风险分析方法的科学性。

在国际合作方面，未来需要进一步加强国际税收管理合作。针对国际税源管理，国外成立了诸如国际联合反避税信息中心（JITSIC）这样的专门组织，并在英国伦敦和美国华盛顿设立常设机构。随着外资不断进入中国市场和中国企业也越来越多地"走出去"，中国实施税收风险管理必须关注国际税收风险，加强国际税收管理方面的合作与交流。

在计算机应用方面，未来需要建立专门的税收风险分析管理系统。建立税收风险分析管理系统，关键不在于技术工具本身的应用，而在于是否明确税收风险分析与分析的规则，以及是否善于将这样一套规则通过数据仓库（或者数据集市）的建立，融入信息支持系统中。传统条件下，税收专家脑海当中的知识只能在极小的范围内得以共享；而在信息化条件下，基于税收专家多年来获得的知识而建立起来的规则就可以在极大的范围内，通过标准化、信息化的方式为众多的管理者提供专家指导，并得以不断积累与丰富，形成专业知识库。这一点，也是国内税收信息化建设过程中意识最为薄弱的环节。

此外，在我国实施税收风险分析管理的过程中，要以纳税人为本，确保各级税务机关严格按照税法规定的权限和程序行使权力，尽职尽责，确保征纳双方在法律地位上真正平等，大力改进和优化纳税服务，提升税法和税务机关的公信力，从而构建和谐、诚信的税收征纳关系。

参考文献

[1] 朱捷.探析新形势下企业管理会计与财务会计融合 [J].中国集体经济，2021（11）：107-108.

[2] 朱蕾.企业财务会计向管理会计转型的思考 [J].中国集体经济，2021（11）：114-115.

[3] 于志广，刘玉芝.网络经济时代财务会计管理措施的实践效果 [J].中国集体经济，2021（11）：118-119.

[4] 蒋兆凤.浅谈财务共享中心会计管理模式存在的问题及对策 [J].中国集体经济，2021（11）：134-135.

[5] 孙远林.新时期如何加强企业财务会计工作的创新管理 [J].中国集体经济，2021（10）：157-158.

[6] 宁宝仁.基层行政事业单位其他应收款核算与管理探究 [J].行政事业资产与财务，2021（06）：74-75.

[7] 底亚冬.管理会计在企业管理中的常见问题及对策 [J].行政事业资产与财务，2021（06）：82-83.

[8] 夏怡斐."十三五"期间我国国企财务管理制度创新变革要点 [J].管理会计研究，2021，4：54-63+102-103.

[9] 王珊.对管理会计视角下财务管理的探讨 [J].中国集体经济，2021（09）：127-128.

[10] 李树萍.新时期如何强化企业会计财务管理的内部控制工作 [J].今日财富，2021（06）：94-95.

[11] 赵鑫.网络经济背景下的财务会计管理分析 [J].今日财富，2021（06）：144-145.

[12] 卢俊.浅析施工企业由财务会计向管理会计转型的原因及对策 [J].财会学习，2021（08）：5-7.

[13] 黄小蕊，胡立禄.基于网络经济时代背景下财务会计管理研究 [J].财会学习，2021（08）：47-48.

[14] 龙丽.供给侧结构性改革下财务会计的内部控制管理研究 [J].财会学习，2021（08）：185-186.

[15] 杜建英.如何提升企业财务会计核算体系规范化 [J].纳税，2021，15（08）：99-100.

[16] 孙晓梅 . 企业管理会计与财务会计的融合分析 [J]. 纳税，2021，15（08）：109-110.

[17] 徐秋娇 . 中小企业财务会计管理中存在的问题及对策 [J]. 山西农经，2021（05）：112-113.

[18] 赵迪 . 简述经济新常态下企业会计发展方向及创新转型 [J]. 中小企业管理与科技（中旬刊），2021（03）：69-70.

[19] 汤文婷 . 管理会计与财务会计在企业财务管理中的应用探析 [J]. 商讯，2021（08）：49-50.

[20] 吴大梅 . 浅谈互联网时代背景下如何提高财务会计工作质量 [J]. 商讯，2021（08）：57-58.

[21] 叶静 . 互联网时代的财务会计与管理新动向探析 [J]. 商讯，2021（08）：59-60.

[22] 常茂松 . 基于大数据视角下财务会计向管理会计转型的途径分析 [J]. 审计与理财，2021（03）：57-58.

[23] 李雪 . 新会计准则下企业财务会计向管理会计的转型探究 [J]. 中国商论，2021（05）：142-143.

[24] 杨延锋 . 浅谈大数据背景下财务会计向管理会计转型 [J]. 中国商论，2021（05）：146-147.

[25] 刘庆云 . 大数据视域下的企业财务会计信息化管理分析 [J]. 中国商论，2021（05）：154-156.

[26] 徐中池 . 新形势下财务会计与管理会计有效融合的探索 [J]. 中国市场，2021（08）：139-140.

[27] 魏冬华 . 管理会计与财务会计在企业财务管理中的应用分析 [J]. 今日财富（中国知识产权），2021（03）：111-112.

[28] 李年江 . 财务会计向管理会计转型的策略研究 [J]. 今日财富（中国知识产权），2021（03）：127-128.

[29] 于秀卿 . 浅析管理会计与财务会计的融合 [J]. 经济管理文摘，2021（05）：149-150.

[30] 张秋立 . 管理会计与财务会计在企业财务管理中的应用 [J]. 经济管理文摘，2021（05）：151-152.

[31] 郑朋坤 . 管理会计视角下企业财务管理创新探究 [J]. 财会学习，2021（07）：11-12.

[32] 沈霞 . 财务报表在税收分析中的应用分析 [J]. 现代经济信息，2020（09）：79-81.

[33] 张军 . 两种企业并购重组方式的账务处理及税收分析 [J]. 中国注册会计师，2019（03）：113-116.

[34] 李慧林 . 企业会计报表税收分析模式研究 [J]. 中国市场，2018（25）：126-127.

[35] 郭小东.税收效应与经济发展 [J].发展改革理论与实践，2018（04）：4-9.

[36] 张琪.大企业税收分析管理系统的设计与实现 [D].西安电子科技大学，2018.

[37] 宋家玮.财务报表在税收分析中的应用 [J].时代金融，2016（35）：209-210.

[38] 于硕，李鹏飞.数据挖掘在税收分析中的研究和应用 [J].信息通信，2016（12）：117-119.

[39] 王明方.提高税收经济分析的质量 [J].中国税务，2016（10）：64.

[40] 张翼，陈清晰.关于税收大数据深度分析应用的探索 [J].经济研究导刊，2016（22）：73-74.

[41] 何振华，易明翔，张冰晨."高级分析"在税收管理领域大有可为 [N].中国税务报，2016-07-01（B06）.

[42] 马祖亮，费聿波.税收分析对提高组织收入和税源管理质量的思考 [J].山东社会科学，2015（S2）：171-172.

[43] 杨树云，白云峰，董华.浅议如何提高税收收入预测分析水平 [N].山西经济日报，2015-12-01（007）.

[44] 沈东革.税收分析管理工作的实践与探索 [J].经济研究参考，2015（65）：51-54.

[45] 吴志雄.税收分析与预测系统的设计与实现 [D].吉林大学，2015.